Inhalt

Anhang

Vorwort von Ingrid Kaluza, Vorsitzende von W.O.M.A.N.

Liebe Leserin und lieber Leser,

wenn Sie dieses Buch in die Hand nehmen und es bis zur letzten Zeile lesen, werden Sie am Ende feststellen, daß Sie über ein Thema gelesen haben, das Ihnen eigentlich bekannt ist. Und doch haben Sie vermutlich in dieser Offenheit noch nicht davon gehört.

Karin Jäckel ist es gelungen, das Zusammenleben von Mann und Frau und von Familien in einer breitgefächerten Sicht darzulegen. Sie beginnt mit Katharina von Bora, der Frau Martin Luthers. »Ora et labora« hat sie für sich so ausgelegt: »Während du betest, brauche ich die Hände zur Arbeit« oder: »Du betest, und ich arbeite«.

Wichtig sind der Respekt voreinander und die Anerkennung der geleisteten Tagesarbeit – die Gleichwertigkeit von Mann und Frau. »Wir sind stolz aufeinander und zeigen es jedermann« ist die Bejahung eines gemeinsamen Lebens, in dem kein Partner sich benachteiligt oder untergeordnet fühlt.

Daß ein harmonisches Ehe- und Familienleben nicht als Glücksstern vom Himmel fällt, sondern mit viel Geduld, Besonnenheit und Rücksichtnahme immer wieder neu erarbeitet sein muß, zeigen die vielen Beispiele in diesem Buch. Sie werden sich vielleicht in der einen oder anderen Schilderung wiederfinden. Es liegt dann an Ihnen, ob Sie sich bestätigt sehen.

Wichtig ist, daß das Bild der Haus- und Familienfrau, das Bild der Mutter und der »Frau an seiner Seite« den richtigen Platz in der Galerie unserer Gesellschaft erhält.

»Die Frau an seiner Seite« ist ein Plädoyer für die Ehe und Familie. Karin Jäckel fordert uns mit diesem Buch auf, über uns und über die Welt nachzudenken, in der wir leben. Alle Güter der Welt können die Liebe nicht ersetzen. Die Liebe zwischen Mann und Frau, zwischen Vater, Mutter und Kindern ist das Fundament einer gesunden Gesellschaft.

Die Frauen der W. O. M.A. N. versuchen, die soziale und politische Mitverantwortung von Frauen zu stärken, und treten für mehr Toleranz zwischen Menschen und Nationen ein.

Wir sind Karin Jäckel dankbar für dieses mutige Buch.

Ingrid Kaluza
Vorsitzende von W. O. M.A.N., Weltorganisation der Mütter aller Nationen
Deutscher Frauenverband e. V.

Vorwort von Jutta A. Miller, Deutsche Hausfrauengewerkschaft e. V.

Frauen heute: Das sind Frauen, die problemlos Karriere und Kinder unter einen Hut bekommen. Sie sind vielseitig interessiert und meistern Haushalt, Ehe und Erwerbstätigkeit mit links. So zumindest suggeriert es uns die Medienwelt. Allerorten hören und sehen wir, wie wichtig es ist, daß Frauen ihre eigene Erwerbsbiographie nach dem Vorbild des männlichen »Eckrentners« aufbauen.

Erwerbstätigkeit verschafft Prestige, finanzielle Unabhängigkeit, soziale Absicherung und »interessantere« Kontakte. Ein durchaus erstrebenswerter Zustand also, wenn dafür nicht das eine oder andere Kind auf der Strecke bliebe. Zwar ergeben repräsentative Untersuchungen, daß der Nachwuchs von erwerbstätigen Eltern angeblich intelligenter, früher selbständig und sozialkompetenter sei, weil von klein auf an Gruppenleben gewöhnt. Dennoch neige ich dazu, Fällen in meiner realen Umgebung mehr Glauben zu schenken. Da nämlich häufen sich Bettnässen im Schulalter, Verhaltensstörungen bei Kleinkindern sowie Verweigerung und Aggression gegen (zu häufig wechselnde) fremde Betreuungspersonen. Allesamt erleben diese Kinder im Elternhaus zuwenig Zuwendung, weil neben der Erwerbstätigkeit kaum Zeit für die Familie bleibt.

Eine Gruppe von Frauen wird meist völlig ignoriert, wenn nicht totgesagt: die Hausfrauen. Ihre Arbeit ist wie die der erwerbstätigen Frauen nicht frei von Problemen. Im gesellschaftlichen Kontext aber wird die Existenz von Hausfrauen und Hausarbeit nahezu verleugnet. Wortschöpfungen wie »Nur-Hausfrau« und »Heimchen am Herd« sind noch sehr verbreitet:

Begriffe, die deutlich machen, wie Frauen mit diesem Beruf öffentlich verachtet und kleingemacht werden. Kein Wunder also, wenn frau sich kaum noch zu Familien- und Hausarbeit bekennt.

Für die Generation der jetzt 60jährigen und älteren war die Hausfrauenexistenz noch selbstverständlich. Von jungen Frauen heute wird jedoch erwartet, daß sie die Zeit im trauten Heim radikal abkürzen. Zugestanden werden ihnen gerade drei Jahre für die Erziehung, danach aber müssen sie wieder erwerbstätig werden, wenn sie die Armut im Alter so gering wie möglich halten wollen.

Die Bedingungen, unter denen Hausfrauen arbeiten, haben sich seit Jahrzehnten wenig geändert. Da ihre Tätigkeit kein Geld erbringt, wird sie nicht als Arbeit gewertet. Daraus und aus der im deutschen Eherecht verankerten Zugewinngemeinschaft, die sich während der Ehe als Gütertrennung erweist, resultiert eine finanzielle und soziale Abhängigkeit vom verdienenden, erwerbstätigen Partner. Die Baby- und Kleinkinderziehungszeit (allgemein als »Urlaub« bezeichnet) schlägt sich zur Zeit mit lächerlichen DM 40,40 pro Kind im späteren monatlichen Rentenbetrag nieder. Auch heute noch ist Haus- und Familienarbeit im Gegensatz zu anderen Berufen gesetzlich nicht gegen Unfall versichert.

Um diesen und weiteren Benachteiligungen von Hausfrauen (ihre männlichen Kollegen sind mitgemeint) entgegenzuwirken, hat sich 1979 die Deutsche Hausfrauengewerkschaft e. V. (dhg) formiert. Sie setzt sich dafür ein, daß Frauen, die in der Familie Kinder erziehen und/oder Angehörige pflegen, mit dieser Arbeit eine eigenständige finanzielle und soziale Absicherung aufbauen können. Die dhg spricht hier von Familienhausfrauen bzw. Familienfrauen. Mit Familienarbeit meint sie nicht die Hausarbeit und auch nicht die Arbeit für den Ehemann allein, sondern auch die Kindererziehung.

Familie in Deutschland muß wieder lebensfähig sein, insbesondere für die Kinder. Sie brauchen Zeit, in der ihnen die Zuwendung, Liebe, Geborgenheit und auch die Werte von Mutter und Vater vermittelt werden sollten. Dies kann aber nur geschehen, wenn Eltern ohne Nachteile zwischen Erwerbs- und Familienarbeit wählen können. Beide Arten von Arbeit sind gleichwertig. Während z. B. die Erwerbsarbeit monetäres Kapital in die Sozialversicherungssysteme einbringt, stellen Mütter über die Erziehung der nächsten Generation das Humankapital als Garant für das Funktionieren eben dieser Systeme zur Verfügung.

Familienhausfrauen gebührt als Wirtschaftsfaktor die finanzielle, soziale und gesellschaftliche Anerkennung ihrer Arbeit. Dazu fordert die dhg u. a. ein leistungsgerechtes Erziehungsgehalt für mindestens 6 Jahre (unabhängig vom Einkommen des Partners). Voraussetzung für die Zahlung dieses Gehalts muß eine Umverteilung staatlicher Gelder von oben nach unten sowie von Kinderlosen zu Familien sein. Menschen, die ohne Erziehungs- und Unterhaltsverpflichtung durchgängig erwerbstätig sein können, profitieren im Alter über die Maßen von den Leistungen der Mütter, während diese dann nicht selten auf Sozialhilfe angewiesen sind.

Daß die Arbeit der Mütter und Väter in der Gesellschaft nicht als Arbeit gilt und deswegen für sie keine eigenständige soziale Sicherung vorgesehen ist, liegt daran, daß etwas an der Definition von »Arbeit« nicht stimmt. Dies im Sinne der »feministischen Ökonomie« zu ändern, ist auch Anliegen der dhg. Die dhg-Frauen verstehen sich daher durchaus als Feministinnen, jedoch mit kritischem Blick auf fehlendes »weibliches« oder »mütterliches« Denken in Staat und Wirtschaft: Hier wird so kurzfristig gedacht, als gäbe es keine Generation nach uns. Der Raubbau an den Ressourcen schreitet voran, und für die jungen Leute bleiben wenige Perspektiven.

Die Hausfrauengewerkschaft führt zu allen diesen Themen Verhandlungen und Fachgespräche auf politischer, wirtschaftlicher und wissenschaftlicher Ebene. dhg-Frauen sind bundesweit präsent durch Veranstaltungen, Vorträge, die Wanderausstellung »Unbezahlte Frauenarbeit – Basis der Wirtschaft« sowie Artikel und Interviews in allen Medien. Die vierteljährlich erscheinende dhg-Rundschau ist dabei ein wichtiges Sprachrohr.

Die dhg begrüßt Dr. Karin Jäckels Buch »Die Frau an seiner Seite« als ein in diesen Zeiten längst überfälliges und notwendiges Plädoyer für die Leistung, die Frauen in der Familie erbringen. Möge es in den Gedanken vieler Menschen seinen Platz finden.

Jutta A. Miller
Familienhausfrau, Diplom-Sozialwirtin, dhg-Frau

Die »Frau an seiner Seite«

Katharina von Bora, die Frau an der Seite Martin Luthers, und was sie mir erzählt hätte

Ein wenig Zeitkolorit

Katharina von Bora war Martin Luthers Ehefrau. Sie lebte in einer Zeit, in der Frauen der absolute Besitz des Mannes und diesem in jeder Weise untertan waren. Es gab weder eine »Frauenbewegung« noch den damit verbundenen Begriff der »Emanzipation«. Dennoch ist Katharina von Bora für mich *die* Repräsentantin der aus freiem Entschluß, eigener Kraft, starkem Mut und lebenstüchtiger Unerschrockenheit agierenden Frau, *die* emanzipierte Frau schlechthin. Daher darf ihre Lebensgeschichte in meinem Buch über »die Frau an seiner Seite« nicht fehlen.

In Gedanken versetze ich mich rund 470 Jahre zurück, in die Zeit der Katharina von Bora.

In Deutschland war es die Zeit der Renaissance, noch Winterausklang des tiefsten Mittelalters und doch schon Frühlingserwachen der Neuzeit. Während die ersten Weltumsegelungen gewagt, das Reich der Azteken erobert und Handelsabkommen mit China geschlossen wurden, gingen in Deutschland und ganz Europa die Inquisition und Hexenverfolgung um. Die »Hexenbulle« von Papst Innozenz VIII. war soeben veröffentlicht worden. Sie enthält den Befehl zur Inquisition – zur »peinlichen Befragung« durch brutalste Folter und anschließende Läuterung durch das Feuer – aller der Zauberei und Hexerei verdächtigten Personen mit dem Ziel, den Teufel zu entmachten.

Das Denunziantentum blühte. Niemand war vor Verleumdungen sicher. Selbst Kinder wurden grausam gefoltert und hingerichtet. Der »Hexenhammer« des an der Universität zu Köln dozierenden Dominikanermönchs Heinrich Institoris wurde in Straßburg gedruckt. In ihm sind detaillierte Folteranweisungen zur Befragung der Delinquenten festgelegt.

Die Vorstellungswelt der Menschen war geprägt von einem sich bekämpfenden Dualismus von Himmel und Hölle, Gott und Teufel, Engeln und Hexen. Das Nahen der Endzeit mit dem Jüngsten Gericht wurde prophezeit. Angst vor Gott als strafendem Rächer bestimmte alles Fühlen und Handeln.

Während fürstliche und weltliche Herren ihre Macht als gottgewollt proklamierten und genießerisch auslebten, stöhnte eben dieses Volk unter Repressalien und Steuerbelastungen. Die ersten kämpferischen Aufständischen, eine Bauerntruppe, die später unter dem Namen »Bundschuh« bekannt wurde, formierte sich im Schwarzwald. Kurze Zeit später brach der Bauernkrieg aus, in dem »der rote Hahn« auf so manches Kloster- und Herrendach geworfen wurde und im Gegenzug 130 000 Bauern hingemetzelt wurden. Adam Riese veröffentlichte sein Lehrbuch »Rechnung auf der Linihen«. Und ein unbedeutender Mönch namens Martin Luther trat eine Protestlawine gegen die katholische Kirche los, die mit der Reformation und der Abspaltung der evangelisch-lutherischen Kirche endete.

Aber schauen wir uns die Menschen selbst einmal genauer an!

Vorzugsweise die Männer kleideten sich in hautenge, gern zweifarbige »Beinlinge« und weite, hüftlang fallende, in der Taille geschnürte Kittel, über denen sie eine Weste trugen. Auf den kinnlangen Haaren saß entweder ein vornehmes Barett oder eine schlichte Kappe. Die Füße steckten in halbhohen Stulpenstiefeln oder flachen Schnabelschuhen. Wer sich kein Schuhwerk leisten konnte, umwickelte Füße und Waden mit Tüchern, die von Lederschnüren festgehalten wurden.

Die Frauen der einfacheren Bevölkerung kamen in weißen Leinenhemden daher, über die ein langer Rock mit einem Schnürmieder geworfen wurde. Dazu eine Schürze sowie eine um den ganzen Kopf gebundene Haube. Unter dem Rock, der damals bis etwa zur Wadenmitte reichte, schauten Strümpfe und flaches Schuhzeug hervor.

Vornehme Damen, die keine Feldarbeit verrichten mußten und daher keine Beinfreiheit brauchten, trugen bodenlange, oft pelzverbrämte Samtgewänder mit tiefen Dekolletés und seidengefütterten, pelzbesetzten Ärmelstulpen, in welche die Hände zurückgezogen wurden. Das eng am Oberkörper anliegende Kleid wurde von einem Gürtel umschlossen, an dem der Schlüsselbund als Machtzeichen der Hausfrau baumelte. Als züchtigere Variante kam fast zeitgleich auf, das lange Untergewand mit einer eng gefältelten Kragenkrause zu versehen und diese über dem Hauptgewand zu tragen.

Auch auf Kopfputz verwandten die Frauen viel Zeit. Sie trugen das Haar in kunstvoll geschlungenen Zöpfen und Knoten, welche unter einer eng das Gesicht umschließenden Haube verborgen wurden. Das »Weib« mußte ja den Kopf zum Zeichen der Demut und Unterlegenheit gegenüber dem Mann bedeckt tragen.

Meine Begegnung mit Katharina

Die wichtigste Zeit ihres Lebens verbrachte Katharina von Bora in Wittenberg, einer jungen, aufstrebenden Universitätsstadt an den Flußschleifen der Elbe, wo damals die Herzöge beziehungsweise Kurfürsten von Sachsen herrschten.

Vermutlich hätte ich sie, die als verheiratete Frau überall in und um Wittenberg einfach nur die »Lutherin« hieß, inmitten ihrer Kinderschar angetroffen – die Ärmel des schwarzen Kleides hochgerollt bis zu den Ellenbogen, mit mehlbestäubten Händen Brotteig walkend, während die aus Weidenruten geflochtenen Backkörbe in Reih und Glied nahe dem vorgeheizten Backofen darauf warteten, gefüllt zu werden.

Es hätte sie verwundert, daß jemand etwas von ihr, der Hausfrau, wissen, jemand ausdrücklich mit ihr sprechen wollte, und nicht mit dem berühmten Herrn Theologus Martinus Luther, ihrem gestrengen Ehegatten. Ganz sicher hätte sie diesen auch erst um Erlaubnis bitten, seine Zustimmung zu einem Gespräch gewinnen müssen. Vermutlich hätte Frau Luther mir aber dann einen Becher ihres köstlichen, selbstgebrauten Bieres angeboten, ehe sie sich zu mir an den mit Sand gescheuerten Tisch gesetzt und mir ein wenig von ihrer kostbaren Zeit gewidmet hätte. Und zum ersten Mal hätte ich Muße gehabt, sie genauer anzuschauen.

Lucas Cranach, der Luthers Freund war, hat Katharina 1526, ein Jahr nach der Hochzeit, in Öl festgehalten, und in Gedanken lasse ich dieses Porträt lebendig werden.

Eher klein ist sie, blond, fast schon rötlich, mit kritisch dreinblickenden, schwarzbraunen Augen und hohen Wangenknochen, denen man die slawische Abstammung ansieht – keine Schönheit, doch selbstbewußt und mit einem Zug um den Mund, der auf eine spitze Zunge, aber auch auf ein schnelles Lachen schließen läßt. Als Dame aus adligem Geschlecht und verheiratete Frau Luther trägt sie ein vornehmes Gewand mit breit geschnürtem Samtmieder, dessen hochgestellter Kragen dem Gesicht schmeichelt. Als Kopfputz hat sie ein Samtnetz gewählt, welches das mittelgescheitelte Haar mit einem perlenbestickten Brokatband zusammenrafft. Außer zwei kostbaren Ringen hat sie keinen Schmuck angelegt.

Ich vertiefe mich in die kritischen Augen, die mich ihrerseits unter hochgeschwungenen Brauen amüsiert zu mustern scheinen. Und während ich ihr von Angesicht zu Angesicht gegenüberstehe, steigt ein Zwiegespräch mit Katharina in mir auf. Es klingt in meinen Ohren, als sei es Wirklichkeit.

»Zu Hause war ich in Lippendorf, nahe bei Leipzig«, beginnt Katharina zu erzählen, während ihre rastlosen Finger nebenbei das Spinnrad drehen. »Die von Boras stammen aus kleinem Landadel. Schon kurze Zeit, nachdem ich am 29. Januar 1499 geboren wurde, mußte mein Vater seine einträglicheren Rittergüter verkaufen und behielt nur noch mein kleines Zulsdorf, welches Martinus mir als Liebesgabe wiederschenkte.

Nicht lange nach meiner Geburt starb meine Mutter, und der Vater heiratete wieder. Leider brachte die Stiefmutter wenig in die Ehe ein, und Zulsdorf ernährte die Familie kaum. Als ich fünf Jahre alt war, gab mich der Vater in ein Kloster. Es war kein Geld da für eine Erzieherin, die mich in allem hätte unterweisen können, was ein Mädchen von Adel lernen muß, um einmal einen Mann zu bekommen.

Eine schlechte Wahl hatte mein Vater allerdings nicht getroffen. Die Klosterschule der Benediktinerinnen von Brehna war als Mädchenschule berühmt. Doch obwohl die Nonnen mich liebevoll behandelten, litt ich unter Heimweh und konnte mich schwer an die strengen Gehorsamsregeln gewöhnen. Daheim war es wilder zugegangen, da war ich frei herumgesprungen und auf Bäume geklettert. Doch immerhin lernte ich in der Klosterschule Lesen und Schreiben und Rechnen und sogar etwas Latein.

Mit zehn Jahren kam ich zu den Zisterzienserinnen nach Nimbschen ins Kloster Marienthron. Es war eine Ehre, dort aufgenommen und eine ›weiße Nonne‹ zu werden. Kein Orden war mächtiger und angesehener als die Zisterzienser, die sich der Verehrung der Jungfrau Maria verschrieben hatten und die man die ›Erzieher der Welt‹ nannte. Und ich hatte diese Ehre wohl auch nur, weil die Äbtissin und die Siechenmeisterin mit meiner toten Mutter und daher auch mit mir verwandt waren.

Sie hießen mich freundlich willkommen und nahmen sich meiner liebevoll an. Dennoch fiel es mir schwer, all das Beten und Psalmodieren, wobei das Singen noch das Schönste war. All das Sittsamsein und die klösterliche Zucht, all die vielen Stunden des Tages, an denen kein Wort gesprochen werden durfte. All die vielen Male, an denen ich mit strengem Fasten bestraft wurde, weil ich das Redeverbot unbedacht gebrochen oder eine Silbe nicht schön ausgebetet hatte! Wie oft flossen meine heimlichen Tränen und sehnte ich mich nach dem Vater und den Brüdern und den Spielen im Heu oder am Bach.

Und später dann, als ich zwölf und dreizehn geworden war, hielt ich manchmal eine Spiegelscherbe ganz nah vor mein Gesicht und träumte von einem Ritter, der auf einem edlen, weißen Zelter herangetrabt kam und sich so fest in mich verliebte, daß er mich ohne Ansehen von Reichtum und Ruhm mit starkem Arm packte und auf sein Pferd schwang und aus dem Kloster fortholte und mir sein ganzes Königreich zu Füßen legte. Auch malte ich mir aus, wie es sein müßte, als Fürstin oder Königin Hofstaat zu halten und auf seidenen Daunenkissen zu ruhen anstatt auf Strohmatratzen und grobem Nesselzeug.

Doch wie sollte mich wohl ein Ritter finden hier hinter diesen hohen Mauern, stark wie eine Festung, mitten in einem öden Tal, ringsum von Wäldern umgeben? Es war Sünde, von Rittern zu träumen. Aber ich tat es doch und schämte mich.

Ein Jahr, nachdem ich zu den ›weißen Nonnen‹ gekommen war, nahm ich den Schleier und wurde eine wahre Braut Christi. Doch obwohl ich meinen himmlischen Bräutigam aufrichtig liebte und Keuschheit gelobt hatte, überkamen mich manchmal Gefühle wie ein Feuerbrand, und ich schämte mich der unkeuschen Sehnsucht nach einem Mann. Ich beichtete und steigerte meine Arbeit, fastete und betete, um mein Inneres zu reinigen, doch der Brand kehrte immer wieder. Ich fühlte mich unrein und schlecht und wußte nicht, wie ich meine ewige Seligkeit retten könnte.«

Vor meinem geistigen Auge sehe ich Katharina, wie sie das Spinnrad beiseiteschiebt, um nach dem bauchigen Kochtopf über der Feuerstelle zu schauen, in dem zum Mittagessen fein gehobelter Kohl mit dicken Zwiebelscheiben und ein wenig Schweinebauch vor sich hin köcheln. Umrühren, kosten mit spitzen Lippen, um sich nicht die Zunge zu verbrennen. Vielleicht eine Prise Salz. Ein Schnalzen und wohlgefälliges Kopfwiegen. Dann, ein wenig verlegen, die Fortsetzung der Geschichte.

»In dieser Zeit hörte ich erstmals von einem Mönch aus Eisleben, den sie Martinus Luther nannten. Er trug die schwarze Kutte und den groben Strick der Augustiner-Eremiten und eiferte trotz seiner heiligen Bestimmung gegen den Ablaßverkauf. Am 31. Oktober 1517 hatte er das Wittenberger Kirchenportal mit 95 Thesen beschriftet. Darin klagte er die katholische Kirche der Verweltlichung und unchristlichen Beutelschneiderei an. Welch ein Mann! dachte ich. Welch ein Mut! Sich gegen die Kirchenobrigkeit aufzulehnen, obwohl es das Leben kosten konnte!

Ich war 18 und er 34, fast doppelt so alt wie ich. Ein alter Mann schon, dachte ich damals. Ich erfuhr, daß er nicht von Stand, sondern Sohn einfacher Bergmannsleute war, die ihm unter großen Entbehrungen Schule und Universitätsstudium ermöglicht hatten und nun hofften, zusammen mit ihm reich zu werden. Wieso war jemand wie er, dem die Welt offenstand, wieso war dieser Martinus Luther Mönch geworden? Wieso nicht Anwalt, Richter? Ich verstand das alles nicht so recht. Aber ich war weiterhin neugierig und spitzte die Ohren und nahm jedes Wort über ihn auf.

Es war nicht schwer, etwas zu erfahren. Es regte sich ja der ganze Klerus über diesen ›Nestbeschmutzer‹, diese ›Natter am Busen von Mutter Kirche‹ auf. Es hieß, als blutjunger Student der juristischen Fakultät sei er einst von einem schweren Gewitter überrascht worden und habe in seiner Angst ein Gelübde abgelegt, Mönch zu werden, wenn der Blitz ihn verschone.

Ich war tief beeindruckt, als ich vernahm, daß Luther schon wenige Tage später sein Wort gehalten hatte. Seine Rettung erschien mir als Wunder. Und ich fragte mich, ob Gott nicht Großes mit ihm vorhatte. Ob dieser Luther nicht allein deshalb so große Kraft und Mut bewies, weil Gott ihn stärkte und ihn zum Werkzeug erkoren hatte, um die Kirche zu erneuern? Aber das Gewissen quälte mich, wenn ich so grübelte. Und meine Angst, Gott werde mich für die ketzerischen Gedanken strafen, wurde größer mit jedem Tag.

Trotzdem konnte ich es nicht lassen, diesem Luther weiter nachzuforschen. Ich staunte darüber, daß er schon mit 29 Jahren Professor an der Theologischen Fakultät Wittenberg war. Dennoch schien auch er niemals ein wirklich glücklicher Mönch zu sein. Allerlei Gerüchte kursierten über ihn. Er schien Gott entsetzlich zu fürchten und mehrmals am Tage die Beichte abzulegen, weil ständig Zweifel über ihn kamen. In seinen Vorlesungen sprach er immer wieder über die Gerechtigkeit Gottes und die Gerechtigkeit des Menschen.

Ähnliche Gedanken, Ängste und Zweifel kannte ich auch von mir selbst. Ich war begierig zu erfahren, wie er damit fertiggeworden war. Schließlich hörte ich, ihm sei in einem Turmzimmer des Wittenberger Klosters die Erleuchtung zuteil geworden, daß Gott den Menschen nicht an seinen Werken messe, sondern an der Kraft seines Glaubens. Für diesen Glauben habe Gott allen Menschen die Gnade der Erlösung durch den Opfertod seines Sohnes Jesus geschenkt. Man sagte, wegen dieses Turmzimmererlebnisses lehne Luther sich dagegen auf, daß die Kirche die von Gott den Menschen bereits geschenkte Gnade in Form von Ablaßbriefen erneut verkaufte und daß sie Menschen in Klöster einschloß, damit sie dort um dieselbe Gnade beten sollten, die doch schon gewährt war.

Ich war wie innerlich angezündet von diesem Gedanken und trug ihn wie ein Licht in der Brust mit mir herum. Konnte es denn wahr sein? War Gott uns Menschen gnädig allein dafür, daß wir ihn liebten? Wenn es aber stimmte, was tat ich dann noch in diesem Kloster? War mein Leben als Nonne dann nicht gerade das, was Gott nicht von mir wollte? Handelte ich dann nicht gegen seinen Willen? Sündigte ich dann nicht erst recht gegen sein Wort? Innerlich schwankte ich zwischen glühender Begeisterung für die Thesen Luthers und völliger Ablehnung. Und heimlich legte ich die Entscheidung, ob er verbannt oder gar als Ketzer auf den Scheiterhaufen geworfen werden würde oder davon verschont bliebe, als Gottesurteil aus. Er begab sich ja in unmittelbare Lebensgefahr.

Wechselweise wurde er von der Kirchenobrigkeit vor Tribunale befohlen, mit dem Kirchenbann belegt oder verhängte der Kaiser über ihn die Reichsacht. Letztere machte ihn vogelfrei. Jedermann durfte ihn ungestraft ermorden. Doch Luther blieb fest. Er widerrief seine Thesen nicht. Sein Gewissen, so erklärte er, bleibe einzig Gottes Wort behaftet, weil Papst und Konzilien bereits mehrfach geirrt hätten.

Nur treuen Freunden und seinem Gönner, dem sächsischen Kurfürsten, war es zu danken, daß Luther vor den Häschern der Kirche Zuflucht und Schutz auf der Wartburg fand. In der Einsamkeit dieses Exils begann er 1521 mit der Übersetzung des Neuen Testaments.

Ich weiß nicht, wie die Flugschrift zu uns ins Kloster gelangte. Vielleicht schob jemand sie unter dem Besuchergitter hindurch. Auf einmal war sie da und in meine Hände gelangt: ›Von der Freiheit eines Christenmenschen‹. Ich wagte kaum, sie zu lesen. Hatte man jemals etwas so Frevelhaftes gehört, daß ein Christenmensch frei sei und keinem weltlichen Herren als Eigentum untertan?

Und dann dies: ›Ich halte aber dafür, daß man Maidlain, die geistlich hatten werden müssen, ehe sie denn recht gefühlt, was Fleisch und Blut sei, flugs wieder herausreißen soll aus den hohen Mauern, hinter denen das liebe Evangelium leider selten oder gar nicht mehr gehört wird.‹ Ich habe es auswendig gelernt, dieses Wort, und es immer wieder hervorgeholt im Geist. Auch ich war ja so ein ›Maidlain‹. Auch ich hatte noch nicht gefühlt, was Fleisch und Blut war. Auch ich wollte heraus aus den hohen Mauern, in denen das Lachen und Reden und Lieben verboten war.

Mit mir waren einige andere im Kloster, die wie ich dachten. Heimlich fanden wir uns zusammen und faßten Mut und schrieben einen Brief an den Martinus Luther zu Wittenberg, daß er uns herausholen und retten solle. Es war gefährlich, es war verrückt. Wir hatten es an unserer Schwester Florentina von Oberweida erlebt, die entweichen wollte und gefaßt wurde. Sie war schwer gegeißelt worden und mußte zur Strafe bei jedem Gottesdienst auf dem Boden liegen und den anderen als Fußabstreifer dienen. Aber wir wagten es trotzdem und gaben den Brief unserem Kaufmann, dem Leonhard Koppe, mit, weil er ein Freund Luthers war. Dieser brachte uns die Antwort, daß wir uns in der Osternacht zur Flucht bereithalten sollten. Zusammen mit meiner Tante, der Siechenmeisterin, die heute bei uns wohnt und unsere Kinder betreut, schlichen wir uns zur vereinbarten Zeit bang und aufgeregt durch die heimliche Pforte im Klostergarten davon. Der Fuhrmann des Leonhard wartete schon. Er hatte Fässer mitgebracht, für jede von uns eines. Die stülpte er uns über den Kopf, damit uns niemand entdeckte. Und so fuhren wir fort und wurden frei.«

Katharina, aus deren vornehm klingenden Rufnamen Luther als bodenständiger, einfacher Mann aus dem Volk längst das gemütlichere »Käthe« gemacht hatte, hätte an dieser Stelle unseres Gespräches sicher eine Pause eingelegt und sich ihren fünf leiblichen Kindern nebst weiteren elf Waisenkindern aus der Verwandtschaft zugewandt. Ich male mir aus, wie es um uns herum wohl zugegangen wäre. Ein paar der Kinder hängen an Katharinas Röcken. Sie wollen getröstet werden, auf den Arm genommen, haben Hunger und Durst. Hier blutet ein Knie, dort sitzt ein Spreißel im bloßen Fuß. Alle Hände hat die Mutter voll zu tun.

Nebenan im Hauswirtschaftsraum ist die Magd damit fertig, die Kohlköpfe zu hobeln, die in Steinfäßchen zu Sauerkraut gestampft werden sollen. Sie will wissen, welche Aufgabe sie nun übernehmen soll. Noch während sie spricht, poltert einer der Knechte herein. Er sucht nach einem Wetzstein für die Sense.

Längst ist es auch Zeit geworden, die Hühner und Gänse im Hof zu füttern und nach den Ziegen und Zicklein zu sehen, die soeben von zwei der älteren Kinder heim in den Hof getrieben wurden. Den ganzen Tag waren sie auf der Allmend draußen gehütet worden. Jetzt müssen sie im Stall untergebracht und die

Muttertiere gemolken werden. Sicher sind auch die kleinen Käse zu überprüfen, die Katharina aus Ziegenrahm zu schöpfen weiß. In runden Spanschächtelchen mit Bodensieben aus Leinen müssen sie fest werden und trocknen, ehe sie in frische Weinblätter gewickelt und in gewürztem Öl eingelegt werden.

Die rohe Schafwolle, die Katharina vermutlich während unseres Plauderns zu fein genopptem Garn versponnen hätte, würde gewiß schon mehrere Spindeln füllen. In meiner Phantasie sehe ich zwei der jüngeren Töchter herbeispringen, um miteinander den Faden zu lösen und über den gespreizten Händen zu lockeren Docken aufzuwickeln. Mir ist, als begegnete mir Katharinas Blick von Mutter zu Mutter und diesem ganz bestimmten Mutterstolz-Lächeln, das überall auf der Welt verstanden wird. Und da ist auch ihre Stimme wieder, die in schnellem Sächsisch die unterbrochene Erzählung wieder aufnimmt.

»1523 war ich 24 Jahre alt. Ich war nicht mehr jung, nicht besonders reizvoll, und wenn doch, so hätte ich mir nicht erlaubt, es zu bemerken, denn Eitelkeit galt als Sünde. Arm war ich wie eine Kirchenmaus. Das Wenige, das mein Vater mir hatte geben können, hatte der Konvent genommen. Ich aber war dem Kloster entsprungen, um ein weltliches, Gott endlich gefälliges Leben zu führen, und nun wollte ich auch heiraten. Nur wen? Von Torgau waren wir Flüchtlinge alle nach Wittenberg gekommen, wo Martinus Luther sich unserer annahm. Ihn hätte ich gern zum Mann genommen. Mit seinen blitzenden Schwarzaugen und dem brennenden Mut hat er mir gut gefallen, vom ersten Augenblick an. Doch er hatte sein Herz an eine meiner Ordensschwestern gehängt und sah mich nur mit Mitleid an.

Bald schon hatte Luther für alle ›Nymphlein‹, wie sie uns in Wittenberg nannten, einen Mann gefunden, selbst für jene, die er wohl gern selbst erwählt hätte. Nur nicht für mich. Zwar hatte er mir einen zugedacht, den aber wollte ich nicht. Vornehm war er ja und gebildet, aber langweilig zum Gotterbarmen. Für so einen war ich nicht ins Leben hinausgerannt. Ich trotzte. Warum sah mich denn nur der Luther selber nicht an? Ob er wohl dachte, er sei zu alt für mich, fragte ich mich. Oder ob er meinte, eine Nonne könne doch wohl keinen Mönch heiraten wollen? Zudem sprach er ständig davon, jeden Tag auf den Tod zu warten, der als Strafe auf Acht und Bann folgen mußte. Ob er mich deshalb wohl nicht nehmen wollte, damit ich nicht schon gleich seine Witwe würde oder gar als Ketzerweib verbrannt wie er selbst? Wenn ich ihn haben wollte, dachte ich, mußte wohl ich handeln und den ersten Schritt tun. Also faßte ich mir ein Herz. Ich ließ es seinen engsten Freund wissen, damit der es ihm weitersagte.

Trotzdem geschah nichts, außer daß Luther mich zu seinem Malerfreund Lucas Cranach schickte. Das schmerzte mich. Aber es ärgerte mich auch. Glaubte der feine Herr vielleicht, ich sei nicht gut genug für ihn? Um mich nicht mehr länger an ihn zu hängen, beschloß ich, mich an mein neues Leben bei Cranach zu gewöhnen.

Während ich dort also mit den Dingen des weltlichen Lebens und den Aufgaben einer Hausfrau vertraut gemacht wurde, stritt Luther weiterhin für seinen Glauben. Das Volk verehrte ihn und setzte große Hoffnung in ihn, vor allem der von der Obrigkeit geschundene Bauernstand. Ich glaube, anfangs verstand Luther gar nicht so recht, was in den Köpfen der Bauern vorging. Er dachte in seiner christlichen Einfalt wohl, sie wollten an seiner Seite nur für das Evangelium kämpfen, und rief deshalb den Adel dazu auf, Erleichterungen und Reformen zu schaffen.

Erst als die Bauern den Aufstand probten und ein Jahr nach meiner Flucht aus dem Konvent immer mehr Klöster und Burgen abbrannten und der Obrigkeit nicht mehr geben wollten, was der Obrigkeit war, wachte Luther auf. Da war es fast zu spät, als er »wider die räuberischen und mörderischen Rotten der Bauern« schalt und verkündete, man solle sie mit aller Gewalt niederwerfen, weil das Aufständische das schlimmste Übel sei.

Ich hatte mich indessen sehr heftig in einen Patriziersohn aus Nürnberg verliebt, der mich auch gern geheiratet hätte. Da Luther mich nicht haben wollte und doch so darauf bedacht war, daß ich endlich einen Mann nahm, machte ich ihm die Freude, ihm alles zu gestehen. Oh, er freute sich tatsächlich, dieser Schuft. Aber ich nahm ihm mittlerweile nicht mehr übel, daß er mich verschmäht hatte, denn ich träumte von meiner Hochzeit und zählte die Tage, bis mein Bräutigam, der bei seinen Eltern um Heiratserlaubnis ersuchte, wieder bei mir wäre. Doch die Tage verstrichen, und mein Liebster blieb fern, und endlich erkannte ich, daß ich ihn nie mehr sehen würde. Seine Eltern wollten keine entsprungene Nonne ohne einen roten Heller und ohne eine Aussteuertruhe. Da halfen auch Luthers Briefe nicht.

Ich war krank vor Liebe, an der Schwelle zur alten Jungfer ›hoffärtig‹, wie Luther es nannte. Trotzdem stand er plötzlich da und sagte ziemlich umständlich und mit viel zu vielen Worten, er wolle mich heiraten. Ich wußte gleich, daß er aus Trotz gekommen war, um seinen Widersachern zu zeigen, daß er den Teufel nicht fürchtete. ›Wenn dieser Mönch ein Weib nimmt‹, hatten sie gesagt, ›werden alle Welt und der Teufel selbst vor Schadenfreude lachen, und dieser wird sein ganzes bisheriges Werk zunichte machen.‹ Mein armer Martinus! Aller Welt hatte er gepredigt, daß Gott die Ehe für das Beste auf Erden ansehe und der Zölibat nur Teufelswerk sei. Nun mußte er durch seine eigene Ehe beweisen, daß er recht hatte. Und mit keiner Ehe konnte er es besser beweisen, als wenn er als Mönch eine Nonne wie mich nahm.

Ich erkannte diese Zusammenhänge sofort und beschloß auf der Stelle, Martinus zur Seite zu stehen.

Geliebt hat er mich damals nicht, mein Herr und Gemahl, so viel ist gewiß. Er spürte jedoch, daß ich ebenso einsam war wie er und mich ebenso stark nach Kindern und einer Familie sehnte wie er und ebenso komme-was-wolle wie er an dem festhielt, was ich für richtig erachtete. Es entschied wohl mehr der Kopf als das Herz, als er mich um meine Hand bat. Für mich aber war mein Ja die glücklichste Entscheidung meines Lebens.

Obwohl über Martinus der Kirchenbann und die Reichsacht verhängt worden waren, heirateten wir am 13. Juni 1525. Wir konnten es wagen, denn die Bauern um den Hans mit der Hacke hatten ja den ›Karthans‹, eine Flugschrift, verfaßt, in der sie versprachen, ihren Luther zu schützen. Das Wort der Bauern galt immer noch. Außerhalb der habsburgischen Erblande des Kaisers drohte Martinus keine Gefahr. Und diese konnte er meiden.«

An dieser Stelle wird meine bildliche Vorstellung stärker als die Stimme in meinen Ohren. Ich sehe die Wittenberger der jungen Lutherin auf den Leib starren und nachrechnen, ob die allmählich sichtbare Schwangerschaft nicht doch der wahre Grund dieser unheiligen Hochzeit gewesen ist. Laut höre ich Luthers Neider und Glaubensgegner lästern. Ob Katharina Angst hatte, ihr erstgeborenes Kind werde tatsächlich als das prophezeite Monster ohne Kopf und mit Pferdefüßen zur Welt kommen?

»Es ist mir vieles zugetragen worden«, glaube ich zu vernehmen, als ich den von feinen Rissen durchbrochenen Firnis über Katharinas Ölgemälde berühre. »Selbst sein Arzt behauptete, ich sei die Rechte nicht. Aber ich war es doch. Davon war ich felsenfest überzeugt. Ich habe die Augen nicht niedergeschlagen, wenn die Leute auf mich starrten. Stolz und aufrecht bin ich durch die Straßen gegangen. Wenn ich für die Leute die ›falsche Nonne‹ war, so hatte mein Martinus doch andere Worte für mich. ›Mein Liebchen‹, nannte er mich, ›meine herzliebe Käthe‹, ›meine gnädige Hausfrau‹, ›meine Rippe‹, ›meine sorgfältige Frau‹, ›mein Herr Käthe‹ und ›mein lieber Morgenstern zu Wittenberg‹. Er wußte und sagte es auch überall frei heraus, daß ›kein lieblicheres, freundlicheres, holdseligeres Verwandtnis denn eine gute Ehe‹ ist. Früher einmal hatte er gesagt, er sei ein träger, verruchter Liebhaber, doch wenn er meine Zöpfe neben sich auf dem Kissen liegen sah, spürte ich nichts von Trägheit an ihm.«

Sie hat einen schmalen, herben Mund, die Katharina von Bora auf dem Gemälde des Lucas Cranach. Doch die schwellende Unterlippe läßt auf Sinnlichkeit und Leidenschaft schließen. Warum also sollte an der Seite einer solchen Frau aus einem »verruchten Liebhaber« kein zärtlicher Ehemann werden?

Die Nachwelt weiß, daß sowohl Luther als auch Katharina

aktive Nächstenliebe übten. Immer ging es in ihrem von Reichtümern keineswegs strotzenden Haushalt hoch her. Zusätzlich zu den sechzehn Kindern gehörten drei Witwen und Katharinas Tante, die ehemalige Siechenmeisterin des gemeinsamen Klosters, als feste Familienmitglieder dazu. Darüber hinaus gesellten sich fast täglich mehrere fahrende Scholaren ohne festen Wohnsitz als Luthers Schüler hinzu. Nicht zu vergessen das Hausgesinde und oft genug weitere unverhoffte Gäste, die als Luthers Bewunderer von weit her angereist waren. Allen wurde ein Platz am gedeckten Tisch zugewiesen.

Wer heute eine Führung durch das Lutherhaus in Wittenberg mitmacht, erfährt nicht, daß erst Katharina das heruntergekommene Anwesen des sogenannten »Schwarzen Klosters« in ein Wohnhaus verwandelt hat. Waren bei ihrem Einzug noch häßliche, enge Mönchszellen aneinandergeklebt, so ließ sie nun Wände herausreißen, neue schön proportionierte Räume hochziehen und Öfen installieren. Einer der Räume wurde als Badestube hergerichtet, eine absolute Ausnahme in jener Zeit. Als Herzstück plante sie eine Riesenküche mit Hauswirtschaftskammern und einem neu gesetzten Herd. Über Jahre hinaus hatten die Handwerker der Stadt auf der Baustelle alle Hände voll zu tun, desgleichen Katharina, um den Arbeitslohn bezahlen zu können.

Für Luther war Geld kein Thema. Niemals fragte er bei seinen Gästen und Schülern nach Kostgeld. Es wäre ihm auch nicht in den Sinn gekommen, Honorar für seine Vorträge und Schriften zu verlangen und die Scholaren, die er regelmäßig unterrichtete, um das allgemein übliche Schulgeld anzumahnen. Wie man auf dem Gemälde sieht, das Cranach auch von Luther angefertigt hatte, ist ihm die Ehe wohl bekommen. Aus dem asketischen Mönch ist ein fülliger Ehemann geworden. Ehe sie ihm ein Stück Brot oder einen Teller Suppe vorenthalten hätte, legte sich Katharina lieber hungrig schlafen.

Es muß wohl oft vorgekommen sein. Und wieder lausche ich ihrer imaginären Stimme nach, die, wie mir scheint, halb ärgerlich, halb lächelnd ausführt: »Er ist immer so großzügig, mein

Martinus. Er gibt und schaut nicht, wo es herkommt. Er lebt immer noch so wie im Kloster, wo er sich um alles Weltliche nicht sorgen mußte. Ein Mönch muß die Hände ja nicht zu derber Arbeit regen. Für ihn ist ein Federkiel schwer genug. Um Essen, Kleidung und ein solides Dach über dem Kopf müssen sich die einfachen Klosterbrüder mühen oder die Nonnen, auf deren Äckern das Korn für die Mönche reift.

In diesem Punkt bin ich ganz anders. Für mich zählt das Geld, weil es ohne nun einmal nicht geht. Doch wenn ich Martinus klage, daß wieder einmal die Kasse leer und kein Kanten Brot mehr zu beißen in der Lade ist, kann mein braver Gottesstreiter schon ungehalten über mich herfahren: ›Weib, wie oft habe ich dir gesagt, daß Geld nichts fruchtet. Wann nur lernst du, wie die Lilien auf dem Felde Gott allein die Fürsorge zu überlassen?‹

Ich schweig ja still dann und gehe in die Küche und backe wieder einmal Brot aus allen Kornresten und strecke sie mit Sägemehl und geriebenen Nüssen und Hagebuttenmark und allem, was in irgendeiner Ritze zerkrümelt liegt. Ich will ja nicht murren und Gott walten lassen wie die Lilien. Doch wie soll ich die zeitweilig vierzig, fünfzig hungrigen Mäuler rund um den Eßtisch stopfen? Wäre es wirklich zuviel verlangt, wenn die Wittenberger Bürger nicht nur den Ruhm genießen wollten, Lutherstadt zu sein? Wäre es nicht gottgefällig, ihrem Luther ein Gehalt zu zahlen?«

Trotz aller Geldsorgen ließ Katharina ihren Martinus am Ende jedoch immer wieder mit Nachsicht und Geduld einen Mann Gottes und etwas weltfremd bleiben. So wie er sich für Kirche und Glauben einsetzte, regte sie unermüdlich die Hausfrauenhände, um ihm den Rücken für seine große Aufgabe freizuhalten.

Ich versuche, die kleinen, festen Hände der Lutherin auf Spuren ihrer Tätigkeit zu überprüfen, doch der Ölfirnis über ihrem Bildnis ist zu craqueliert. Ob sie nie zornig war, frage ich mich, daß sie ihren Riesenhaushalt ganz allein besorgen mußte? Ob es ihr nie zuviel wurde? Ob sie nie verlangte, daß ihr Martinus den

Federkiel aus der Hand legte und seine Scholaren fortschickte, um ihr den schweren Wäschekorb zu tragen, den Fußboden zu schrubben, die Kinder zu windeln?

Ich höre Katharina über solche Fragen lachen. Ihre Mundwinkel zucken förmlich im schräg einfallenden Licht. Vielleicht antwortet sie: »Weißt du nicht, daß Martinus geschrieben hat, Gott sehe es gern, wenn ein Mann hinginge und wüsche die Windeln und versorge seine kleinen Kinder? Glaubst du, dies schriebe er, wenn er nicht wüßte, wie es geht? Wenn er es nie getan hätte? Als ich aus dem Konvent entwich, war ich keine gute Hausfrau. Ich habe viel bei Cranachs lernen müssen und hab noch manches nicht gekonnt, als ich Martinus' Frau wurde. Trotzdem hat Martinus mich stets nach meinem Willen schalten und walten lassen, weil Gott die Werke der Frauen nicht weniger liebt als die der Männer. Darum und weil ich die Herrin im Haus bin, nicht die Magd, nennt er mich ›Herr Käthchen‹ oder ›Domina im Haus‹. Ich aber nenne ihn ›Herr Martinus‹, weil er der Herr ist in allem, was nicht meines Amtes ist.«

»Mein Herr Käthchen« – respektvolle, anerkennende Worte, die mit dazu beitrugen, daß Katharina ihren Ehemann liebte.

In einer Zeit, in der die Frau keinen anderen Wert zu haben schien als den, welchen der Mann ihr zugestand, in einer Zeit, in der die katholische Kirche die Sünde weiblich definierte und auf brennenden Scheiterhaufen auszurotten suchte – in dieser Zeit predigte Luther die Gleichwertigkeit von Mann und Frau und lebte diese zusammen mit Katharina vor. Weil Gott Mann und Weib geschaffen und beide gleichermaßen für gut befunden habe, solle der Mann das Weib nicht verachten und das Weib nicht den Mann, »sondern ein jeder ehre des andern Bild und Leib als ein göttliches, gutes Werk, das Gott selbst wohl gefällt«.

Ganz sicher waren Worte wie diese einer der Gründe dafür, daß die Lutherin noch heute so selbstbewußt aus ihren Bildern in die Welt hinausschaut. Als ich durch den Klostergarten gehe, den Katharina im ersten Jahr ihrer Ehe gleich hinter dem Haus angelegt hat, spüre ich ihre Anwesenheit greifbar nahe neben mir. Der Garten sieht nicht mehr wie damals aus. Die üppige Pracht ist verschwunden, und auf den Wegen, die einst voller Pfützen standen, sind heute saubere Rillen in den groben Sand gezogen.

Katharina hat dieses Fleckchen Land geliebt. Sie züchtete dort Bienen und zog Weinreben, weil Martinus einem guten Tropfen nicht abgeneigt war. In einer Ecke rankte der Hopfen, den sie brauchte, um dem Gerstensaft für ihren Eheliebsten die richtige Würze zu geben. Sie legte Fischbecken an und züchtete neben Schafen auch Schweine und Kühe. Selbst eigene Pferde hatte sie, die ihre Kutsche über Land zogen, wenn sie verreiste. »Meine Käthe«, sagte Luther einmal in seiner Tischrunde, »macht aus diesem verrotteten Kloster ein Paradies auf dieser dunklen Erde.«

Und warum tat sie es?

»Bei uns ist die Welt zu Gast«, höre ich Katharinas Stimme im Summen der Nachkommen ihrer Bienen. »Sie besucht uns, weil sich bei uns die Weisheit ein Haus gebaut hat und der Tisch gedeckt ist. Wenn die Gäste gehen, haben sie den Kopf so voll wie den Magen, denn mein Martinus geizt nicht. Ich aber sorge dazu, daß er nicht geizen muß. Ich muß mich in sieben Teile zerlegen, an sieben Orten zugleich sein und siebenerlei Ämter verwalten. Ich bin erstens Ackerbürgerin, zweitens Bäuerin, drittens Köchin, viertens Kuhmagd, fünftens Gärtnerin, sechstens Winzerin und Almosengeberin an alle Bettler in Wittenberg, siebentens aber bin ich die Doktorissa, die sich ihres berühmten Gatten würdig zeigen und mit 200 Gulden Jahresgehalt viele Gäste bewirten soll.«

Nur in einem war sie eigen, die Katharina von Bora, die Käthe Lutherin, der »Herr Käthe«. Dann nämlich, wenn es um Liebe und Treue ging. Als Martinus ihr einmal neckend verkündete, es werde noch dazu kommen, daß ein Mann mehr als eine Frau heiraten dürfe, gab sie in vollem Ernst zurück: »Bevor ich das zugebe, würde ich lieber wieder ins Kloster gehen und Euch und alle Kinder verlassen.« Welches Selbstbewußtsein, wieviel stolzer Mut und wieviel liebende Eifersucht einer ganz und gar nicht keusch und demütig empfindenden Frau sprechen aus diesem Satz!

Angst mußte Katharina um ihren Martinus jedoch trotz seiner Neckereien nicht haben. In einer seiner Tischreden sprach er, der seiner Frau bis zum Tode zahlreiche Liebesbriefe schrieb und sie so gern mit »Dein Liebchen« unterzeichnete, es laut und deutlich aus: »Ich wollte meine Käthe nicht um ganz Frankreich und Venedig mehr hergeben.«

Erst der Tod konnte beide trennen. Katharina von Bora starb am 20. Dezember 1552, sechs Jahre nach Luthers Ableben.

Warum sie für mich *die* Frau an seiner Seite ist

Katharina von Boras Lebensschicksal wurde nicht in der Weise dokumentiert wie das ihres berühmten Ehemannes. Es erschließt sich überwiegend durch aufmerksame Lektüre zwischen Luthers Zeilen und dem historischen Environs ihrer Zeit. Dennoch gebührt ihr ein Platz unter den ganz großen Frauen der Weltgeschichte. Nicht, weil sie die Gattin des Reformators Luther war. Nein, sie persönlich war eine der großen Frauen, weil sie die alle Epochen und Trends überdauernden Eigenschaften der starken Frau in sich vereinte und dadurch ebenso die Frau von heute oder morgen sein könnte.

Katharina von Bora war klug und gebildet. Sie verfolgte das Zeitgeschehen kritisch mit und nahm ihren Platz darin sehr bewußt ein. Sie besaß Zivilcourage, einen ausgeprägten eigenen Willen und Entschlußkraft, diesen durchzusetzen. Selbst auf die Gefahr schwerer körperlicher und seelischer Strafen hin, deren grauenvolles Ausmaß heutige Frauen nur erahnen, blieb sie auf von ihr einmal als richtig erkannten Wegen.

Trotz der Diffamierung der Frau durch die katholische Kirche, deren Lehren Katharinas Kindheit und Jugend extrem prägten, ja, trotz ihres auf Demut, Armut und lebenslange sexuelle Enthaltsamkeit ausgerichteten Lebens als Nonne war sie sich ihres von Gott gegebenen Wertes als freier Mensch bewußt. Deshalb ließ sie sich weder gegen ihre Überzeugung im Kloster festhalten noch gegen ihren Willen verheiraten, sondern wählte die Flucht in die Freiheit und schließlich sogar den Mann an ihrer Seite selbst aus. Wieviel Selbstbewußtsein und Mut muß Katharina von Bora besessen haben und wie selbstverständlich muß für sie die von Luther gepriesene Gleichwertigkeit der Frau gewesen sein, daß sie es wagte, dem Mann, den sie gern als Ehemann gehabt hätte, einen Heiratsantrag übermitteln zu lassen!

Sie war leidenschaftlich und liebte so hingebungsvoll, daß sie es nicht hingenommen hätte, wenn ihr Mann sie mit einer anderen betrogen hätte. Sie ließ ihn nie im Zweifel über ihre Gefühle und Erwartungen. Die Drohung, sie werde ihn mitsamt allen Kindern verlassen, sollte er sie jemals betrügen, muß durchaus ernst genommen werden.

Doch zugleich mit ihrer Eifersucht zeigte Katharina ihrem Luther soviel Anerkennung und Respekt, daß sie ihn als Herrn anerkannte – so wie er sie als Herrin. Aus der Vernunftehe zweier entsprungener Ordensleute war eine Liebesehe geworden. Und die gegenseitige Zuneigung war so stark, daß Luther seiner Käthe seine Liebe nicht nur im abgeschiedenen Schlafgemach, sondern immer wieder auch öffentlich in aller Form versicherte. Und zwar so eindrucksvoll, daß jedes seiner Liebesworte für die Nachwelt dokumentiert wurde.

Über ihre Emotionalität hinaus war Katharina von Bora eine ehrgeizige Frau, die vor keiner Aufgabe und Anforderung zurückschreckte. Trotz größter Belastungen, denen sie überwiegend allein gewachsen sein mußte, packte sie alles mutig an und versorgte ihre Großfamilie nebst Haushalt mit tiefer Herzensfröhlichkeit. Kreativ verstand sie es, mit geringsten Mitteln auszukommen, und trug auf diese Weise maßgeblich zum gemeinsamen Lebensunterhalt bei.

Sie, die im Kloster zu einem Leben in frommer Andacht und stiller Gelehrsamkeit erzogen worden war, förderte, pflegte und erhielt die sozialen Kontakte der Familie. Nicht nur, daß sie Waisen, Witwen und armen Schülern ein Zuhause bot, nein, sie war auch großzügige Gastgeberin und bewunderte Gesprächspartnerin der Gäste Luthers sowie die Spendengeberin für alle Bettler Wittenbergs. Wo immer sie Not wahrnahm, lebte sie ihr Mitgefühl mit Schwächeren nicht in halbherzigen Spenden, sondern im täglichen Leben tatkräftig aus.

Nicht zuletzt aber hielt Katharina von Bora ihrem Ehemann aus freien Stücken den Rücken frei, damit er in seinem als Berufung verstandenen Beruf aufgehen und seine große Aufgabe als Reformator erfüllen konnte. Ohne diese Frau an seiner Seite wäre Martin Luther niemals der geworden, welcher er war.

Wer ist das eigentlich, die »Frau an seiner Seite«?

Die »Frau an seiner Seite« als Zentralperson meines Buches ist die nichterwerbstätige Ehefrau und eventuell Mutter, welche im Bewußtsein traditioneller Familienwerte lebt und ihre vorrangige Aufgabe darin sieht, die Ehebeziehung zu pflegen und dauerhaft zu erhalten, ihrem Gatten in jeder Lebenslage aktiv zur Seite zu stehen, auch nach Kräften seine die Familie ernährende Berufstätigkeit zu unterstützen und zu fördern sowie gegebenenfalls den natürlichen und zugleich gesetzlichen erzieherischen Auftrag an ihren Kindern in liebevollem Einvernehmen mit dem Vater wahrzunehmen.

Meine Meditation über ein Interview mit Katharina von Bora sollte nicht zu der Annahme verleiten, daß ich moderne Frauen von heute unter hoffnungslos altmodisch-romantischen oder religiösen Aspekten einer weltfremden Qualitätsprüfung unterziehen möchte. Im Gegenteil, mein Blickwinkel ist der einer Frau von heute, die in den berühmt-berüchtigten 68ern jung war, sich als emanzipierte Persönlichkeit und der Frauenbewegung nahestehend einschätzt und gerade darum sich selbst und der Gesellschaft die Frage stellt: Was ist aus dem geworden, was wir einmal wollten? War es wirklich unser Ziel, daß der als Senkrechtstarter aufgeschwungene Frauenfreiheitskampf in einer katastrophalen Bruchlandung zum Geschlechterkampf explodiert und die Familien dabei zum Himmelfahrtskommando werden?

Mein Buch über »die Frau an seiner Seite« zieht Bilanz, und zwar ganz bewußt über den Zeitraum vom Ende des Zweiten Weltkrieges bis heute. In zahlreichen, kritisch hinterfragenden Kapiteln setze ich mich mit der Veränderung des Frauenlebens im Lauf dieser Zeit auseinander. Schwerpunkt ist das »Phänomen Hausfrau«, welches gravierende Veränderungen erfuhr und heute mit der gängigen Bezeichnung »Nur-Hausfrau« einen absoluten Tiefpunkt erreicht hat.

Eine der ersten Fragen beschäftigt sich damit, wie es zu der zunächst schleichenden, bald jedoch immer krasser werdenden gesellschaftlichen Abwertung der Hausfrau kam. Ohne Zweifel liegen die Ursprünge in den harten Kriegsjahren, in denen Frauen »ihren Mann« zu stehen hatten und entdeckten, daß dies gar nicht so schwer ist. In dem stolzen Bewußtsein der Trümmerfrauen, die mit zu vier Zipfeln geknoteten Taschentüchern auf dem Haar und vom Trümmerschleppen schwellenden Bizepsen erkannten: »Wir schaffen es!« Und dieses Selbstbewußtsein gaben sie ihren Töchtern weiter.

Die jahrhundertelang im katholischen Religionseifer den Frauen eingetrichterte Minderwertigkeit und gottgewollte Unterlegenheit unter den Mann hatte ihre Suggestivmacht verloren. War die Forderung der Frau nach vollkommener gesellschaftlicher Gleichberechtigung mit dem Mann bislang einigen kämpferischen Frauenrechtlerinnen vorbehalten gewesen, wurde sie nach dem Krieg zum allgemeinweiblichen Anliegen. Spätestens seit den sechziger Jahren blies den Männern der Wind aus Richtung Frauenbewegung hartnäckig ins Gesicht. Frauen waren mächtig im Kommen, und die Männerwelt reagierte. Der Gesetzgeber etwa mit Änderungen des Grundgesetzes. Die Wirtschaft entdeckte, daß in der neuen »Frauenpower« Leistungspotential schlummerte. »Bildung und Erwerbstätigkeit« wurde zum Zauberwort für alle.

Die sexuelle Revolution der 68er-Generation und die Entdekkung der Anti-Baby-Pille gaben dem Freiheitsdrang der Frauen den letzten und vielleicht bedeutendsten Schub. »Sex und Fun« ohne das Risiko unerwünschter Schwangerschaften nebst den damit verbundenen Muß-Heiraten setzte Frauen auch diesbezüglich den Männern gleich, die ihre Sexualität seit eh und je freizügig ausgelebt hatten. Innerhalb weniger Jahre waren Frauen aufgrund schulischer Bildung und anschließender Berufsausbildung nebst Job finanziell unabhängig von einem Ehemann als Alleinverdiener und Familienernährer geworden. In der nachfolgenden Phase des weiteren Unabhängigkeits- und Gleichberechtigungsstrebens artete die Frauenbewegung allerdings in einer Spirale der verbalen Gewalt zum eiskalten Geschlechterkampf aus, in welchem das Maß der Dinge zusehends verlorenging.

Die Frauenrechtlerinnen nannten sich nun »Feministinnen«, nach dem lateinischen Wort »femina« für »Frau«. Ihr erklärtes Ziel ist die Befreiung der Frau von der Vorherrschaft des Mannes im Sinne des Unabhängigkeitsstrebens der Frauenrechtlerinnen-Tradition. Das Mittel zur Unabhängigkeit wird in der Erwerbstätigkeit der Frau gesehen.

Wer nicht in den Beruf hinaus will, sondern bei Mann und Kindern am heimischen Herd bleiben möchte, wird als »Schmarotzerin« abgestempelt, welche für den »Status Ehefrau« lebenslänglich zahlen müsse. Hausfrauenarbeit wird als primitive Dienstleistung zugunsten des Mannes diffamiert, welcher nur darauf aus sei, die Ehefrau auszubeuten und sich als fauler Pascha verwöhnen zu lassen.

Auch Mutterschaft geriet unter Beschuß. Frauen, die ihre Kinder selbst erziehen und versorgen möchten, anstatt nach der Babypause in den Beruf zurückzukehren, werden als »Klammer-Mütter« verschrien, die unfähig seien, ihr Kind loszulassen. Spöttisch als »das Mutti« zum unerotischen Neutrum erklärt, stehen sie ganz unten auf der Wertskala weiblicher Qualitäten. Aus feministischer Sicht unterstützenswerte Frauen gebären zwar Kinder, bleiben aber selbstverständlich weiterhin erwerbstätig und klagen beim Vater, notfalls bei Vater Staat, die Betreuung und Versorgung der Kinder ein.

Mit dem Weg der Geschlechter fort von der einst angestrebten Gleichwertigkeit hin zur heute postulierten Austauschbarkeit begann sich eine schreckliche allgemeine Verunsicherung in den Ehen und Familien auszubreiten. Diese setzt sich immer weiter fort.

Im Hinblick auf Paarbeziehungen wurden Spaß und Sex zum Allheilmittel erhoben. Pflichten, Rücksichtnahme und ähnliche Spaßkiller waren verpönt. Das Bewußtsein der eigenen Rechte nahm überhand. »Selbstverwirklichung« wurde zum Lebenszweck. Folglich gerieten Beruf, Karriere, Einkommen und »großartiger« Sex zum Antriebsmotor des Daseins.

Obwohl Ehe und Familie für die meisten Menschen ganz oben auf der Wunschliste für ihr Leben stehen, zerbrechen unter dem Druck des Zeit- und Toleranzfressers Selbstverwirklichung die vor wenigen Jahrzehnten noch selbstverständlich auf Lebensdauer angelegten Ehen immer öfter. Permanent ansteigend haben 1999 die Ehescheidungen einen neuen Rekordstand erreicht. Verlierer im Rechtsstreit um die Selbstverwirklichung sind heute beide Ehepartner nebst ihren Kindern und neuen Lebenspartnern. Denn: Ein Durchschnittseinkommen kann zwei Familien nicht unterhalten. Folglich verarmen beide Geschiedene und mit ihnen ihre Kinder.

Anstatt einzusehen, daß Geld allein nicht glücklich macht, die berufliche Karriere nicht zwingend das erstrebenswerteste Ziel sein und Selbstverwirklichung sehr schnell sehr einsam machen kann, wird vornehmlich unter dem starken politischen Einfluß von Radikalfeministinnen die Auflösung der Familie in ihrer Konstellation Mutter-Kind-Vater immer nachhaltiger betrieben. Die Ideologie, daß in lukrativen Berufen außerhalb der Familie tätige Mütter die besseren Mütter seien und alleinerziehende Mütter die besseren Kinder hätten, wird entgegen den Fakten einschlägiger Forschungen ebenso proklamiert wie die monströse Behauptung, daß Väter nur als Samenspender taugen.

Mit Maximen wie dieser werden Familien bewußt zerstört. Und wer die Familien zerstört, vernichtet langfristig auch den Staat. Darüber hinaus wird unter dem Deckmantel falsch verstandener Emanzipation alles das aufs Spiel gesetzt, was die Frauenbewegung in mühsamer Arbeit für die Verbesserung des Zusammenlebens erreichte.

Es ging uns Angehörigen der Nachkriegsgeneration und allen

voran uns Frauen um die Gleichwertigkeit der Geschlechter und die umfassende Gleichberechtigung. Dafür haben wir uns stark gemacht. Niemand von uns will in alte Spuren zurück und auch nur eine Frau an den Herd schicken, die dort nicht aus freien Stücken leben will.

Gleichwertigkeit heißt, Menschen ohne Ansehen der Person, ihres Standes, ihres Berufes, ihrer Bildung, ihres Einkommens, ihrer Meinung, ihrer Hautfarbe, also ganzheitlich, *gleich zu werten.* Es kann nicht toleriert werden, daß Menschen, die sich aus eigenem, freien Entschluß gegen eine Erwerbstätigkeit und für ein Leben als »Frau an seiner Seite« entscheiden, als »Schmarotzer« abgewertet und als dumme »Unterprivilegierte« verfemt werden. Es ist schlicht infam, Arbeit nur mit Erwerbstätigkeit gleichzusetzen und Hausfrauen allein deshalb als dumme Faulenzerinnen anzusehen, weil sie für ihre Tätigkeit kein Geld einnehmen.

Frauen, die es trotz Hausfrauenverteufelung und Väterhetze immer noch aus den verschiedensten Gründen wagen, als Ehepartnerin »an seiner Seite« zu bleiben und als Familienfrau dafür zu sorgen, daß die gemeinsamen Kinder gut geraten, verdienen allen Respekt und unsere Solidarität. In Zeiten voller Vorurteile, Machtkämpfe und Geldhascherei ist es schwer, das Wesentliche zu erkennen und unveräußerliche Werte wie eine kreativ geführte und harmonische Partnerschaft zu erhalten.

In dieser Partnerschaft üben Frauen einen vielseitigen, anspruchs- und verantwortungsvollen Full-time-Job aus, in dem es nicht genügt, eine weibliche Rolle zu spielen. *Frau* muß es damit ernst meinen. Und dafür bedarf es einer ganzen Frau mit Herz und Verstand, mit Leib und Seele – einer Vollwertfrau eben, die weiß, was sie will und was sie wert ist, und die sich in diesem Wert auch von ihrem Lebenspartner als vollwertig angenommen weiß.

»Die Frau an seiner Seite« hat keinen Grund, sich nur deshalb irgend jemandem und speziell ihrem Lebenspartner unterlegen zu fühlen, weil sie keiner Erwerbstätigkeit nachgeht. Hausfrau zu sein ist für sie keine Schande. Und sie fühlt sich auch nicht entehrt, wenn sie morgens ihrem Mann nachwinkt, ehe sie sich im Laufe eines arbeitsreichen Tages daran macht, ihren Haushalt zu versorgen.

Obwohl sie weiß, daß er Alleinverdiener ist, weiß sie auch, daß er ohne sie nur die Hälfte wert wäre. Vor allem weiß sie, daß er sie nicht etwa deshalb geheiratet hat, um – wie böse Zungen behaupten – eine billige Dumme für die Drecksarbeit und eine kostenlose schnelle Nummer im Bett zu haben, sondern weil er sie liebt und etwas an ihr findet, was ihn dazu bringt, mit ihr und nur mit ihr sein Leben auf immer und ewig teilen zu wollen. Ihre Menschenkenntnis, ihr Feeling für Situationen, ihre Fähigkeiten zum Repräsentieren und ihre Art, einen Freundeskreis zu schaffen, ihre Gabe, Geliebte, Trösterin und Kamerad in einer Person zu sein, sowie ihr Sinn, aus einem Haus oder einer Wohnung ein Zuhause und aus Mutter-Vater-Kindern eine Familie zu machen, geben diesem gemeinsamen Leben einen Wert und halten überdies die Steigleiter zu seinem Erfolg. Zusammengenommen stehen ihre Leistungen den seinen in nichts nach und stellen einen gleichwertigen Posten im »Unternehmen Familie« dar.

Frauen, die sich nicht länger für dumm verkaufen und von denjenigen gegen ihr Leben »an seiner Seite« aufstacheln lassen, deren einziger Wertmaßstab die bare Münze ist, bereitet es daher kaum Probleme, an seiner Karriere aktiv mitzuarbeiten und auf ihre ganz spezielle Weise an seinem Berufsleben teilzunehmen. Vielmehr gibt es ihnen ein Gefühl persönlichen Erfolges. Und mit Recht.

Nach dem Krieg
oder
Die neue Saat in den Köpfen

Frauen im Nachkriegsdeutschland

Die Trümmerfrauen

Wir kennen sie aus Filmen, Dokumentationen und Fotoalben, die Frauen mit Kopftüchern, Kittelschürzen und abgewetzten Armeemänteln, wie sie in ausgebombten Trümmerwüsten endlose Ketten bildend Steine schleppen und dennoch unermüdlich die Ärmel hochkrempeln – aufbauen. Lachend inmitten der Zerstörung, weiße Zähne in abgemagerten Gesichtern, freudig trotz allem, weil endlich Frieden ist, und voll Zuversicht, denn sie wollen es schaffen.

Deutschlands Trümmerfrauen sind die wahren Heldinnen der Nachkriegszeit. Sie, die immer gelehrt worden waren, wie Mütter, Töchter, Frauen zu sein hätten – brav nämlich und sittsam, die Augen niederschlagend vor dem Herrn des Hauses, redend nur, wenn gefragt, bescheiden und emsig hinter dem häuslichen Herd –, sie mußten auf einmal Fähigkeiten und Tugenden der Männer beweisen. Durften nicht länger zart und schwach sein, sondern mußten Bärenkräfte mobilisieren, Trümmer wegräumen, Steine klopfen, Mörtel rühren, Mauern hochziehen. Mußten nicht nur Windeln waschen und Kinder füttern, sondern auf dem Schwarzmarkt schachern und Kohlestücke einzeln auf dem Bahnhofsgelände klauen, damit der Bullerofen daheim neben Rauchschwaden auch ein wenig Wärme abgab. Keine Angst durften sie haben oder zumindest keine zeigen, denn wer Angst hatte, den schnappten die Besatzer.

Ein hartes, ein gefährliches Leben führten sie, die Ehefrauen, Mütter, Hausfrauen mit dem Mörtelpuder zwischen den auf

Wicklern aus Zeitungspapier aufgedrehten Locken und den rissigen Händen, an denen die eleganten Nylonstrümpfe aus Amerika sofort Laufmaschen zogen. Aber sie waren stark, und sie wußten, sie konnten es schaffen, wie Frauen eben immer alles schaffen, was sie schaffen müssen.

Wirklich schwer wurde es erst, als die Männer aus dem verlorenen Krieg heimkehrten. Männer, die in blutigen Frontkämpfen nur von einem Gedanken am Leben erhalten worden waren, dem Gedanken, wie sie heimkommen und freudig begrüßt werden und wieder die Männer sein würden, als die sie einst fortgegangen waren: Männer, die mit beiden Beinen im Leben stehen, voller Tatkraft sind und ihre schwachen Frauen beschützen. Ganz sicher hatten diese Männer oft Angst gehabt, der Krieg könnte ihre Frauen verschlungen haben. Aber niemals hatten die Männer daran gedacht, zu was der Krieg ihre Frauen gemacht haben könnte.

Die Tatkraft der Trümmerfrauen zu sehen war für diese Männer fast zu viel. Der Krieg und der letztlich unterschätzte Feind hatte ihnen die Grenzen gezeigt. Sie hatten gekämpft und ihr Bestes gegeben, doch es hatte nicht genügt. Aus Angreifern waren Besiegte geworden, und ihr Land, das sie hatten schützen und mehren wollen, lag in Schutt und Asche. Nicht als stolze Sieger kehrten sie zurück. Nein, abgerissen, zerlumpt, halb verhungert, an Leib und Seele zerschlagen, so schleppten, so schlichen sie sich heim.

Das Selbstwertgefühl dieser Männer war von den Knobelbechern der Siegermächte zertreten worden. Wie sollten sie nun lässig ertragen, daß die Frauen erstarkt waren, während sie selbst so bitter geschwächt worden waren? Sie hatten ein so ganz anderes Frauenbild in Erinnerung. Das Bild einer Frau, die weinend und schwach einer starken Schulter bedurfte und die in stiller Anbetung ihrem Herrn und Meister den unbedingten Vorrang gab.

Was Wunder, daß die Männer wollten, daß ihre Frauen und alles andere wieder wie früher würde.

Sie nahmen den Frauen die Spitzhacken und Schaufeln aus den Händen, schickten sie aus den Fabriken nach Hause, wiesen ihnen die Töpfe und Windeln wieder zu und machten selbst die Geschäfte auf dem Schwarzmarkt. Erleichtert und widerwillig zugleich gaben die Frauen nach. Auch sie waren kriegsmüde und sehnsüchtig nach dem Frieden und der Beschaulichkeit in endlich wieder eigenen vier Wänden.

Doch etwas blieb anders mit den Frauen.

Sie vergaßen nicht, wie stark sie gewesen waren und wie gut es getan hatte, stark zu sein. Sie erzählten ihren Töchtern davon. Sagten ihnen: »Lerne, mein Kind, lerne, denn du bist ebenso gescheit und ebenso für die Freiheit geboren wie jeder Mann und kannst genausogut oder besser als er alles das schaffen, was geschafft werden muß.«

Wie Beschwörungsformeln klang, was die Trümmerfrauen ihren Töchtern zuraunten. Und es wirkte. Nicht überall, natürlich nicht. Doch in den Köpfen vieler Mädchen ging die Saat der mütterlichen Erfahrungen auf. Sie formierten sich in einer landesweiten Frauenbewegung, denn sie wußten, es mußte sich etwas für Frauen ändern, sollten sie nicht in der Agonie früherer Zeiten versinken.

Auf lange Verschüttetes besannen sie sich. Auf Jahrtausende zurückliegende Rechte von Frauen, verloren in Lehren, die den Geschlechtern je unterschiedlichen Wert beimaßen. Gleichwertigkeit mit dem Mann, mahnten sie an, klagten Gleichberechtigung und Gleichbehandlung ein. Wie er wollten sie unabhängig sein, wieder Herrinnen über sich selbst, ein freies Wahlrecht und politisches Stimmrecht genießen, erwerbstätig sein nach ihren alleinigen Wünschen, Besitz ohne Einschränkung erwerben und erhalten können und all die anderen Rechte, die der Mann genoß, ebenso selbstverständlich beanspruchen.

Wie ihre Mütter und Großmütter, die Trümmerfrauen, gingen die Frauen es mutig an. Die Frauenbewegung, die seit langem schon unter der Oberfläche gebrodelt hatte, explodierte im Zeichen des Feminismus wie ein Vulkan.

Frauen und die Frauenbewegung in den Anfängen des Wiederaufbaus

Der Wiederaufbau Deutschlands aktivierte alle Kräfte im Land, galt es doch, nicht allein Trümmer und Schutt zu beseitigen und sowohl Lebensraum als auch Arbeitsplätze neu zu schaffen, sondern auch der Selbstbedienungsmentalität derjenigen Siegermächte entgegenzuwirken, die nach alter Manier auf Kriegsbeute aus waren und an sich rissen, was nicht niet- und nagelfest war.

Was die mißtrauisch kontrollierenden Besatzer kaum für möglich gehalten hatten, geschah. Deutschland stand wieder auf.

Es wurden, so drückte es der spöttisch-stolze Volksmund aus, »aus Kuhschiet Bonbons gemacht«, um die »Reparationen« genannten Kriegsschulden als Wiedergutmachung für zugefügten Schaden an die Sieger zu zahlen und gleichzeitig auch selbst wieder auf die Beine zu kommen. Arbeit gab es in Fülle. Und den Luxus, sich für etwas zu schade zu sein, konnte niemand sich leisten. Jede Hand wurde gebraucht. Doch längst nicht jeder Mund wurde satt von dem, was die Hand erwirtschaftete, denn Geld war nichts wert in dieser ersten Nachkriegszeit. Das Allernotwendigste zum Überleben gab es auf Wertmarken, die von den autorisierten Verwaltungsorganen unter der Befehlsgewalt der Sieger- und Besatzermächte pro Person zugeteilt wurden. Ihr Empfang berechtigte dazu, grammweise bestimmte Lebensmittel oder gewisse Textilien zu beziehen. Solange der Vorrat reichte, versteht sich.

Es war die Zeit der Hausfrauenkreativität. Die Zeit, in der Soldatenmäntel zigmal gewendet oder zu Kindersachen abgeändert wurden, Wollfäden unzählige Male verstrickt und wieder aufgeribbelt, über Wasserdampf zum Neuverstricken geglättet wurden und Socken und Unterhosen eigentlich nur noch von Stopfgarn zusammengehalten wurden. Oft genug war es auch die Zeit der langen Stunden im Bett, zwangsläufig, weil die einzigen vorhandenen Kleidungsstücke dringend gewaschen werden mußten und nun über dem mit Holz und Kohle befeuerten Küchenherd dampfend zum Trocknen hingen oder weil die Schuhe endgültig zu klein geworden waren und selbst abgehärtete Kinder nun einmal nicht barfuß durch Wintermatsch stapfen konnten.

Es war auch die Zeit der knabenhaft-schlanken Silhouetten weiblicher Schönheiten, denn Deutschland hungerte. Glücklich, wer ein Gärtchen bestellen und ein wenig Gemüse, Kartoffeln oder Obst ernten und davon womöglich etwas abzweigen und gegen anderes tauschen konnte. Reich, wer Verwandte in Übersee oder der Schweiz hatte und Care-Pakete mit Schätzen wie echtem Bohnenkaffee erhielt, denn der Tauschhandel blühte, wenngleich er verboten war und die Kontrollorgane der Besatzer hart durchgriffen, falls man erwischt wurde. Doch wirklich Wertvolles zum Tausch besaßen ohnedies nur noch diejenigen, die nie ausgebombt, nie vertrieben, nie geplündert worden waren. Und wer war das schon?

Gesunde Glieder und Einfallsreichtum waren die echten Werte. Der Satz »Was du im Kopf mit dir herumtragen kannst, kann dir keiner nehmen« wurde zum Slogan der Zeit. Die Tatsache, daß Deutschland zwar kaum über Bodenschätze verfügte, sich aber aus seiner Geschichte heraus als Volk der Dichter, Denker und Erfinder verstand, geriet zur Initialzündung des Wiederaufbaus und, damit verbunden, des Bildungsbooms.

Und in genau dieser Zeit erlebte die frühere Frauenbewegung ihre Wiederauferstehung. Wie der berühmte Phönix stieg sie aus der Asche, stärker, engagierter und wirksamer als je zuvor. Dies war maßgeblich darauf zurückzuführen, daß die traditionellen Strukturen des gesellschaftlichen Lebens aufgebrochen waren und neue Wege beschritten werden mußten. Die Formulierung des Grundgesetzes mit Artikel 3 Absatz 2 über die Gleichberechtigung von Männern und Frauen schuf die alles entscheidende Basis dafür.

Auch die Verfassung der DDR schrieb diese Gleichberechtigung fest. Anders als in Westdeutschland wurde gleichzeitig die Sorge für die Erwerbstätigkeit der Frau als staatliche Aufgabe miterfaßt und wurden Bedingungen geschaffen, die zum Beispiel die Kinderbetreuung außerhalb der Familie garantierten.

Erste Nachfolgevereinigungen der vor 1933 gegründeten Frauenorganisationen formierten sich sowohl im Osten als auch im Westen Deutschlands bereits 1945. In der DDR schlossen diese sich zwei Jahre später zum Demokratischen Frauenbund Deutschlands zusammen. Kurz nach seiner Gründung wurde er in die kommunistische Internationale Demokratische Frauenföderation aufgenommen. In den drei westlichen Besatzungszonen und in West-Berlin wurde die Frauenlobby erst 1949 mit dem Deutschen Frauenring e. V. als Dachverband der bis dahin existierenden verschiedensten konfessionellen, berufsständisch orientierten und kulturell ausgerichteten Frauenverbände gestärkt.

Die intensivere Wahrnehmung frauenrechtlicher Belange machte bald schon eine noch konzentriertere Zusammenarbeit nötig. Folglich wurde 1951 die Bundesvereinigung deutscher Frauenverbände und Frauengruppen gemischter Verbände aus der Taufe gehoben. Sie erhielt die sehr allgemein gehaltene Bezeichnung Informationsdienst für Frauenfragen e. V. und arbeitete mit dem Ziel, Frauenverbände nicht nur regional, sondern bundesweit zu verbinden und dadurch die politische Schlagkraft von Frauen zu stärken.

1969 gab sich der Informationsdienst den gediegener, zielgerichteter klingenden Namen Deutscher Frauenrat. Heute vertritt dieser über 100 Frauenorganisationen und Frauenvereinigungen von Verbänden, Parteien, Gewerkschaften und Kirchen. In seinem Selbstverständnis als überparteiliche und überkonfessionelle Einrichtung agiert er als Vertretung von Fraueninteressen gegenüber allen in Fragen der Gleichberechtigung und Gleichstellung relevanten Gremien und Institutionen. Dazu gehören in besonderem Maße Bundesregierung und Bundestag, aber auch Tarifpartner, politische Parteien und Gewerkschaften.

Vor allem die jüngere Frauengeneration verfolgte das politische Engagement ihrer kämpferischen Geschlechtsgenossinnen mit lebhaftem Interesse. An den schmerzhaften Erfahrungen des

Krieges über ihre Jahre hinaus gereift, machten sie sich die Forderungen nach einem alle persönlichen und gesellschaftlichen Bereiche betreffenden Mitsprache- und Entscheidungsrecht begeistert zu eigen. Ohne groß darüber zu debattieren, bildete die weibliche Bevölkerung einen Schulterschluß in der festen Überzeugung, daß künftig den Männern das Sagen in der Gesellschaft nicht mehr allein überlassen bleiben dürfe. Wohin dies geführt habe, beweise ja der Trümmerhaufen Deutschland nachhaltig.

Als eine der ersten weitreichenden Veränderungen brach das Gebilde der Großfamilie auf. Vor dem Zweiten Weltkrieg und bis weit in die ersten Kriegsjahre hinein sah Familie ganz anders aus als heute. Sie bestand damals aus unter einem Dach zusammenlebenden Familienmitgliedern mehrerer Generationen und unterschiedlicher Beziehungsgrade. Schon die Ausblutung des Volkes im Ersten Weltkrieg und mehr noch die Todesopfer an der Front des Zweiten Weltkrieges, die Flüchtlingsströme der Vertriebenen sowie die Verschickung von Waisen ins In- und Ausland ließen dieses traditionelle Großfamiliengefüge zerbrechen. Übrig blieb die Einheit aus Vater-Mutter-Kind als eigenständige Kleinfamilie in einer eigenen Wohnung, einem eigenen Haus, in eigener Lebensregie und ohne Gehorsamspflicht gegenüber dem ältesten Familienoberhaupt.

Der Krieg hatte viel mehr in Trümmer gelegt als nur das Land. Er hatte die Menschen ganzheitlich entwurzelt und alles zerrüttet, was Generationen Sicherheit gegeben hatte. Doch wie aus Mauertrümmern neue Häuser gebaut wurden, sollten aus den Trümmern der alten Werte neue entstehen. Der Krieg schien gezeigt zu haben, daß das Alte nicht taugte. Alles sollte anders, besser werden.

Als erstes keine Ehe mehr als Versorgungsinstitut. Nur die Liebe sollte gelten. Keine Kinder mehr, weil sie nun mal kamen. Schwangerschaftsverhütung war angesagt. Die ideale Familie bestand aus Vater, Mutter und zwei Kindern, am besten einem Sohn als Erstgeborenen und einem jüngeren Töchterchen.

Erst die Erfahrung lehrte, daß die Eigenregie dieser reduzierten Familien alles andere als dauerhaft rosenrote Romantik bedeutete. Hatte man sich in der Großfamilie in allen Lebensbelangen gegenseitig aushelfen und unterstützen und einander vor allem im Hinblick auf die Kinder entlasten können, waren die Mitglieder der Kleinfamilie ganz auf sich selbst gestellt.

Während der Mann den ganzen Tag nach einem fremdbestimmten, nicht individuell regulierbaren Zeitplan außerhalb der Familie erwerbstätig war, um den Lebensunterhalt seiner Frau und Kinder zu sichern, war die ganz auf sich gestellte Frau für das komplette Binnengefüge des »Unternehmens Familie« zuständig. Die traditionelle Arbeitsteilung der Frauen und Alten der Großfamilie entfiel. Plötzlich gab es keine Großmutter mehr im Haus, welche die Kleinkinder hütete, keine ledige Tante mehr im Dachstübchen, die Kinderkleidchen nähte, strickte oder flickte, keinen Opa, der den Enkeln Flöten schnitzte und Geschichten vorlas, keinen unbeweibten Onkel, der sich im Haus um tropfende Wasserhähne und stumpf gewordene Messer kümmerte. Der Slogan »selbst ist die Frau« kennzeichnete die Anforderungen der Zeit.

Ohne das während der Kriegsjahre und danach gewonnene Zutrauen in die eigenen Fähigkeiten und das Vermitteln dieser Erfahrungen an die Kinder hätten die Frauen weder Tatkraft noch Selbstbewußtsein genug aufgebracht, sich aus dem Großfamilienverband zu lösen. Doch der Beweis, daß Frauen »ihren Mann« stehen können, war erbracht. Nach dem Krieg gab es kein Zurück.

»Unser Leben ist hingegangen in der Sorge füreinander« (Ernestine, 78 Jahre)

Ernestine war zum Zeitpunkt unserer Gespräche über ihr Leben 78 Jahre alt. Leider verstarb sie bereits anderthalb Jahre später. Als gebürtige Odenwälderin und einziges Kind ihrer Eltern wuchs sie auf einem Bauernhof auf, dessen Erbin sie eines Tages werden sollte. Von Anfang an war Ernestine klar, daß sie einen Mann werde heiraten müssen, der sich zum Landwirt eignete, da sie selbst den Erbhof nicht in eigener Regie führen konnte. Als Glück empfand sie, Eltern zu haben, die ihr keinen Mann zuführten, sondern ihr die Wahl ließen und letztlich auch einverstanden waren, als sie sich für einen entschied, der kein Erbe in die Ehe einzubringen hatte. Oft war die von vorsichtiger, fast keuscher Sexualität geprägte Liebe die einzige Konstante im Leben des Paares. Not und Leid stellten sich häufig als ungebetene Gäste ein. Manche Lasten blieben Ernestine auf der Seele, wo sie nur im Vertrauen auf einen Gott, der keine Bürde ohne Sinn schickt, erträglich waren.

Moderne Paare ohne die feste emotionale Verankerung im Glauben und das unbeirrbare Bewußtsein, daß Ehe etwas für die Ewigkeit ist, hätten dem Druck der Ereignisse wohl kaum standgehalten. Ernestine ging aus ihnen als gereifter Mensch von schlichter Lebensklugheit und Wärme hervor. Sie hat mich tief beeindruckt.

»Mein Mann und ich sind heuer 60 Jahre verheiratet. Als ich ihn kennengelernt hab, war ich 16 und er 23. Es war auf der Kirchweih gewesen, und es gab Tanz für die Jugend, und da hat er mich gefragt, ob ich mit ihm tanzen will, und hat mir einen Maienbuschen gebrochen, daß ich ihn ans Mieder stecke. Das hat mir gefallen an ihm, daß er Gefühl hat und es sehen lassen kann. Und da hab ich den Maien gern genommen. Die anderen Burschen haben viel getrunken und Sprüche gemacht und geprahlt vor den Mädchen. Der Lorenz aber nicht. Das hat mir auch gefallen an ihm. Und nett anzusehen war er obendrein. Er hat so dicke, schwarze Locken gehabt und feste Zähne und gerade Glieder. Ja.

Zuerst haben wir uns nicht oft sehen können. Meine Eltern waren strenge Leute. Auch war ich das einzige Kind und sollte einmal den Hof erben. Es war kein großer Hof, aber das Land gab etwas her, und meine Eltern hatten es gemehrt, wo sie konnten, und manches Opfer dafür gebracht. Da wollten sie, daß ich einen nehme, der ordentlich und ein rechter Schaffer ist und zuerst mich und dann lang nichts und dann erst den Hof will. Und da waren sie mißtrauisch bei meinem Lorenz, denn er war der zweite Sohn auf einem kleinen Hof und sollte selbst nichts Rechtes erben.

Ich hab aber keinen anderen nehmen wollen, denn ich hab den Lorenz liebgehabt und sonst keinen. Und ehe ich ihn nicht genommen hätte, wäre ich ledig geblieben.

Zuletzt waren meine Eltern dann aber doch überzeugt, daß mein Lorenz es ehrlich meint mit mir, und gaben nach, so daß ich ihn haben durfte. Als unser ältester Sohn unterwegs war, haben wir geheiratet. Da hat man noch nichts gesehen von der Schwangerschaft, und ich habe mit dem Myrtenkränzlein in der Kirche vor dem Altar gestanden und die Mutter Maria angeschaut, daß sie mich versteht, weil sie ja auch eine Frau ist und weiß, wie die Liebe ist und daß man nicht immer warten kann, bis der Ring am Finger steckt. Und wir haben uns schon arg liebgehabt, mein Lorenz und ich.

Lorenz' Familie aber wollte unsere Verbindung nicht. Das heißt, seine Eltern gönnten es ihm schon, aber sein älterer Bruder nicht, denn er brauchte den Lorenz, weil er fleißig war und einen billigen Knecht bei ihnen abgab. Darum hat er gewollt, daß er gar nicht heiratet und bei ihnen bleibt.

Wir haben aber trotzdem geheiratet, und der Bruder ist nicht zur Hochzeit gekommen. Er war so wütend, daß er gesagt hat, er will den Hof und das Hungerleiderleben nicht mehr, und fort ist, in die Stadt, wo er Arbeit in einer Fabrik angenommen hat. Und der Lorenz hat seinen Eltern den Hof besorgen müssen und deshalb nicht bei mir und unserem Kind leben können, nur manchmal, wenn er nach dem Tagwerk zu Fuß die 25 Kilometer zu mir hin und in der Früh wieder zurück hat schaffen können. Da haben wir oft geweint, der Lorenz und ich. Aber wir haben uns liebgehabt, und da hat eins gern die Hände für den anderen mitgerührt und zugeholfen, daß alles gutgeht.

Ein Jahr nach dem ersten Kind war ich wieder schwanger und ein Jahr darauf erneut. Da starb zuerst die Mutter von meinem Mann und dann, nicht lange danach, mein Vater. Jetzt hat mein Mann doppelt bei seinem Vater auf dem Hof mitschaffen müssen, denn eine Magd haben sie sich nicht leisten können. Und meine Mutter und ich haben es auch schwer gehabt ohne den Vater, denn die Mutter war schon lange nicht mehr gesund. Und ich mit den kleinen Kindern und der Feldwirtschaft und dem Vieh – das alles wollte versorgt sein. Da hab ich in so manche Nacht hineingeschafft und war morgens in aller Früh wieder auf den Beinen, damit alles seine Ordnung hatte. Da ist die Jugend hingegangen, und man hat nichts gemerkt davon.

Zum Glück ist in dieser Zeit endlich der Bruder von meinem Mann wieder heimgekommen. Er hatte in der Fabrik eine Frau gefunden, die er mitbrachte und heiraten wollte, so daß mein Mann den Hof nicht länger hat erhalten müssen und endlich zu mir hat heimkommen können.

Die Zeiten waren aber schlecht. Unser Haus hätte dringend ein neues Dach gebraucht. Ich weiß noch, wir hatten unser Schlafzimmer im Giebel. In der kalten Jahreszeit wachten wir morgens oft auf, Schnee über uns, so daß wir weiße Haare und Eiskristalle in den Wimpern hatten. Da waren wir froh, daß ich Gänse hatte und Daunen genug für dicke Betten.

Als ich vier Kinder hatte und meine jüngste Tochter zwei Jahre alt war, starb meine Mutter. Jetzt war ich mit allem in Haus und Hof ganz auf mich gestellt, denn mein Mann und unsere zwei Knechte hatten alle Hände voll zu tun, die Arbeit auf dem Feld und im Wald zu schaffen.

Die Wäsche war damals noch von Hand zu waschen. Ich hatte einen großen Bottich aus Zink, in dem alles eingeweicht und dann gekocht und später auf dem Waschbrett geschrubbt wurde, bis es sauber war. An den schweren Drillichsachen hab ich mir die Hände aufgerieben, so daß sie wie Feuer brannten, wenn sie wieder in die scharfe Lauge sollten. Dann habe ich alles ausgewrungen und in dem Bach gespült, der bei uns hinter dem

Haus vorbeifließt. Wie schwer das war, kann man sich heute gar nicht mehr vorstellen. Ich hab oft Handknöchel und Gelenke gehabt, die so dick geschwollen waren, als wenn ich die Gicht hätte. Da hat der Lorenz mir dann Beinwell von der Wiese mit heimgebracht und zusammen mit Weinbrand einen Absud daraus gemacht und mich eingerieben, bis die Schmerzen wieder fort waren.

Dann kam der Krieg. Die Männer sind gern Soldaten geworden damals. Die Frauen mußten ein schönes Gesicht dazu machen. Und viele haben es auch gern gemacht. Aber auch wenn die Männer viel hergemacht haben mit ihren Uniformen und Waffen und ihrem ›Heil Hitler‹, Angst hatten sie ja doch vor dem Sterben, und alle haben sie gewußt, daß sie weggehen müssen und vielleicht für immer. Der Lorenz hat sich nicht gefreut. Der hat nicht fort wollen. Aber zuletzt hat er doch fort müssen. Und da war ich allein und hab den Kindern den Hof erhalten müssen und oft nicht gewußt, wie.

Zuletzt ist die Zeit doch herumgegangen. Und dann hat Deutschland verloren. Und mein Mann war in Gefangenschaft. Und die Siegermächte kamen. Uns hat es hart getroffen. Zuerst haben sie uns das Haus weggenommen, so daß die Kinder und ich im Stall schlafen mußten und nichts zu essen hatten außer der Milch, die wir von der Ziege bekamen. Und meine älteste Tochter hatte ich auf dem Dach versteckt, daß die Besatzer sie nicht sahen, weil die sich über alles hermachten, was einen Rock trug, auch wenn es noch ein Kind war.

Und dann, eines Nachts, hat es auf einmal draußen an der Tür gekratzt, und weil der Hund sich vor Freude gewunden und gewinselt hat, hab ich aufgemacht, und da war es der Lorenz. Der war aus der Gefangenschaft fortgelaufen und heimgekommen. Nur wie, das fragt besser keiner. Einen Stiefel hat er nur noch gehabt. Der andere Fuß war mit Lumpen umwickelt. Und zu essen hatte er auch schon tagelang nichts mehr gehabt. Er war so dünn, daß die Haut wie Pergament über den Knochen lag und die Zähne sich unter den Backen abzeichneten.

Aber jetzt war keine Zeit für irgendwas. Im Film, da siehst du sie immer gleich ins Heu fallen miteinander. Aber in Wirklichkeit, da gab's nur eins: Wohin jetzt mit ihm, daß die Besatzer ihn nicht finden? Sie hätten ihn ja an die Wand gestellt und umgebracht. Wir haben ihn dann unter dem Viehfutter und dem Häcksel versteckt. Die ganze Nacht haben wir an diesem Versteck geschuftet. Wir haben ein Loch unter dem Futter in den Stallboden gegraben und oben einen Boden daraufgelegt. Darauf kam dann wieder das Futter. Es durfte ja keinem etwas auffallen.

Und als die Besatzer am Morgen die Stalltür aufgerissen haben, war alles fertig, und keiner hat etwas gemerkt. Nur der Hund war wie verrückt und ist immer auf den Futterberg losgegangen, wo er den Lorenz hat ausgraben wollen. Da sind die Besatzer mißtrauisch geworden und haben nachschauen wollen. Und da hab ich getan, als wär mein Strumpfband verrutscht, und hab den Rock hochgerollt, daß sie mich ansehen mußten. Was dann kommt, hab ich schon gewußt. Aber ich hab es ja für den Lorenz getan, daß er leben darf. Und wie sie mich dann einer nach dem anderen genommen haben, haben sie den Futterberg vergessen, und mein Lorenz war sicher.

Die Erinnerung daran war immer etwas, das ich mit mir selbst abgemacht habe. Mein Mann hat damals nur gehört, was passierte. Die Besatzer haben ja Witze gerissen und einander angefeuert. Und wenn ich auch mein Herz hart gemacht habe, um alles auszuhalten, hatte ich doch die ganze Zeit Todesangst, der Lorenz würde aus dem Futterberg hervorspringen und totgemacht werden und die Kinder und ich mit ihm, und alles wäre umsonst gewesen.

Wir haben später nur einmal darüber gesprochen, der Lorenz und ich. Das war in der ersten Nacht, die wir lange danach miteinander in unserem Ehebett lagen, in dem meine Kinder geboren wurden. Und das, was wir da geredet haben, hat gemacht, daß ich weiß, daß die Liebe etwas ist, das der liebe Gott uns aus dem Paradies auf die Welt mitgegeben hat.

Jetzt sind wir 60 Jahre verheiratet. Unser Leben ist hingegangen über dem Erhalten unserer Kinder und in der Sorge füreinander.

Jetzt geht das Alter hin über der Hilfe für die Kinder und Enkelkinder, auch wenn nicht alle bei uns wohnen, sondern in der Stadt und nicht so oft kommen. Manchmal haben der Lorenz und ich davon geträumt, die Welt zu sehen und Urlaub zu machen. Und wenn unsere Kinder uns Ansichtskarten schicken, tut es mitten in der Freude auch immer ein wenig weh, weil wir wissen, manche Träume erfüllen sich nie.

Der Lorenz und ich hatten es nicht so leicht wie unsere Kinder. Trotzdem waren wir glücklich. Wir haben immer aneinander festgehalten. Natürlich haben wir uns auch gestritten und waren zornig miteinander. Aber das ging nie so weit, daß wir an eine Trennung gedacht hätten. Wir gehörten zusammen. Wir waren froh, einer mit dem anderen. Wir haben uns gebraucht, und das war gut so. Und wir haben gewußt, was wir aneinander haben.

Das ist heute oftmals anders. Die jungen Leute achten sich gegenseitig nicht mehr so, wie wir Alten einander respektiert und geachtet haben. Sie schätzen auch die Arbeit nicht mehr so recht, die jeder tut. Ich weiß nicht, woran es liegt, aber ich denke oft darüber nach und glaube, es ist, weil einer dem anderen etwas nicht gönnt oder neidisch ist. Der Mann denkt, die Frau hat es einfacher, und die Frau denkt, der Mann hat es einfacher. Und dann denkt man schnell, daß das, was der andere tut, gar nichts ist.

Manchmal schau ich mir meine Schwiegertochter an, die jetzt ungefähr so alt ist wie ich, als die Besatzer kamen. Sie lebt mit uns auf dem Hof, so daß ich mir leicht einen Eindruck machen kann. Wenn ich uns beide vergleiche, sehe ich, wie verschieden das ist, was wir auf unseren Lebensweg mitbekommen haben.

Ich bin acht Jahre lang zur Schule gegangen. Meine Zeugnisse waren immer gut, denn ich hatte immer auch Ehrgeiz und wollte gern etwas lernen. Vor allem Lesen und Schreiben habe ich gemocht. Nach der Schule half ich deshalb in der Gemeindebücherei mit, die von unserem Pfarrer geführt wurde. Auch ging ich oftmals einer Schneiderin zur Hand, denn ich hatte geschickte Finger und wollte gern nähen und feine Stickereien anfertigen können. Einen Beruf gelernt, wie die jungen Mädchen heute, habe ich aber nicht.

Selbstverständlich lehrte meine Mutter mich alle hauswirtschaftlichen Arbeiten, die eine Hausfrau auf einem Bauernhof können mußte. Es war selbstverständlich, spinnen, weben, buttern, käsen, Brot backen, kochen, einwecken und dergleichen mehr zu können. Ich mußte ja in der Lage sein, von den Erzeugnissen zu leben, die mein Hof erwirtschaftete. Auch unterwies die Mutter mich darin, ein Haushaltsbuch zu führen, denn Bargeld war etwas, das nicht selbstverständlich zur Verfügung stand, und es wurde daher für den allgemeinen Lebensunterhalt auch nicht so leichtfertig wie heute verplant.

Wenn ich in meiner sauberen, gemütlichen Stube oder in meiner wohlgefüllten Vorratskammer stand, ein gutes Essen auf den Tisch bringen konnte und meine Kinder so adrett und wohlgeraten heranwachsen sah, war ich stolz auf meinen Mann und mich, weil wir beide alles so gut zuwege brachten und miteinander an einem gemeinsamen Glück arbeiteten. Ich war stolz auf ihn und darauf, wie er den Hof bewirtschaftete. Aber ich war auch stolz auf mich. Und er war ebenso stolz auf mich wie auf sich selbst. Wir hatten immer das Gefühl, daß wir uns miteinander sehen lassen konnten. Noch im Alter war das so.

Meine Schwiegertochter muß nicht auf dem Hof mitwirtschaften. Das besorgen unser mittlerer Sohn und sein jüngster Bruder, die den Hof zu gleichen Teilen übernommen und die anderen Geschwister ausgezahlt haben. Meine Schwiegertochter hat ein schönes, großes eigenes Haus ein gutes Stück abseits von unserem. Sie ist nur für den Haushalt und ihre beiden kleinen Kinder zuständig. Wenn sie auf dem Hof hätte mitarbeiten müssen, hätte sie meinen Sohn nicht geheiratet. Diese Bedingung hat sie von Anfang an gestellt. Sie stammt nicht von einem

Bauernhof und macht sich nichts aus der Landwirtschaft. Mein Sohn wollte auch nicht, daß sie mitarbeitet.

Es ist ihm recht, wenn sie im Haus ist und alles schön macht, daß er abends eine Freude hat. Meinem Lorenz, solange er noch gelebt hat, und mir ist dies auch recht gewesen – wenn sie beide nur froh sind und sich gut verstehen. Ein Vierpersonenhaushalt in einem modern ausgestatteten Haus ist heute leicht zu führen. Wenn ich an meine Waschtage denke und dann heute die Waschmaschine und den Wäschetrockner sehe, muß ich lachen. Oder den Staubsauger und die Geschirrspülmaschine oder die Tiefkühltruhe oder den Kühlschrank und den Elektroherd oder die Heizung im ganzen Haus und das Dach, unter dem es warm ist und wo kein Schnee hereinfällt und kein Wind durchpfeift. Das ist alles wunderbar. Den Kindergarten gibt es auch noch, in dem meine Enkel jeden Tag spielen können, so daß die Mutter viel Freizeit hat. Trotzdem klagt meine Schwiegertochter über die Hausarbeit und daß sie dauernd gestreßt ist. Es sind alles so moderne Wörter. Ich verstehe das nicht so recht.

Ich bin heute eine alte Frau und sicher in meinem Denken sehr altmodisch und vielleicht auch ein wenig beschränkt. Trotzdem mache ich mir viele Gedanken über alles, was ich sehe und höre, und lese auch viel. Ich bin zwar eine einfache Frau, aber ich habe doch einen guten Verstand. Und so bilde ich mir über alles eine Meinung. Auch über meine Schwiegertochter. Sie ist neun Jahre lang zur Schule gegangen. Ihre Zeugnisse sind recht, aber sie sagt selbst, daß sie nie gern gelernt hat. Nach der Schule machte sie eine Lehre als Verkäuferin und arbeitete in einem Schuhgeschäft. Von ihrer Mutter lernte sie ein wenig kochen und backen, aber ansonsten nichts, denn die Mutter war der Meinung, einen Haushalt führen könne jede Frau, ohne es zu lernen.

Mit den vielen Geräten, die einem die Arbeit leichtmachen, stimmt das ja vielleicht. Trotzdem denke ich, daß Hausarbeit eine schwere Arbeit ist. Vielleicht braucht man wirklich keine Ausbildung dazu. Ich denke aber, man braucht sie doch. Wenn man sein Sach gelernt hat, geht einem alles schneller und besser von der Hand, und wenn's schneller und besser gelingt, macht es auch mehr Freude, zu arbeiten. Und Freude, ja, die haben die jungen Dinger von heute an der Hausarbeit eben gerade nicht. Meine Schwiegertochter ist auch so eine. Wahrscheinlich kommt die Unzufriedenheit daher, daß sie glaubt, jeder hält sie für dumm, weil sie Hausfrau ist und keinen Beruf ausübt.

Ich glaube, weil man eine Arbeit, die man für gering hält und verachtet, am liebsten erst gar nicht angeht, erledigt meine Schwiegertochter alle Hausarbeiten nur sehr widerwillig und ungern und hat keine Freude an dem, was geschafft ist. Sie kann gar nicht würdigen, was sie geleistet hat. Zu mir sagte sie einmal, daß sie es haßt, Betten zu machen oder den Fußboden zu putzen, wenn doch jeder sich sofort wieder ins gemachte Bett legt und über den sauberen Boden stapft und ihre ganze Mühe also umsonst gewesen ist. Am liebsten würde sie wieder eine Arbeit in einem Schuhgeschäft annehmen, wo sie weniger Anstrengung hätte und mehr Anerkennung bekäme. Eine Putzfrau, sagt sie, hätte sie auch gern, und die könnte sie dann von ihrem eigenen Geld bezahlen.

Als ich einwandte, daß ich sogar jetzt im Alter noch keine Putzfrau habe, hat meine Schwiegertochter nur gelacht. Ich hätte ja auch keinen Beruf gelernt, und das sei eben die Folge davon. Ohne Ausbildung müsse man eben seine Drecksarbeit selber machen. Aber Gott sei Dank sei sie eine emanzipierte Frau, die das nicht mehr nötig habe.

Meinem Sohn gefällt der Gedanke an eine aushäusige Arbeit seiner Frau nicht so recht, weil er der Meinung ist, daß sie dann eher auf dem Hof mitarbeiten sollte, auf dem es ja genügend Arbeit gibt. Es wäre sehr schön, wenn meine Schwiegertochter das kleine Ladengeschäft wieder betreiben und vielleicht sogar erweitern würde, das ich mit dem Verkauf von Hoferzeugnissen einmal begonnen hatte. Die Leute wollen heutzutage ja gern wieder direkt beim Bauern einkaufen und nehmen Eier, haus-

gemachte Wurst und Käse, selbstgebackenes Brot, Schinken oder Fleisch aus eigener Schlachtung gut an. Früher hatte ich hin und wieder auch Aufträge für selbstgewebtes Leinen und handgesponnene Wolle. Aber davon will meine Schwiegertochter nichts wissen. Die Arbeit auf dem Hof gefällt ihr nicht. In ihren Augen ist Bauernarbeit wohl Arbeit für Dumme.

Deshalb gibt es zwischen meinem Sohn und seiner Frau immer öfter Streit. Sie wirft ihm vor, daß er es viel besser hat als sie. Sie sagt, er hätte Spaß an seiner Arbeit als Bauer, weil er sie aus freien Stücken gewählt hat. Außerdem hätte er auch zwei Knechte, die ihn entlasten. Sie selbst, sagt sie, müsse sich nur deshalb, weil sie die Kinder großzieht, daheim wie ein Maulwurf vorkommen und ohne jede Hilfe lauter Arbeiten erledigen, die langweilig sind und keinen Sinn machen.

Mein Sohn ist natürlich auch nicht still. Er schimpft, daß seine Frau es daheim bequem hat und nicht mit den Hühnern aufstehen muß, aber nicht einmal in der Lage ist, den Haushalt in Schuß zu halten, und vom Kochen nur Fertiggerichte aus der Mikrowelle verstünde. Daß sie aber ständig neue Ansprüche hätte und immer alles schön und neu haben wolle und sich schäme, daß sie auf einem Bauernhof lebt.

Und weil sie sich wegen dieser Unzufriedenheiten so oft nicht gut sind, gehen sie sich aus dem Weg und denken immer mehr, daß sie wohl doch nicht zusammenpassen. Ich glaube aber, daß sie sich nur deshalb nicht verstehen, weil meine Schwiegertochter keine rechte Achtung vor dem hat, was sie leistet, und deshalb glaubt, daß auch kein anderer davor Achtung haben kann.

Wenn da nur ein krummes Wort kommt, nimmt sie es gleich für gerade und muß sich wehren.

Dies ist für mich sehr traurig mitanzusehen. Ich glaube, die jungen Leute von heute sind auch nicht anders, als wir Alten es zu unserer Zeit waren. Sie wollen auch nur glücklich sein. Der Unterschied liegt wohl darin, daß junge Leute von heute zuallererst sich selbst glücklich machen wollen und wir Alten eher daran dachten, den anderen glücklich zu machen.«

Frauen im Wirtschaftswunderland

Bildung für die Braut ersetzt die beste Mitgift

Eng mit der wirtschaftlichen Entwicklung im Nachkriegsdeutschland verzahnt war die politische, denn ein Wirtschaftswunderland ist ja ein begehrter Handelspartner. Da Geld bekanntlich nicht stinkt, gewöhnte sich der Rest der Welt die Animositäten gegenüber den verhaßten Deutschen allmählich ab.

Dennoch zogen die sogenannten »Besatzungsmächte« nicht aus Deutschland ab, sondern kasernierten große Truppenbestände in allen Regionen des Landes. Ihre militärische Schlagkraft sollte abschreckend bewußt bleiben. Die einstigen Feinde fühlten sich sicher im Schutz ihrer immer zahlreicher hergestellten, den Deutschen aber verbotenen Atomwaffen. Zugleich beruhigte sie die von ihnen als den Siegern erzwungene Schwächung des Landes durch Zweiteilung. So gedieh »im Schutz der Waffen« endlich der Frieden. Deutschland und die alten Feinde wurden in einer von Vernunft und von entschlossen gezeigtem guten Willen aller Beteiligten getragenen Friedenszeit wenn nicht zu Freunden, so doch zu einander unverzichtbaren Partnern für Handel und Weltwirtschaft.

Geld regiert die Welt, dies zeigte sich einmal mehr. Wollte Deutschland nicht nur mitregieren, sondern auch sein im Krieg verlorenes Gesicht wiederfinden, mußte sich das Rad des Wirtschaftserfolgs noch schneller drehen: Innovationen, Investitionen und last, but not least der gesamte Sozialstaat – all das verlangte Umsatz, Arbeitskräfte und Steuerzahler. Und da hatte man nun ein Problem.

Litt Deutschland vor dem Krieg unter den Auswirkungen grassierender Arbeitslosigkeit, bekam man jetzt die Folgen eines Mangels an Arbeitskräften zu spüren, denn Arbeit gab es in Hülle und Fülle. Einer ständig wachsenden Zahl gut ausgebildeter und entsprechend teurer Fachkräfte stand ein enormer Bedarf an billigen Massenarbeitskräften gegenüber. Die Männerwelt war diesem Bedarf rein zahlenmäßig nicht gewachsen. So kam es wie gerufen, daß die Frauenbewegung schon lange immer lauter und leidenschaftlicher darauf drängte, daß Frauen die Kittelschürze des »Hausmütterchens« und »Putzputtels« mit dem Blaumann des Arbeiters tauschten.

In der Großindustrie auf die weibliche Arbeitskraft setzen zu können hieß, mehr Mädchen auf ein solches Erwerbsleben vorzubereiten. Dazu gehörte, daß sie eine solidere Schulbildung erhielten und zur bisher eher männertypischen Arbeit in der Fabrik geführt wurden.

Dies war nicht so leicht zu bewerkstelligen, denn vor den Preis war hier der Fleiß der Überzeugungsarbeit gestellt. Seit Generationen waren Mädchen zum Heiraten und Kinderkriegen erzogen worden. Natürlich besuchten sie seit der Einführung der allgemeinen Schulpflicht die Schule und lernten ebenso lesen, schreiben und rechnen wie die Jungen. Auch gab es eine Minderheit, die in den noch heute frauentypischen Hauswirtschafts-, Helferinnen- und Dienstleistungsberufen erwerbstätig war. Aber letztlich war es Mädchenlos, eines Tages Hausfrau zu sein und Pflichten gegenüber Mann und Familie zu erfüllen.

Für die wenigen Übergangsjahre vom Ende der Schulzeit bis zur Hochzeit schien sich keine jahrelange Berufsausbildung zu lohnen. Dergleichen kam für Mädchen seit jeher allenfalls dann in Betracht, wenn es aus irgendeinem Grund unwahrscheinlich schien, daß sie jemals einen Mann abbekamen.

Ein Mädchen, das hübsch und gesund genug war, einen Mann zu finden, und dennoch »in die Fabrik« ging, hatte in den Augen der bürgerlichen Mittelschicht etwas Negatives. Etwas, das nach Armut, finsteren Hinterhöfen, Rachitis und Kindernwie-die-Orgelpfeifen, kurz, nach besitzlosem Arbeiterleben roch.

Dies hing mit der traditionellen Vorstellung von der Drei-Klassen-Gesellschaft aus Bauer, Bürger, Edelmann zusammen, die im Nachkriegsdeutschland schon allein deshalb nicht aus den Köpfen der Leute verschwunden war, weil zumindest die Großeltern der Kriegsgeneration noch einen deutschen Kaiser erlebt hatten. Zwar hatte sich das Ständebewußtsein mit der Entmachtung des Adels und dem erstarkten Bürger- und Beamtentum gewandelt, dennoch rangierte der soziale Status des als ungebildet eingestuften »einfachen Arbeiters« auf der Werteskala der öffentlichen Meinung ganz unten.

Daß der bürgerliche Mittelstand und erst recht die vielleicht verarmte, aber nichtsdestoweniger sich aristokratisch-nobel gebende Oberschicht naserümpfend auf die Arbeitermassen heruntersahen, rührte immer noch von den Anfängen der Industrialisierung her, während der alles in die Stadt und die Fabrik gestürmt war, was gänzlich besitzlos war oder auf der heimischen Scholle kein Auskommen hatte. Zwar hatten damals überwiegend Söhne, die kein Erbe zu erwarten hatten, die Chance gesucht, es aus eigener Kraft zu etwas zu bringen. Doch Töchter waren auch dabeigewesen, und es wurden allmählich immer mehr.

Meist hatten die Mädchen aus so ärmlichen Verhältnissen gestammt, daß sie aufgrund schlechter Umgangsformen und mangelnder Bildung nicht einmal die Chance hatten, bei einer »vornehmen Herrschaft« als Dienstmagd angenommen zu werden. Auf eine »gute Partie« zu warten war ebenfalls aussichtslos, weil bei einer, die keine Aussteuer hatte, keiner »anbiß«. Oft genug waren nur die ledige Mutterschaft und der Weg in die Fabrik geblieben.

Daß es gerade die starken, mutigen Mädchen waren, die sich in der Fabrik behaupteten, trug ihnen von der Allgemeinheit kein Lob ein. Eher musterte man sie mißtrauisch und sah sie für »ungeratene Dinger« an, die nicht wußten, wann sie still zu sein und wie sie sich überhaupt gegenüber einem Mann zu verhalten hatten. Eine Familie, die auf sich hielt und es sich leisten konnte, eine Hochzeit auszurichten, schickte ihre Töchter jedenfalls nicht in die Fabrik.

Um Eltern dafür zu gewinnen, Mädchen in männertypischen Fabrik- und Industrieberufen arbeiten oder gar ausbilden zu lassen und die Kosten dafür als sinnvolle Investition anzusehen, mußte man sich also etwas einfallen lassen.

Die rettende Idee kam den Wirtschaftsbossen im Verbund mit den Politikern, als man darüber nachdachte, inwiefern Eltern denn einen entscheidenden Vorteil hätten, wenn sie ihre Töchter in die Fabrik schickten. Wie so oft drängte sich der Gedanke an den Geldbeutel auf. Wenn Eltern etwas sparen könnten, so kalkulierte man, würde ihnen die Sache schon schmackhaft werden. Folglich erklärte man einfach die bislang bei Hochzeiten übliche Aussteuer- und Mitgiftleistung der Eltern an die Braut für altmodisch und sicherte dies 1957 auch gesetzlich ab. Bildung sei etwas viel Wichtigeres, hieß es nun, denn wer einen anständigen Beruf erlernt habe, brauche keine Aussteuer von den Eltern geschenkt zu bekommen, sondern sei imstande, sie sich selbst zu verdienen.

Auch der Jugend selbst wurde der Lockruf des Goldes eingeimpft. Hausfrau sein könne jede, hieß es nun. Das müsse eine Frau nicht erst lernen. Bargeld zähle, wenn man einen Hausstand gründen wolle. Und zwar selbstverdientes, eigenes Bargeld, kein geschenktes. Auf die in Aussteuertruhen angesammelten bestickten Tischdecken, Bettwäscheballen und das Selbstgewebte mit Mottenkugelmief könne man ebenso verzichten wie auf das obligatorische Silberbesteck. Welche Freude für ein junges Paar, all das schneller und schöner, nagelneu und vor allem selbst zu kaufen! Jedermann mußte einleuchten, daß ein gut gefülltes Sparbuch glänzender ins Auge falle als eine nach Kampfer riechende Kiste voll wertlosen Plunders.

Passend zu dem Streben der kriegsgeschädigten, von Verlusten gebeutelten Bevölkerung nach unveräußerlichen, bleibenden Werten im Kopf hieß es nun, der moderne Mann von heute wolle keine dumme Gans von gestern mehr heiraten, die nicht bis drei zählen könne, sondern eine gebildete Frau, die mit beiden Beinen auch im Beruf stehe und ihren Mann als Alleinverdiener entlaste, so daß man den gemeinsamen Kindern einmal etwas Besseres bieten könne.

Vor diesem ideologischen Hintergrund gelang es Wirtschaft und Politik allmählich, die Eltern zu überzeugen, daß ein Mädchen in der Fabrik nichts Unehrenhaftes sei.

Bedauerlicherweise führte dieses Umdenken nicht dazu, daß Mädchen generell eine solide Berufsausbildung erhielten. Noch immer ging jedermann ganz selbstverständlich davon aus, daß Mädchen jung heiraten und anschließend Hausfrauen sein würden. Wieso also in eine langjährige, teure Ausbildung investieren? Weit eher gingen Mädchen nun von der Schulbank anstatt in den Haushalt direkt in die Fabrik, wo sie während der Jahre bis zur baldig erwarteten Hochzeit als ungelernte Arbeiterinnen ihr Aussteuergeld verdienten und nebenbei den Eltern einen schönen Batzen zum Haushaltsgeld beisteuern konnten.

Die Anheizer des Wirtschaftsbooms hatten ihr Ziel erreicht. Immer mehr Frauen gaben all die zur Massenproduktion zum Beispiel moderner Haushaltsgeräte nötigen billigen Lötkolbenbedienerinnen, Schräubchensortiererinnen, Nietlöcherstanzerinnen und Fließbandarbeiterinnen ab oder die in der textilen Massenproduktion tätigen Näherinnen, Schnürsenkeleinfädlerinnen, Qualitätskontrolleurinnen und ähnlich minderbezahlte Kräfte.

Daß quasi als Nebenerfolg auch die Berufe des Dienstleistungsgewerbes und die medizinischen Helferberufe mehr und mehr von Frauen besetzt wurden, kam der Männerwelt ebenfalls gut gelegen, setzte es doch bei ihr Kapazitäten für Anspruchsvolleres frei.

Mit Söhnen war die Sache nämlich selbstverständlich eine andere. Söhne waren der Stolz der Familie. Anders als Töchter, die die Familie verließen und in eine andere einheirateten, in der sie quasi namenlos untergingen, trugen Söhne die Verantwortung, die Gene der Familie fortzupflanzen und den Familiennamen weiterzugeben. Zu diesem Zweck mußten sie eines Tages heiraten und eine Familie ernähren können. Logisch, daß Söhne einen besonders qualifizierten Schulabschluß und einen einträglichen Beruf brauchten. Welch stolzes Glück der Eltern und ganz besonders des Vaters, sich mit den Erfolgen der Söhne zu schmücken und auf diese Weise die Qualität des eigenen Erbgutes zu demonstrieren! Für dieses Ziel wurde keine Hürde gescheut.

Doch langsam, aber sicher wachten die Töchter auf. Anders als erwartet nutzten sie ihre Bildungschancen nicht nur dazu, Befehle zu verstehen und gehorsam in die Tat umzusetzen. Nein, sie dachten selbst. Und sie fragten sich, was, bitte, haben Söhne, was Töchter nicht haben?

Das bißchen Haushalt ...

In demselben Verhältnis, wie Frauen sich nun auch über Schulabschlüsse, Berufsausbildung und eigene Einkünfte definierten, setzten sie analog zu den Männern ihren eigenen menschlichen Wert mehr und mehr mit dem Marktwert ihrer Arbeit gleich. Infolgedessen kam es immer deutlicher zu einer Aufspaltung der Frauen in zwei Lager: hier die Erwerbstätigen, dort die Nichterwerbstätigen.

Angestachelt durch die Hofierung ihrer von Industrie und Politik heißbegehrten Arbeitskraft, fühlte sich die Erwerbstätige im Vergleich zur Nichterwerbstätigen klüger, wertvoller, gleichberechtigter sowie sozial stärker und unabhängiger als eine ihrer plötzlich als »Nur-Hausfrauen« verächtlich gemachten Geschlechtsgenossinnen. Die Tatsache, daß es für Hausfrauen im arbeitsrechtlichen Sinn keinen Qualifikationsnachweis gab (und bis heute nicht gibt), diente als Beweis für die gesellschaftliche Unterlegenheit.

So betrachtet, leistete die Frauenbewegung einem Großteil der Frauen einen rechten Bärendienst. Die von ihr initiierte und politisch mitgetragene Kampagne für die dringend erforderliche gleichberechtigte Erwerbstätigkeit der Frau löste den sozialen Absturz der Versorgungs- und Hausfrauenehe aus, die bis in die sechziger Jahre hinein allgemein üblich und traditionellerweise als höchst erstrebenswert angesehen war. Der Slogan »Heiraten kann jede Dumme« brachte die nichterwerbstätige »Nur-Hausfrau« in Verruf. Und mit ihr fiel nach und nach die Institution Familie.

Ein übriges tat die Erfindung und industrielle Entwicklung immer ausgeklügelterer und besserer die Hausarbeit erleichternder Geräte. Waschmaschinen, Staubsauger, Geschirrspülmaschinen, Wäschetrockner, Toaster, »mitdenkende« Herde und vieles mehr sind heute – glücklicherweise – aus keinem modernen Haushalt mehr wegzudenken. Leider löste die mit diesen Neuerungen verbundene Vereinfachung der Hausarbeit und die simple Bedienungsweise der Geräte nicht nur Begeisterung aus. Vielmehr setzte sie dem bereits kursierenden Spruch von der Dummheit der »Nur-Hausfrau« die Spitze auf, indem es nun auch noch spöttisch »das bißchen Haushalt« hieß.

Bis zu einem gewissen Zeitpunkt hatte diese Miesmacherei häuslicher Aufgaben mehr oder minder ausschließlich die nichterwerbstätigen Hausfrauen geschmäht. Erwerbstätige Geschlechtsgenossinnen hatten sich davon entweder nicht angesprochen gefühlt oder hämisch in dieselbe Kerbe geschlagen. Die generelle Behauptung, daß Hausarbeit ab sofort und in Wahrheit für jeden ein Kinderspiel sei, barg jedoch Zündstoff: Dergleichen Verunglimpfungen ihrer täglichen Arbeit nicht länger auf sich sitzen lassend, schrien nun nicht mehr nur die »dummen Heimchen am Herd« auf, sondern vor allem auch die auf die eigenen Einkünfte stolzen berufstätigen, aber unter der Doppelbelastung von Erwerbstätigkeit und Haushalt stöhnenden Frauen.

Rachedurstig schallte es nun in Richtung Mann, daß sein »bißchen Büroschlaf« oder die paar mickrigen Arbeitsstunden ja wohl auch keine Glanzleistungen darstellten. Im Vergleich dazu leiste Frau das mehrfache Pensum ab und sei im Gegensatz zu dem faulen Pascha, der abends nur die Füße hochlege und sein Bierchen schlürfe, auch nach Feierabend noch lange nicht am Ende. Die Männer konterten lässig mit dem Hinweis auf den Inhalt der Lohntüte und führten den eigenen Mehrverdienst als Qualitätsnachweis an. Und schon war der Kampf der Geschlechter – mal wieder – in vollem Gange.

Die Ehe wurde einerseits als »Hafen der Liebe« ersehnt, andererseits geriet sie in den Ruf, dem Ehemann die Vorzüge des »Lotterbettes« zu bieten, für die Ehefrau aber zum gefürchteten »Arbeitslager« zu werden. Die gebildete, erwerbstätige, sich ihrer Gleichberechtigung und Gleichwertigkeit ebenso wie ihrer Unabhängigkeit und Selbsterhaltungskraft bewußte Frau begann, die Soll- und Habenseiten der Ehe immer gründlicher zu hinterfragen. Am Ende des Denkprozesses standen zunehmend Ehemüdigkeit, Scheidungsboom und Singledasein sowie bitterböse Vorurteile und Mißtrauen gegenüber den Frauen, die behaupteten, in der Ehe ihr Glück zu finden.

Bis Ende der sechziger Jahre war also aus der vor kurzem noch erstrebenswerten Position der geachteten Ehefrau die wenig attraktive Rolle des nach einem möglichst betuchten Mann angelnden Dummchens geworden.

Eine, die ein Leben als »Nur-Hausfrau« anstrebe, hieß es in bösartiger Verdrehung der Tatsachen, habe nur einen Ehrgeiz: einen reichen Mann zu heiraten. Gelinge ihr dies, schiebe sie morgens ihre Kinder in den Kindergarten oder die Schule ab, liege anschließend bis zehn Uhr auf der faulen Haut, spiele dann ein wenig an den Knöpfchen in ihrem vollautomatischen Haushalt herum, halte Schönheitsschlaf bis drei, vergnüge sich danach auf dem Tennisplatz, bei der Kosmetikerin und im Friseursalon oder trinke mit ihren Freundinnen Kaffee und begrüße abends ihren Ehemann mit dem Satz: »Liebling, ich habe noch nichts gekocht. Aber schau mal, wie ich daliege.«

Zum Ausgleich für diesen Freizeitluxus müsse die »Nur-

Hausfrau« sich damit abfinden, ein Leben lang die zweite Geige nach ihrem Ehemann zu spielen, jeder seiner Launen ausgeliefert zu sein, für ihn und die Kinder die Drecksarbeit zu erledigen, ihm im Bett zur Verfügung zu stehen sowie den seelischen Mülleimer abzugeben. Darüber hinaus verfüge sie über keinen eigenen Pfennig, so daß sie lebenslang abhängig bleibe, und könne außerdem dem stets auf Knien zu dankenden Familienernährer nicht einmal ein kleines Taschengeld abluchsen. Im übrigen habe sie in einer Wohnung, in der jedes Kind ein eigenes Zimmer und der Mann oftmals ein Arbeitszimmer habe, nicht den kleinsten Winkel für sich selbst. Für eine Frau, die auf sich halte und in der Welt draußen selbst zurechtkommen könne, sei der Status Hausfrau eher etwas zum Abwinken oder allenfalls müde zu belächeln.

Zwar dezimierte sich nicht die Sehnsucht nach Zweisamkeit und einem gemeinsamen Leben mit einem Partner. Die Bereitschaft, »Nur-Hausfrau« zu sein, sank hingegen in demselben Verhältnis, wie der Wunsch nach Selbstverwirklichung im Berufsleben stieg.

»Das bißchen Haushalt« geriet zum Zankapfel par excellence. Frauen fühlen sich nicht mehr dafür zuständig. Männer fühlten sich noch nie dafür zuständig. Doch da »das bißchen Haushalt« auch dann anfällt, wenn keiner sich dafür zuständig fühlt, müssen Lösungen her. Angefangen bei Ratschlägen aus einschlägigen Frauenzeitschriften, dem faulen Haushaltspascha doch einfach die teuren Boxershorts und blütenweißen Markenhemden zusammen mit der Buntwäsche im Kochwaschgang einschrumpfen und verfärben zu lassen, bis hin zur Quittung vom Scheidungsrichter beschäftigt das Haushaltsgerangel mittlerweile selbst Politik und Gesetzgeber. Getreu dem Motto »Wer nicht hören will, muß fühlen«, soll »Papa Staat« nun richten, was Töchter und Söhne persönlich nicht schaffen.

Als erster Vorstoß in diese Richtung machten sich schon während der CDU-»Ära Kohl« einige Frauenrechtlerinnen der Opposition dafür stark, eine Aufteilung der Hausarbeit per Gesetz zu erzwingen, um Frauen zu entlasten und »faule Haushaltspaschas« vor den Richter zu bringen.

Seit 1998 aus der einstigen rot-grünen Opposition regierende Bündnispartner wurden, zeigt sich, daß die alten Pläne nicht vergessen sind. Unter der Regieführung des Bundesministeriums für Familie, Senioren, Frauen und Jugend mit Dr. Christine Bergmann an der Spitze wurde im Frühjahr 1999 als eine der ersten Amtshandlungen die Einführung einer Gesetzesnovelle zur Strafbarkeit unterlassener Hilfeleistung im Haushalt in die Debatte eingebracht. Auch das Angebot der Regierungsparteien, Haushaltshilfen künftig nicht nur bei Alleinerziehenden, sondern bei allen als von der Steuer absetzbar anzuerkennen, zielt darauf ab, Frauen von der Hausarbeit zu entlasten und die gesparte Zeit in die Erwerbsarbeit zu investieren.

An den Haushalten, in denen nichterwerbstätige Hausfrauen arbeiten, zielt diese Offerte jedoch weitestgehend vorbei. Selbst sogenannte »alleinerwerbstätige Besserverdienende« mit mehreren Kindern können nicht selbstverständlich mindestens einmal wöchentlich eine Putzhilfe finanzieren, die für mehrere Stunden zu einem Stundenlohn von 13 DM bis 20 DM tätig ist.

Die Anfänge der Frauenbewegung

Die Erkenntnis, daß Männermacht aus dem Wechselspiel von Kraft und Schwäche, von Schutzleistungen und Schutzbedürftigkeit, von Dominanz und Abhängigkeit gewachsen war, wurde in der zweiten Hälfte des 20. Jahrhunderts zur Triebfeder der sogenannten »Frauenbewegung«, die von nun an zu einer spürbaren Kraft innerhalb der Gesellschaft wurde.

Die offizielle Geschichte der Frauenbewegung begann im Zusammenhang mit den sozialen und demokratischen Revolutionen von 1848/49. In ganz Europa wie auch im europäisch geprägten Rest der Welt standen die Zeichen auf Veränderung und Sturm. Im April 1848 proklamierte Friedrich Hecker die deutsche Republik. Karl Marx gründete die »Neue Rheinische Zeitung« und veröffentlichte in London gemeinsam mit Friedrich Engels das »Kommunistische Manifest«. Der Schriftsteller Ferdinand Freiligrath schrieb Revolutionsgedichte und Abhandlungen wie »Die Toten an die Lebenden« oder »Die Republik«. In Berlin formierte sich der Arbeiterkongreß, dessen Zentralorganisation 1854 durch Bundesbeschluß aufgehoben wurde. Im Mai 1848 fand die preußische Nationalversammlung in Berlin statt.

Während blutige Aufstände Paris, Neapel, die Toskana, Prag und Wien heimsuchten und niedergeschlagen wurden, brach im September in Frankfurt die Revolution der Frankfurter Nationalversammlung unter der linksgerichteten Führung von Robert Blum los, der Ende 1848 in Wien erschossen wurde. Im November wurde in Frankreich die Verfassung der zweiten französischen Republik verkündet. Die Schweiz, Texas, Neu-Mexiko, Kalifornien und die USA erhielten eine neue bundesstaatliche Verfassung. Erste Masseneinwanderungen im Zeichen des Goldrausches überschwemmten Kalifornien. Im Dezember wurde die im Mai begründete preußische Nationalversammlung wieder aufgelöst.

Im Jahr 1849 setzten sich die politischen Tumulte des Vorjahres in blutigen Kämpfen fort. Die für Deutschland wichtigsten Umbrüche zeichneten sich im Mai ab, als preußische Truppen einen Aufstand in Dresden unterdrückten, ein Drei-Klassen-Wahlrecht eingeführt wurde und der Großherzog von Baden vor rebellierenden Truppen unter der Führung von Friedrich Hecker und Gustav Struve floh.

Gleichzeitig brachen sich technische, industrielle und naturwissenschaftliche Neuerungen ihre Bahn. Im Ruhrgebiet wurde der erste Koksofen gebaut. Die erste Telegraphenverbindung entstand zwischen Berlin und Frankfurt/Main. Zeitgleich erschienen in England erstmals Wetterkarten auf der Grundlage telegraphischer Meldungen. Israel Beer Josaphat gründete in London die Nachrichtenagentur, die später unter dem Namen »Reuter« weltbekannt wurde.

1850 sollte das sogenannte »Erfurter Parlament« preußische Unionspläne realisieren. Während Friedrich Wilhelm August Argelander mit einem Miniteleskop von nur siebeneinhalb Zentimetern Linsendurchmesser Sterne ortete, Léon Foucault die Erdumdrehung an der Schwingungsrichtung eines Pendels nachwies, Isaac Merrit Singer die Nähmaschine verbesserte und Heinrich Goebel die von Batterien gespeiste elektrische Glühlampe erfand, entstand in Frankfurt/Main der Deutsche Bundestag. Von 1851 bis 1859 war Bismarck dort preußischer Gesandter.

Inmitten all dieser politischen Wirren und die Wirtschaft revolutionierenden Erfindungen erstarkten fast unbemerkt die als Arbeitnehmerinnen immer mehr an Bedeutung gewinnenden Frauen. Die Gründung gemeinnütziger Einrichtungen wie das von Henri Dunant propagierte Rote Kreuz, die von Karl Marx in London ins Leben gerufene Erste Internationale der Internationalen Arbeiterassoziation sowie die Genfer Konvention zur Verbesserung der Situation von Kriegsverwundeten verlief etwa zeitgleich mit der Gründung des Allgemeinen Deutschen Frauenvereins.

Unter der Leitung von Luise Otto-Peter im Jahr 1865 ins Leben gerufen, zielte der Verein hauptsächlich darauf ab, der Gesellschaft zu nutzen und dem Fortschritt zu dienen, indem er das Recht für Frauen auf Selbständigkeit und Mündigkeit sowie Bildung und Arbeit erkämpfte. Wie die Männer sollten auch die Frauen ein politisches Wahlrecht erhalten. Weitere Forderungen des Vereins galten der Einrichtung von besseren Ausbildungsmöglichkeiten für Mädchen nebst Chancengleichheit im Beruf sowie gleichem Lohn für gleiche Arbeit.

Schon unter Ottilie Baader und Clara Zetkin, den Hauptkämpferinnen der proletarischen, später sozialistischen Frauenbewegung, wurde das ursprünglich gesamtgesellschaftliche Anliegen des Vereins auf die Arbeiterbewegung reduziert. Der Leitsatz »Frau und Arbeiter haben gemein, Unterdrückte zu sein« identifizierte die politische Befreiung des Proletariats mit der politischen und arbeitsrechtlichen Befreiung der Frau – gemeint waren damit jedoch nicht generell alle Frauen, sondern lediglich die erwerbstätigen Frauen. Hauptziel der Anstrengungen war das allgemeine Wahlrecht für Frauen.

England wurde zum kämpferischen Vorbild der deutschen Frauenbewegung. Mit wütendem Stolz nahm frau in den letzten Jahren des ausgehenden Jahrhunderts erste Verhaftungen von englischen Frauenrechtlerinnen zur Kenntnis. Ab 1903 wurde die englische Frauenwahlrechtsbewegung unter der Leitung von Sylvia Pankhurst zusehends aggressiver. Äußerliches Zeichen war der »Streit der Moden« um den altgedienten Krinolinenreifrock im Gegensatz zur körpernahen Sufragetten-Silhouette. Hämische Karikaturen von dürren, ziegengesichtigen Frauen ohne Busen und ohne Po amüsierten die Männerwelt und die Frauen, die von der Frauenbewegung ausgeklammert wurden – nämlich die nichterwerbstätigen Hausfrauen.

Letztlich setzte sich das Wahlrecht für Frauen allerdings nicht zuerst im England der Vorkämpferinnen und zudem zu sehr unterschiedlichen Zeiten durch.

Finnland wurde im Jahr 1906 zum Vorreiter. Deutschland näherte sich in kleinen Schritten und führte 1908 zunächst einmal das Reichsvereinsgesetz ein. Dieses gestattete Frauen die Teilnahme an politischen Veranstaltungen. Obwohl besonders die Engländerinnen weiterhin vehement kämpften, war es Rußland, das 1917 als erstes Land ein Frauenwahlrecht einführte. Deutschland folgte 1918, nach dem Ende des Ersten Weltkrieges; die USA schlossen sich 1920 an. Großbritannien ließ weiterhin auf sich warten. Zwar räumte es 1918 allen Frauen ab 30 Jahren ein Frauenwahlrecht ein, doch erst 1928 war allen Engländerinnen gestattet zu wählen. Frankreich zögerte die Einführung des Frauenwahlrechts bis 1944 hinaus. Als Schlußlicht lenkte 1971 endlich auch die Schweiz ein.

Für deutsche Frauen kam also 1918 der große Durchbruch. Von nun an konnten sie nicht nur selbst wählen, sondern sich auch als Wahlkampfkandidatinnen aufstellen lassen. Als im August 1918 als Folge des verlorenen Ersten Weltkrieges die Weimarer Republik ausgerufen und die Weimarer Verfassung angenommen wurde, hatte sich für Frauen vieles verändert. Während des Krieges hatte man sie in Rüstungsbetrieben eingesetzt, wo sie die Arbeit der Männer übernahmen, die an der Front starben. Verglichen mit der Arbeit von Frauen zu Friedenszeiten, steigerte sich ihre Arbeitszeit während des Krieges auf 230 Prozent und belief sich auf acht bis zehn Stunden täglich.

Kein Wunder also, daß der die Erwerbstätige favorisierenden Frauenbewegung zahlreiche Wählerinnenstimmen sicher waren. So saßen in der Zeit der Weimarer Republik zeitweilig mehr Frauen im Parlament als im gegenwärtigen Jahr 1999. Ihre Ziele waren die Erlangung wichtiger Rechtspositionen für und die Durchsetzung umfassenden Mitspracherechts von Frauen. Es galt, deren Zulassung als Richterinnen, Beisitzende, Schöffinnen und Geschworene durchzusetzen sowie einfache Arbeiterinnen sowohl einkommensmäßig als auch sozial besser abzusichern.

Ungeachtet dessen, daß eine Kette politischer Morde und Prozesse die ersten Jahre der Weimarer Republik erschütterten, setzte die Frauenbewegung ihre gesellschaftlichen und politischen Ziele immer erfolgreicher durch. 1922 erfolgte die Zulassung der Frau zu öffentlich-rechtlichen Ämtern. Ein Jahr später wurde erkämpft, daß Heimarbeiterinnen durch ein Heimarbeitslohngesetz abgesichert wurden und somit stärkeren Schutz erhielten. Als sich um 1925 die Oberschule als neuer Schultyp durchsetzte, war die Frauenbewegung maßgeblich daran beteiligt, daß diese auch Mädchen offenstand. 1927 engagierte sie sich für das Mutterschutzgesetz und erreichte, daß auch Arbeitnehmerinnen in den Genuß der per Gesetz eingeführten Arbeitslosenversicherung kamen.

Jenseits von politischem Gerangel fiel endgültig der lange »Weiberrock«. Kniefreiheit, Ärmellosigkeit, tiefe Dekolletés waren plötzlich ebenso angesagt wie bauchnabellange Perlenketten, klimpernde Armreifen im Afrostil, Federboas und lange Zigarettenspitzen. Der Glockenhut kam auf, unter dem sich die Dauerlocken hervorkringelten, die seit der unlängst erfundenen Dauerwelle endlich haltbar gemacht werden konnten. Mit Schleifen auf der Hüfte oder frech wippenden Fransenreihen beherrschten die »Fähnchen« die Tanzböden der im Krieg nach Vergnügungen und prallem Leben ausgehungerten Jugend. Der freche Reim »Dann mach' ich mir 'nen Schlitz ins Kleid und pfeife auf die Sittlichkeit« avancierte zum kessen Lieblingsspruch der ihrer eigenen Weiblichkeit immer bewußter werdenden Frau.

Daß nicht nur das pralle Leben lockte, bewies die grassierende Geldentwertung. Während die Inflation ihre Opfer forderte und Menschenschlangen vor den Armenküchen Berlins und anderer deutscher Großstädte warteten, wurde der Hunger nach Leben immer stärker. Der Modetanz »Jimmy« kam als erotischer Vorläufer des berühmteren »Charleston« auf, dessen Tanzschritte die verklemmte Prüderie der Vergangenheit vom Parkett wirbelten.

Im Alltag trug die Couture der französischen »Garçon-Linie« mit Modellen von Chanel, Patou und Lelong der allgemeinen Nachkriegsschlankheit Rechnung. Teils vom Hunger geprägt, teils dem Männlichkeitswahn entsprungen, teils Ergebnis der seit Turnvater Jahn grassierenden Sportbegeisterung entsprach die schmale Körpersilhouette dem neuen Schönheitsideal. Es betonte das »männlich-starke« Selbstverständnis der Frau ebenso wie die Tatsache, daß Mutterschaft nicht mehr sonderlich hoch im Kurs stand. Immerhin wurden 1924 für Deutschland etwa 200 000 illegale Abtreibungen angenommen.

»Wir waren uns für nichts zu schade« (Marielle, 63 Jahre)

Marielle ist heute 63 Jahre. Sie wurde am Rosenmontag in einem rheinischen Dorf geboren und erhielt den typischen Namen der Karnevalszeit.

Nach der Volksschule begann sie eine Lehre als Blumenbinderin, brach sie aber ab, weil sie im Haushalt der Mutter gebraucht wurde.

Sie ist seit 43 Jahren mit Karl-Heinz, einem ebenfalls 63jährigen ehemaligen Kraftfahrer und späteren Bundesgrenzschutzbeamten verheiratet, Mutter zweier Töchter und Hausfrau. Gemeinsam mit ihrer Familie lebt Marielle noch immer im Rheinland.

»Mein Mann und ich heirateten, als wir knapp zwanzig waren. Er ist ein halbes Jahr älter als ich. Es war eine Muß-Heirat. Unsere erste Tochter kündigte sich an. Einmal probiert und schon gekonnt, sagte man damals. Wir hatten nichts auf der Naht, nicht mal eine richtige Ausbildung. Ich hatte eine Lehre als Krankenschwester angefangen, aber nicht zu Ende gebracht. Mein Mann war Fliesenleger und hatte auf Koch umgesattelt. Als ich schwanger wurde, brach er die Kochlehre ab und ging wieder als Fliesenleger. Wir brauchten Geld. Wovon sollten wir denn sonst leben? Meine Eltern hatten nichts, seine hatten nichts. Wir mußten ganz auf eigenen Füßen stehen. »Wenn du ein Kind machen kannst, kannst du auch malochen«, sagte mein Schwiegervater. Na ja, das stimmte ja irgendwie auch.

Wir rannten uns die Absätze schief wegen einer Wohnung für uns. Wir konnten ja nicht viel zahlen. Aber wir waren ordentliche Leutchen. Das sah man uns an. Und wir hatten uns lieb. Das sah man auch gleich. Und dann das Baby, das sah man ein bißchen später auch.

Und dann hatten wir schließlich eine Wohnung. Zwei Zimmer bloß und schräg. Aber doch sauber und neu und bei einem alten Mann, den ich versorgen sollte, dann brauchten wir nichts zu zahlen. Wir hatten es ziemlich gut getroffen.

Die beiden Omas kramten zusammen, was sie noch an Windeln und Hemdchen und Strampelhöschen von den eigenen Kindern aufgehoben hatten. So etwas warf man ja nicht einfach weg, damals. Außerdem fingen sie an zu nähen und zu stricken und zu häkeln. Und meine Mutter machte aus ihrem alten Wäschekorb einen Babykorb. Da nähte sie Rüschenzeug rundherum und kleine Kissen und stopfte eine Roßhaarmatratze. Alles von Hand, mit ganz feinen Stichen.

Wenn sie uns sonntags in unserer kleinen Wohnung besuchen kamen, zeigten sie uns alles. Das war schön. Da hatten wir eine Freude zusammen. Meine Schwiegermutter klopfte dann aber auch oft auf Holz und wollte die Sachen lieber bei sich behalten, weil es Unglück bringt, wenn man schon vor der Geburt alles fertig hat.

Bis das Kind kam, arbeitete ich in einer Hotelküche als Aushilfe. Das war keine schöne Arbeit. Noch heute esse ich nicht in einem Restaurant.

Danach blieb ich zu Hause. Ich hatte ja nun ein Kind und einen Mann und einen eigenen Haushalt und außerdem noch den alten Mann zu versorgen. Das war nicht so wie heute, alles mit Waschmaschine und Geschirrspüler. Nein, das war alles von Hand.

In der Waschküche hatte ich einen großen, runden Bottich. Der stand auf einem gemauerten Herd und wurde mit Holz und Kohle befeuert. Wenn ich Wäsche hatte, und die hatte ich täglich wegen der Windeln und wegen der Arbeitssachen von meinem Mann – wir hatten ja nicht so viele Sachen zum Wechseln –, wurde zuerst der Ofen angefeuert und darauf das Wasser gekocht. Im Wasser war Kernseife oder später Waschpulver. Wenn das Wasser heiß war, kam die Wäsche rein und wurde gekocht. Da mußte man mit einem langen Rührer immer wieder dazwischenstochern und umrühren, damit auch alles anständig durchgekocht wurde. Und wenn dann alles eine Zeitlang gekocht hatte und in der Waschküche so richtig dicke Seifenwolken standen, ja, dann kam die Sache mit dem Waschbrett. Da zog man sich das Wäschestück auf das Rubbelbrett aus Metall und rubbelte alles einzeln so lange durch, bis kein Fleckchen mehr zu sehen war.

In den ersten Jahren nach der Hochzeit mußte ich jedes Wä-

schestück von Hand durchspülen und auswringen, ehe es auf die Leine kam. Die Bettlaken und -bezüge und die schweren Arbeitsanzüge von meinem Mann waren für mich das Schlimmste. Meine Hände konnte ich hinterher nicht mehr gebrauchen, so rot waren sie und aufgerissen und an den Gelenken geschwollen. Das tat so weh! Und dann mit den rauhen Fingern an die Babyhaut. Das war böse.

Später dann, als die Industrie immer bessere Erfindungen für uns Hausfrauen machte, bekam ich eine Wäschepresse. Das war ein Gestell mit zwei Walzen und einer Kurbel. Da wurde das Wäschestück dann mit der Wäschezange hochgezogen, ein Zipfel in die Presse geschoben und dann an der Kurbel gedreht, bis es durchgemangelt war. Das war eine ganz, ganz große Erleichterung.

Als noch ein paar Jahre später die erste elektrische Wäscheschleuder ins Haus kam, war ich überglücklich. Das war so ein kleiner, runder Apparat, der wurde neben den Waschkessel gestellt und konnte mit einem Schlauch an den Wasserhahn angeschlossen werden. Wenn die Wäsche fertig gekocht und von Hand in Klarwasser gespült war, steckte man sie Stück für Stück in die Wäscheschleuder und schleuderte sie durch, bis sie schön trocken geschleudert wieder herausgenommen werden konnte. Eine Waschmaschine bekam ich erst viele Jahre später. Damals war sie zwar schon seit einiger Zeit erfunden, aber unerschwinglich für eine kleine Arbeiterlohntüte. Welch ein Glück das war, eine solche Maschine zu bekommen, kann sich heute niemand mehr vorstellen.

Meine Mutter und vor allem meine Schwiegermutter sagten damals immer öfter, daß wir jungen Dinger ja gar nicht mehr wüßten, was Hausarbeit sei. Wir hätten es jetzt so einfach, als wären die Heinzelmännchen wieder zurückgekehrt. Heute denke ich selbst auch oft so, wenn ich meine Töchter in ihren vollelektrischen Haushalten arbeiten sehe. Die Hausarbeit ist mit den Jahren immer einfacher geworden, weil immer mehr Maschinen einem das Grobe abnehmen. Das ist wunderbar so.

Als ich eine junge Hausfrau war, mußte fast alles, was wir brauchten, durch meine Hände gehen. Mein Mann brachte damals für seine körperlich schwere, den ganzen Tag fast ohne Pause zu erbringende Arbeit kaum Markbeträge als Lohn nach Hause. Dafür waren die Preise auch so niedrig, wie man sich heute gar nicht mehr denken kann. Ein Ei kostete einen Pfennig und ein Brötchen zwei. Weil wir nichts Eigenes besaßen, kein Land, keinen Garten, mußten wir alles kaufen. Trotzdem machte ich vieles selbst.

Ich weiß noch, wie ich mit meiner kleinen Tochter auf dem Rücken in die Weinberge gegangen bin, heimlich Trauben geholt und daheim Saft und Gelee gekocht habe. Oder ich habe Eßkastanien aufgelesen und Bucheckern und habe Mehl daraus gestampft und Korn in der Kaffeemühle gemahlen, damit man Getreidekaffee trinken konnte. Und jede Socke wurde zigmal gestopft, bis zum Schluß der ganze Fuß nur aus Gestopftem bestand und man sich noch mehr Blasen in den ausgetretenen Schuhen lief. Doch man konnte nicht einfach die Socken wegwerfen und neue kaufen. Das hätte einem auch in der Seele weh getan, weil ja doch an jedem bißchen der eigene Schweiß klebte und die eigene saure Arbeit. Man hat die Sachen einfach mehr geachtet, weil man ja wußte, wenn sie weg sind, muß man wieder schwer arbeiten, bis man neue kaufen kann.

Unsere zwei Mädchelchen, ja, die hatten oft genug abgelegte Sachen von anderen Leuten an. Da hat sich keiner was dabei gedacht. Warum hätte man denn wegwerfen sollen, was noch gut zum Anziehen war? Ich hab dann zu Hause gesessen und alles gewendet und genäht und geändert, bis es gepaßt hat. Und da hatte man eine Freude daran und war auch dankbar.

Als die zwei dann größer geworden sind, haben mein Mann und ich uns viele Gedanken darüber gemacht, was denn aus ihnen werden soll eines Tages. Nein, hab ich immer gesagt, sie sollen nicht so früh heiraten wie wir.

Sie sollen erst etwas erleben und etwas haben vom Leben, ehe sie es für die Kinder aufgeben müssen.

Mein Mann war auch dafür. Und dann haben wir uns vorgenommen, daß unsere Mädchen auf die Schule gehen sollen und daß wir arbeiten und es schon schaffen würden. Ich bin dann halbtags wieder in die Fabrik gegangen, weil die Mädchen jetzt schon in der Schule waren. Da haben unsere Eltern geguckt, weil sie der Meinung waren, daß ein Mann seine Familie eigentlich allein ernähren können sollte. Wir haben ihnen aber erklärt, daß die Zeit jetzt eben eine andere ist und die Kinder es besser haben sollen als wir. Ja, hat da meine Mutter gesagt, auch wenn es nur Mädchen sind, haben sie doch ein Recht auf etwas Schönes im Leben. Und dann haben unsere Eltern auch ein bißchen mitgeholfen, daß wir das Schulgeld für die Bücher und Hefte und die Kleidung und alles zusammenbekommen haben.

Unsere Töchter haben sich aber auch angestrengt und nicht gefaulenzt. Beide haben sie schöne Zeugnisse nach Hause gebracht und sich Mühe gegeben, daß sie uns eine Freude machen. Und als sie fertig waren mit der Schule, haben sie beide die Mittlere Reife gehabt und sind in sehr schönen Berufen untergekommen und haben eine Lehre gemacht und ihr eigenes schönes Geld verdient. Da hatte sich doch alles gelohnt.

Ich habe ihnen aber auch immer und immer wieder gepredigt: Mädels, lernt, lernt! Was in euren Köpfen ist, kann euch keiner mehr nehmen. Und was du selbst hast oder dir schaffen kannst, dafür mußt du keinem anderen Danke sagen.

Das haben sie mit ins Leben genommen. Daß sie selber zupakken und selber wissen, was sie wollen, und selber entscheiden können und nicht weniger wert sind als andere. Denn wenn eine auch eine Frau ist, so ist sie doch nicht weniger als ein Mann. Früher, da haben sie gesagt, nur ein Mädchen, und haben den Vater bedauert, daß er arbeiten muß für fremde Leute, weil er denen eines Tages seine Tochter mitsamt der Mitgift geben muß. Aber jetzt ist das anders. Gott sei Dank. Keiner kann mehr eine Frau kaufen, und keiner muß ihr noch Geld hinterherschmeißen, damit sie nur von einem Mann genommen wird. Das Brautgeld und die Mitgift sind abgeschafft. Jetzt zählt nur noch der

Mensch mit seinem Menschenwert. Töchter sind so gut wie Söhne und Söhne so gut wie Töchter. Und das ist durch uns Frauen gekommen. Das haben wir geschafft. Weil wir unsere Töchter stark gemacht und sie zur Schule geschickt und ihnen gezeigt haben, daß sie ebenso frei und stolz geboren sind wie Männer. Und darauf bin ich als Mutter wirklich stolz.«

Die wilden sechziger und siebziger Jahre

»Wer zweimal mit demselben pennt ...«

Die Entwicklung zuverlässiger Schwangerschaftsverhütungsmittel beschäftigte die Menschheit mit größter Wahrscheinlichkeit von Anfang an. Als mit der Erfindung sicherer Kondome und der weltweit sich durchsetzenden Anti-Baby-Pille der Durchbruch gelang, ergab sich daraus endgültig die Chance, die Frage der Eheschließung von überwiegend wirtschaftlichen Erwägungen loszulösen. Da der Krieg unter anderem mit der weiträumigen Vertreibung von Menschen aus ihren angestammten Wohnräumen sowie die Entwicklung der Industriegesellschaft nicht nur die Großfamilien aufgebrochen, sondern auch die allgemeinen Besitzstrukturen verändert hatten, gab es nur bei einer Minderheit etwas zu vererben.

Die von der Kriegsgeneration und ersten Nachkriegsgeneration eingegangenen »Muß-Ehen«, bei denen das erste Kind des Brautpaares mehr oder minder heimlich mit vor dem Traualtar stand, wurden nunmehr abgelehnt. Wer jetzt mit der jederzeit griffbereiten, idiotensicheren Verhütungsmethode noch ungewollt schwanger wurde, konnte nur »zu dumm zum-zum« sein und hatte es nicht besser verdient.

Statt der sorgenvollen Frage, ob und wie die aus einer Ehe nur zu oft ungewollt hervorsprießenden Kinder zu versorgen und abzusichern wären, rückten Gefühle in den Vordergrund. Romantisch und gleichzeitig freizügig wie nie verliebte man sich. Geld und wirtschaftliche Erwägungen wurden als Grundlagen einer Ehe verpönt, nur die Liebe allein sollte zählen, wenn man die Frau oder den Mann fürs Leben gefunden hatte.

In einer Zeit, in der noch immer alles in Schutt und Asche lag, was einmal die Eckpfeiler des Lebens ausgemacht hatte, schien die Sehnsucht nach Sicherheit und Bestand nur durch die rosarote Brille der Verliebtheit ein Ziel zu finden.

»Und nun weiß ich noch was«, sangen die Mädchen und drehten ihre Haare auf und zogen die Nähte an ihren Seidenstrümpfen gerade, die von Strapsen straff in Form gehalten wurden, »mein Schatz muß haben das: blaue Augen, blonde Locken, eine Stimme wie die Glocken, ein Grübchen im Kinn, einen schelmischen Sinn.« Und dabei äugelten sie den Burschen nach, die im Karo-Westover und die Fußknöchel knapp bedeckenden Hosen mit Aufschlag und Bügelfalten einherstolzierten.

Frei wie die Vögel fühlte man sich. Wo man sich niederlassen wollte, bestimmte man selbst. Dort, wo's gefiel, war es recht. Ein Nest mit eigenen Händen zu schaffen, traute man sich zu. Hauptsache, man »flog« zusammen, baute zusammen. Die »Chemie«, so hieß es nun im neudeutschen Industriejargon, müsse zwischen zwei Menschen stimmen, wenn sie sich etwas zu bieten haben, einander nicht langweilig sein sollten. Vor allem unabhängig müsse man bleiben, sich nicht mit Treue abplagen, sondern eine »offene Beziehung« leben, dem anderen die Zügel schießen lassen und selbst keine tragen.

Daß der Mann es mit der Treue nie so genau nahm, war seit jeher bekannt. Er sei nun mal ein Triebmensch hieß es entschuldigend, einer, der seiner Triebhaftigkeit ausgeliefert sei und sich Erleichterung verschaffen müsse. Männer und Affären, das gehörte zusammen. Jetzt, mit dem sicheren Schwangerschaftsverhütungsmittel in der Tasche, stellte sich heraus, daß auch die Frau keineswegs monogam veranlagt ist und mehr als nur einen lieben kann.

Die Frau, bisher eher als lustfeindlich geltend und mit dem Nimbus der Keuschheit umgeben, wurde zum unersättlichen Lustweib stilisiert. Mode und Medien rissen ihr quasi die Kleider vom Leibe. Knappe Bikinis, Nabelschau-Dekolletés, bald schon nackte Busen glamourten durch die Hochglanzpresse und über Kinoleinwände. Während bei Männern das, was sich unter der Gürtellinie regte, weiterhin dezent verhüllt blieb, fielen bei den Frauen alle Hüllen. »Prüde« und »verklemmt« wurden zu Schimpfwörtern für die vor kurzem noch als selbstverständlich verlangte sittsame Verhülltheit. In einer seit den Tagen des alten Kreta nicht mehr dagewesenen Freizügigkeit präsentierte frau sich »so, wie Gott sie schuf«, und gefiel sich dabei als Objekt männlicher Begierde. Da der Begriff »Ehe« kaum noch über die Lippen kommen wollte und das Wort »Verhältnis« so etwas Abwertendes und Antiquiertes hatte, bürgerte sich die Unverbindlichkeit der »Beziehung« ein. Diese Bezeichnung paßte immer, ob man nun eine Liebesbeziehung auf immer und ewig oder eine Sexbeziehung für einmal und nie wieder einging. Quintessenz der Beziehung war jedenfalls der Sex.

Ohne die Angst vor unerwünschtem Nachwuchs im Nacken liebte es sich lustig »quer durch Europas Betten«. Im Rausch der neuen sexuellen Freiheit gehörte »schon zum Establishment, wer zweimal mit demselben pennt«. Aufklärungsfilme über den »Mann, das unbekannte Wesen« und Vergleichbares über die Frau flimmerten als Liebesratgeber über die Kinoleinwände und zogen die Massen an. Endlich fielen die letzten Hüllen, endlich mußte nicht mehr schamhaft im Dunkeln geschehen, worüber man bis vor kurzem nur munkeln durfte. Die Regenbogenpresse überbot sich mit Statistiken und Meinungsumfragen über die optimalen Merkmale der idealen »boys« und »girls«. Ein knakkiger Po stand dabei auf der Wunschliste der Mädels fast ebenso hoch oben wie auf derjenigen der Jungs.

Und natürlich stellte die informierte Frau immer öfter und nachhaltiger fest, daß »aus jedem Traummann einmal ein Ehemann« wird, der im Bett ebensowenig eine Offenbarung wie im Alltag eine Hilfe ist und Tanga-Slips nur auf Mallorca trägt, während er es daheim typisch sexmuffelig im Schlabberlook Marke Longlife liebt.

Radikalfeminismus

Ein Tomatenweitwurf gilt als Startschuß der Frauenbewegung unserer Tage. Der Name der Werferin ist in die Annalen des Feminismus eingegangen. Sigrid Damm-Rüger, Romanistikstudentin, schleuderte die symbolisch rote Feldfrucht vor 30 Jahren anläßlich des Frankfurter Bundeskongresses in das Gesicht eines von ihr »objektiv als Konterrevolutionär« beschuldigten »Frauenfeindes« namens Hans-Jürgen Krahl.

Es ging um den gescheiterten Invasionsversuch der Amerikaner in der Schweinebucht Kubas, um den Antrag des Frankfurter Weiberrates, die »sozialistischen Eminenzen« von ihren »bürgerlichen Schwänzen« zu befreien, um die Männerdominanz im Staat und das Recht der Frauen auf den eigenen Körper, um gleichen Lohn für gleiche Arbeit und natürlich um das Verhältnis der Geschlechter generell.

In Westdeutschland widmete sich damals Alice Schwarzer dem »Kleinen Unterschied und seinen großen Folgen« und hielt den Frauen den Spiegel ihrer »Unterwerfung« ihres »Schuldbewußtseins« und ihrer »Männerfixierung« vor. In der DDR rief Irmtraud Morgner ihre Geschlechtsgenossinnen dazu auf, endlich ihre »Produktivkraft Sexualität« zu erkennen und »souverän zu nutzen«, um den Mann in den Griff zu bekommen. In Frankreich weissagte Elisabeth Badinter die »androgyne Revolution« einer neuen Geschlechterbeziehung. In den USA war die Bärin in Gestalt der »Plastercasters« los, die sich über Showgrößen wie Jimi Hendrix und andere hermachten, um deren »bürgerliche Schwänze« in Gußformen aus Zahnzement zu verewigen. Und Betty Friedan schoß als Frau der neuen ersten Stunde ihre Klage über das Elend der Ehefrauen, die als Vögel im goldenen Käfig säßen und an der Sinnleere ihres Daseins ohne Erwerbstätigkeit litten, unter dem Titel »Der Weiblichkeitswahn« in die Bestsellercharts.

Auf dieser Basis baute sich die bis heute aktive, nicht nur

starke, sondern radikale, teils militante linke Frauenbewegung in Deutschland auf. Ihre Trägerinnen waren aus den Studentenrevolten der 68er Jahre hervorgegangen und hatten sich am Beispiel der USA orientiert, wo sich unter der Bezeichnung »Women's Liberation Movement« eine aggressive Frauenbewegung entwickelt hatte.

Vor allem die leidenschaftlich geführten Debatten um den als »Abtreibungsparagraphen« bekannt gewordenen § 218 des Grundgesetzes ließen die Frauen landauf, landab aufhorchen und die wilden Verbalattacken und rechtlichen Widerstände einzelner gegen das patriarchale System und die Einmischung der Männer in Frauenangelegenheiten mittragen. Erinnerungen an die Zeiten der Inquisition wurden neu belebt und mit der strafrechtlichen Verfolgung jener Frauen verglichen, die aufgrund einer illegalen Abtreibung zur Rechenschaft gezogen wurden. Rasch wurde der Kampf gegen das gesellschaftliche System wie auch gegen einzelne, angeblich die Männerherrschaft verkörpernde Persönlichkeiten global zur erklärten Feministinnensache.

Als Beispiel mag Valerie Solana gelten, die im Juni 1968 auf Andy Warhol schoß und in ihrem von »EMMA« im März/April 1997 gewürdigten sogenannten »S. C. U.M.-Manifest« (»Manifest der Gesellschaft zur Vernichtung der Männer«) schrieb:

»Heute ist es technisch möglich, sich ohne Hilfe der Männer ... zu reproduzieren und ausschließlich Frauen zu produzieren. Wir müssen sofort damit beginnen. Der Mann ist eine biologische Katastrophe: Das (männliche) y-Gen ist ein unvollständiges (weibliches) x-Gen, das heißt, es hat eine unvollständige Chromosomenstruktur. Mit anderen Worten, der Mann ist eine unvollständige Frau, eine wandelnde Fehlgeburt, die schon im Genstadium verkümmert ist ... Seine Reaktionen kommen aus den Eingeweiden, nicht aus dem Gehirn; seine Intelligenz ist lediglich Werkzeug seiner Triebe und Bedürfnisse; er ist unfähig zu geistiger Leidenschaft, geistigem Kontakt. Für ihn gibt es nichts außer seiner eigenen physischen Sensationen. Er ist ein halbtoter, reaktionsloser Klotz, unfähig, Freude und Glück zu geben und zu empfangen ... Der Mann ist irgendwo im Niemandsland zwischen Mensch und Affe stehengeblieben, wobei er schlechter dran ist als die Affen, denn im Gegensatz zu diesen verfügt er über ein großes Arsenal von negativen Gefühlen ... Den Mann ein Tier zu nennen heißt, ihm schmeicheln. Er ist eine Maschine, ein Gummipeter auf zwei Beinen ...

Die Reduktion der Frauen zu Tieren im rückständigsten Sektor der Gesellschaft – der ›privilegierten‹, ›gebildeten‹ Mittelklasse, dieser Hinterprovinz der Humanität, wo Daddy unangefochten regiert – ist so gründlich, daß die Frauen sich nach der Tretmühle der Arbeit drängen und heute, in der Mitte des 20. Jahrhunderts, im fortgeschrittensten Land der Erde mit am Busen fett werdenden Babys herumlungern ...

SCUM wird alle Männer töten, die nicht Mitglieder der SCUM-Männerhilfstruppe sind. Mitglieder der Männerhilfstruppe sind diejenigen, die fleißig daran arbeiten, sich selbst zu eliminieren.«

Wer glaubt, daß Valerie Solana mit ihren Ideologien ein irrer Einzelfall war, muß sich belehren lassen. Auch in Deutschland und im benachbarten europäischen Ausland gab es SCUM-Gruppen. Auch ist Solanas Interesse an einer Zusammenarbeit mit europäischen bzw. deutschen Frauenblättern wie »EMMA« und »Emanzen« wie Alice Schwarzer dokumentiert.

Zugegeben, von Valerie Solanas Tod im Jahr 1988 nahm die Welt offiziell kaum Notiz. Auch »EMMA« nicht. Geblieben ist jedoch die Mär von der Frau als besseren Hälfte der Schöpfung und der Notwendigkeit, den Mann durch Ermahnungen, Kritik, Liebesentzug und notfalls auch Gewalt zur Vernunft zu bringen und der Lichtgestalt Frau anzugleichen.

Wie ein Killervirus breitet sich seither die Verächtlichmachung des männlichen Geschlechts als »Defizitwesen« aus und hinterläßt neben einer erstaunlichen Frauensolidarität gegen den »Feind in meinem Bett« die verbrannte Erde gescheiterter Ehen, durch Richterspruch verwaiste Kinder und Massenarmut.

Wenn aus kleinen, bösen Mädchen große, brave Frauen werden (Elke, 52 Jahre)

Elke ist 52 Jahre alt. Sie ist seit 21 Jahren in zweiter Ehe glücklich mit Jochen verheiratet und hat vier Kinder. Zwei aus der ersten Ehe ihres Partners, eines gemeinsam mit ihm und eines aus erster eigener Ehe. Ihren Beruf als diplomierte Werbegrafikerin und Designerin gab sie bei der zweiten Eheschließung zugunsten der Kinder auf. Elkes Ehepartner ist selbständiger Steuerberater in einer Gemeinschaftssozietät. Als vielbeschäftigter Mann kann er sich die Zeit für den regelmäßig vierwöchigen Sommerurlaub mit der Familie nur leisten, wenn er sogar am Wochenende für einige Stunden arbeitet und Zeit sozusagen zum späteren Abbau hortet.

Daß die Familie trotzdem harmonisch lebt und zusammenhält, führen beide Ehepartner vor allem darauf zurück, daß Elke nicht nur verständnisvolle Ehefrau und Mutter ist, sondern ihrem Ehemann den Rücken für seinen Beruf freihält, von dessen Einkünften die ganze Familie profitiert. Seit sechs Jahren engagiert sich Elke, die seit Studententagen SPD-Mitglied ist, als Stadträtin in der Politik ihres Wohnortes.

Elke und ich lernten uns vor nahezu 20 Jahren in Mannheim kennen, wo sie ebenso sporadisch wie ich für die Ludwigshafener »Rheinpfalz« und den »Mannheimer Morgen« arbeitete. Nahezu gleichaltrig und an ähnlichen Freizeitbeschäftigungen interessiert, behielten wir uns über die Jahre hinweg im Auge. Nachfolgendes entstammt einem der zahlreichen Briefe, die Elke mir schrieb:

»Deine Frage, wie ich mich aus einer leidenschaftlich frauenbewegten jungen Studentin in eine besonnene Familienfrau verwandelt habe, beschäftigt mich nun seit Wochen. Immer wieder habe ich zum Stift gegriffen und ein paar Seiten zu schreiben

begonnen. Es ging und geht mir so vieles durch den Kopf, so viel Privates, Kostbares. Ich könnte Deine Frage mit diesem Privaten sicher auch beantworten. Aber ich entscheide mich für den politischen Weg. Und der beginnt mit Reflexionen über ein Buch …

Gemeint ist das Buch von den ›guten‹ und den ›bösen Mädchen‹, das Du ja wohl kennen wirst. Wohl kein Buch hat mich in letzter Zeit so leidenschaftlich empört. Daß es das Papier nicht wert ist, auf dem es geschrieben steht, habe ich der Verfasserin auch selbst mitgeteilt …

Vielleicht hat mich das Buch auch deshalb so tief getroffen, weil es mich persönlich zu meinen scheint, wenn von den Frauen die Rede ist, die früher jahrelang in der Frauenbewegung aktiv waren, heute aber als brave Familienmütter das Eigenheim wienern und dem Ehemann morgens nachwinken, der sich auf den Weg macht, um das Familieneinkommen zu sichern.

Ich bin eine dieser Frauen.

Während der 68er-Studentenrevolten habe ich aktiv im AStA mitgewirkt, habe heiße politische Debatten geführt, fehlte auf keiner Demonstration, habe flammende Reden gegen die Männervormacht und für das Selbstbestimmungsrecht der Frauen gehalten. Und ich war eine der leidenschaftlichen Verfechterinnen der Selbstverantwortung der Frauen, wenn es um Abtreibung und andere Familienplanung ging. Es ist komisch. Wenn ich heute auf die Straße sehe, denke ich, unsere damalige Zeit ist wieder auferstanden. Auch wir liebten den Minirock und hautenge Rüschenblusen mit offenherzigem Dekolleté. Wir trugen hochtoupierte Frisuren und Plateausohlenschuhe. Schminke war fast ein Muß. Wir sahen wirklich kaum anders aus als die Mädels heute. Das einzig andere war das, was ich die ›Friedenssehnsucht‹ nennen möchte. Wir schrien uns nicht die Kehlen wund, um an die alleinige Macht zu kommen. Wir stellten Blumen gegen Waffen und Liebe gegen Aggressionen. Du weißt es doch! Ja, ja, und nochmal ja! Wir wollten unser Menschenrecht. Wir wollten unsere Unabhängigkeit und Mitverantwortung. Es sollten Mädchen und junge Frauen, ›Fräuleins‹ eben, nicht als geschlechtslose Neutren gelten, bis ein Mann sie zur Frau gemacht und dadurch in Besitz genommen hatte.

Noch heute kann ich mich aufregen, wenn Männer davon reden, wieviel Weiber sie schon hatten; als könne ein Mensch jemals einen anderen ›haben‹! Und die Möglichkeit für Frauen, ihren eigenen Familiennamen nach der Trauung weiter führen zu können, halte ich nach wie vor nicht nur für einen Schritt in die Selbstbestimmung, sondern für ein freiheitliches Geburtsrecht.

Trotzdem wollten wir die Männer nicht übertrumpfen, sondern gleichziehen und mit ihnen auf einer Stufe stehen. Wir wollten keinen Krieg. Wir fühlten uns nicht als Kriegerinnen in einem Kampf um den Sieg über Männer. Wir hatten kein Interesse daran, über Männer zu herrschen. Im Gegenteil, wir träumten davon, gewaltlos zu leben und Kinder ohne Zwang zu erziehen. Die antiautoritäre Erziehung war so ein Traum. Wir wollten Liebe als Lebensmaxime, Frieden miteinander, der aus Respekt und Anerkennung entstehen sollte.

Ich studierte Kunst, genauer gesagt, Grafik und Design. Ich fühle mich seit jeher allem verbunden, was vielförmig, vielfarbig, vielfältig, was kreativ ist.

Wir hatten damals die Sexualität entdeckt, die Lust aneinander. Wir genossen sie. Wir wagten, einander zu entdecken und miteinander am anderen auf Entdeckungsreise zu gehen. Miteinander! Auch das war anders als heute.

Heutige Sexualität ist phantasielos und unkreativ, weil es nichts mehr zu entdecken gibt. Man schaue sich das an, was die Medien heute als Liebe oder Erotik anbieten. Kein Film ohne schweißtreibenden Sex mit aufgerissenen Giermündern und brutal knetenden Händen. Wir wollten, daß Tabus fallen. Aber das wollten wir nicht.

Ich werde den Eindruck nicht los, daß Sex eine neue Art Leistungssport geworden ist Wer kann öfter und mit mehr Verrenkungen? Wer hat schon alle Stellungen des neuesten Kamasutra erfolgreich absolviert? Wer hechelt schneller dem Höhe-

punkt entgegen? Wer reißt mehr Lover auf, er oder sie? Wer schafft es, mehr zu vernaschen, er oder sie? Das alles hat doch mit Liebe und Erotik nichts mehr zu tun. Das ist entweder Streß oder fad.

In meiner Jugend und noch bis vor wenigen Jahren waren nicht schon im Nachmittagsprogramm widerlich aufgemachte Sexszenen geboten. Da entblößten sich auch nicht bis in die intimsten Spalten aufgebrochene Frauen ungeniert auf Hochglanzseiten und Plakatwänden. Und wir verwechselten auch nicht Erwachsensein mit der Fähigkeit zum Samenschuß. Will sagen, wir waren zwar gegen sexuelle Verklemmtheit und entdeckten uns gegenseitig als ›unbekannte Wesen‹, aber daß ein Mädel mit 13 schon befürchtete, auf ewig Jungfrau zu bleiben, war nicht an der Tagesordnung.

Wir fanden uns damals eigentlich auch ganz okay als Frauen. Wir hatten nicht den Ehrgeiz, immer mehr wie Männer auszusehen. Wir wollten zwar schon auch schlank sein, chic sein. Aber wenn der Bauch ein bißchen vorgewölbt und die Oberschenkel ein wenig kräftiger waren, fingen wir nicht sofort an zu hungern. So eine wie Twiggy fanden wir damals eher abartig. ›Man in disguise‹ sagten wir dazu. Heute ist das sexy, weil eben alles erst dann toll ist, wenn es besser als beim Mann ist, also flacher, schmaler, länger …

In meiner Jugend habe ich wie die meisten Gleichaltrigen nur die Vorteile der Enttabuisierung der Sexualität gesehen und wild entschlossen für die Abschaffung der Verklemmtheit gestritten. Immerhin war ich selbst noch in der traditionellen Verklemmtheit erzogen worden. Als ich zum ersten Mal geheiratet habe, war es zwar keine Muß-Ehe, weil ich nicht schwanger war. Trotzdem war es nicht viel anders. Mein Mann war der erste Liebhaber, den ich hatte. Aus seiner und auch meiner Erziehung her erklärte sich, daß ich diesen Mann heiraten mußte.

Wir wohnten zusammen in demselben Studentenheim. Unsere Eltern wußten, daß wir miteinander schliefen. Er hatte mich entjungfert. Es war irgendwie selbstverständlich, daß er die

Konsequenzen tragen müsse. Da waren wir beide so altmodisch wie unsere Eltern, trotz der sexuellen Revolution. Aber natürlich haben wir uns auch geliebt. Wir waren scharf aufeinander. Das vor allem.

Die Pille war damals gerade im Anmarsch. Ich hatte sie mir ziemlich früh verschreiben lassen, schon vor der Ehe. Damals war uns jungen Frauen das noch ziemlich peinlich, weil wir dann offen zugeben mußten, Sex zu haben. Aber wir waren überzeugt, mit der Pille endlich und erstmals seit der Hexenverfolgung wieder selbst die Herrschaft über unseren Körper zu haben. Keine von uns hätte sich diese neue Freiheit und Verantwortung nehmen lassen. Daß Männer etwas gegen Schwangerschaften unternehmen müßten, kam erst später auf, im Zuge des Geschlechterkampfes, als Frauen glaubten, Männer immer stärker erziehen und nach ihrem eigenen weiblichen Bild neu erschaffen zu müssen.

Ich wurde dann – wie viele andere schwangerschaftsverhütende junge Frauen auch – trotz Pille schwanger. ›Tro-Pi-Babys‹ nannten wir das. Viele ließen damals abtreiben. Es waren die Anfänge des bis heute anhaltenden Kampfes um den eigenen Bauch. Wobei ich immer noch überzeugt bin, daß dieser Kampf ein notwendiger ist. Zwar sollte eine werdende Mutter nicht ohne das Einverständnis des zugehörigen werdenden Vaters abtreiben, aber Außenstehende geht dies alles gar nichts an. Ich habe damals nicht abgetrieben, weil ich mich auf das Kind freute. Es störte zwar meine Kreise, das heißt, es kam mir bei meiner beruflichen Planung in die Quere, dennoch war es willkommen.

Daß meine Ehe scheiterte, hing maßgeblich mit meiner eigenen Unreife und der meines Mannes zusammen. Wir hatten aus Liebe, Lust und Leidenschaft geheiratet. Aber außerhalb des Bettes kannten wir uns wenig. Damit meine ich, er kannte sich selbst nicht, ich kannte mich selbst nicht. Erst als wir Eltern waren und gemeinsam ein Kind erziehen wollten, merkten wir das und standen dann uns selbst und dem anderen im Weg.

Mein Mann wollte zum Beispiel, daß ich weiterhin arbeitete.

Er war ein ehrgeiziger Mensch und hatte in mir die Karrierefrau geliebt. Diese war ich jedoch nur zum Teil, was ich allerdings wirklich erst entdeckte, als ich Mutter war und Verantwortung für mein Kind übernehmen sollte. Ein anderer, weit stärkerer Teil von mir wollte mehr als Karriere und eigenes Geld: einen Fulltimejob als Familienmittelpunkt, sprich: Mutter und Ehefrau sein.

Wenn ich zum Beispiel zum ›Muttertier‹ wurde, wie er das nannte, weil ausgerechnet in dem Moment, in dem wir nichts so sehr waren wie Mann und Frau, unser Baby schrie und ich prompt einen Milcheinschuß bekam, fielen bei meinem Mann buchstäblich alle Wände ein. Ich hingegen haßte ihn geradezu, wenn er das Kindergebrüll ignorieren und selbst an meinen Busen wollte.

Die Ehe mußte scheitern. Wir trennten uns im Bewußtsein, daß es unvermeidlich war, und schafften es, Freunde zu bleiben. Mein Ex wurde sogar ein ganz passabler Vater, als wir getrennte Wege gingen. Ich blieb anschließend ganz bewußt lange solo. Nicht, daß ich nie eine Beziehung gehabt hätte. Es gab da schon mal diesen oder jenen Mann, zu dem es mich hinzog. Aber ich hatte nun nicht mehr für mich allein auszuwählen. Ich hatte ein Kind. Der Mann, den ich in unser Leben einbeziehen wollte, mußte auch zu meinem Kind passen. Das reduzierte die Auswahl erheblich.

Aus heutigem Blickwinkel muß ich sagen, daß mir die Jahre ohne festen Partner gutgetan haben. Ich hatte Zeit, zu mir selbst zu finden, festzustellen, was ich wollte, wer ich bin, worauf ich generell und im besonderen bei einem Mann nicht verzichten will usw.

Zum Beispiel merkte ich, daß ich kein Typ für französische Betten und gemeinsame Badezimmer bin. Das hört sich vielleicht witzig an, ist es aber nicht. Ich bin einfach zu individualistisch dafür. Ich will meine eigene Kuhle im Bett, will keine Löffelchenschlafhaltung, kein Verdrängtwerden bis auf die Bettkante und schon gar kein Bett, in dem sich von nun an und auf immer und drei Tage alles abspielen muß, was auf dem Teppich oder dem Sofa oder in einem anderen Bett vielleicht viel spannender wäre. Und mein eigenes Bad, ja, das brauche ich, weil ich zum Beispiel offen gelassene Klodeckel ebenso abscheulich finde wie offen gelassene Zahnpastatuben, fremde Kopfhaare in meiner Bürste oder fremde Schamhaare in meinem Bidet und gleichzeitig nicht den geringsten Ansporn habe, bei meinem Mann Mutterstelle zu vertreten, indem ich seine lückenhafte Erziehung nachbessern muß.

Zusätzlich erkannte ich, daß ich von einem Mann, mit dem ich leben will, erwarte, ernstgenommen zu werden. Meine Makken mußte er mögen und nicht daran herumkritteln. Ich wollte keinen Ersatzvater, der mich erzieht. Ich wollte einen Mann, der erotisch, selbstbewußt, phantasievoll, klug und großzügig ist und mit diesen Pfründen gewuchert hat, also ein Erfolgsmensch ist. Als Gegenleistung würde er nicht mehr und nicht weniger bekommen als eine Vollblutfrau mit Spaß am Leben, Spaß an Kindern, Spaß an der Arbeit, Spaß an der Verantwortung und Spaß an einem guten Spaß.

Ich fand, es war ein fairer Handel. Und also hielt ich die Augen offen für die Liebe auf den ersten Blick.

Es war dann eher die Liebe auf den dritten, vierten Blick. Zumindest bei mir. Mein Mann merkte es schon früher. Ich glaube, ich habe ihn zunächst gar nicht wahrgenommen. Er ist nicht stattlich wie der Mann meiner schlaflosen Nächte, auch nicht schwarz gelockt, nicht glutvoll wie ein Italiener und nobel wie ein Spanier. Er ist etwas kleiner gewachsen als ich, trägt Tonsur statt Gelock, schaut aus blauen Augen in die Welt und gefällt sich am besten in an den Knien ausgebeulten Cordhosen, in deren Hinterteil ein mittlerer Elefant Platz fände.

Was mich schließlich aus dem Dornröschenschlaf erweckte, war die Art, wie er die Mundwinkel zum Lachen aufbörtelte, wie er Schalksfunken in den Augen bekam, wie punktgenau er meine Gedanken entwirrte und wie er seine Hand um mein Handgelenk schloß. Oh ja, doch, dieser Griff war wichtig. Er war fest und sicher, bestimmt, aber nicht bestimmend, schützend, aber nicht unterdrückend, zärtlich, aber nicht ohne Leidenschaft, kurzum, ein Männergriff. Und in diesem Moment begann ich ihn zu lieben, und ich liebe ihn bis heute.

Wir haben vier Kinder, die die Mitte unseres Lebens darstellen. Wir wohnen in einem nicht sonderlich kostbaren, aber geräumigen Haus mit zwei Etagen, vier Bädern und sechs Schlafzimmern, einer Küche, in der jeder mal an der Reihe ist, zu kochen, einem Wohnzimmer, in dem es meist wie bei Hempels unterm Sofa, aber urgemütlich aussieht, einem Erker mit zwei dicken Lesesesseln und null Fernsehgerät. Wenn wir Leben aus der Konserve brauchen, ziehen wir uns in den Schmökerwinkel zurück oder gehen hübsch altmodisch ins Theater oder sehr gern ins Kino. Meist ziehen wir es aber vor, unsere Zeit mit eigenen Erlebnissen und Erfahrungen auszufüllen. Das heißt, wir reisen gern, am liebsten einfach ins Blaue, mit Übernachtungen durchaus auch mal in der Jugendherberge. Wir geben Abende mit Hausmusik und verbringen Zeit, Zeit, Zeit mit unseren Kindern. Und gehen uns alle aus dem Weg, wenn uns die Nähe einfach auf den Senkel fällt.

Im allgemeinen aber streiche ich meinem Mann und den Kindern morgens die Frühstücksbrote und winke ihnen nach, wenn sie aus dem Haus gehen. Ich bin sogar so altmodisch, daß ich mir wünsche, sie kämen alle bald heil und gesund zu mir zurück.

Da mein Mann geschäftlich hochmotiviert und erfolgreich ist, habe ich trotz meiner großen Familie so manchen Abend Leerlaufzeiten. Diese habe ich mit für mich persönlich wichtigen Dingen angefüllt. Wenn Ute Ehrhardt in ihrem unsäglichen Buch so niederträchtig schreibt, daß nichterwerbstätige Frauen ständig Zeit und ein offenes Ohr für andere zu verschenken haben, weil bei ihnen die Zeit nichts wert ist, muß ich trotz aller Empörung beinahe lachen. Meine Zeit ist mir mindestens so kostbar wie meiner berufstätigen Freundin die ihre.

Geld ist nicht alles. Die Freude, die mir entgegenstrahlt, wenn ich meine ›wertlose‹ Zeit dazu nutze, eine alte Dame im Altersheim zu besuchen oder mit den Frauen des hiesigen Frauen-

hauses Veranstaltungen zu planen und zu organisieren, um die leeren Kassen zu füllen, ergibt dies keine Honorareinzahlung auf meinem eigenen Konto bei der Bank, und trotzdem macht es mich reich.

Alles in allem glaube ich, daß es gut und wertvoll sein kann, eine Zeitlang ein ›böses Mädchen‹ zu sein und sich selbst dabei so gründlich wie möglich zu erproben. Am Ende aber muß unter dem Strich eine starke, ›brave‹, wirklich richtig gute Frau dabei herauskommen, die es gar nicht nötig hat, mit den Ellenbogen Püffe auszuteilen und anderen ins Gesicht zu spucken, weil sie eine Ausstrahlung hat, die ihr von ganz allein und selbstverständlich die Achtung und Sympathie einträgt, die auch sie selbst anderen entgegenbringt.

Wenn ich meine Intima hier so offen ausgebreitet habe, dann nicht, weil ich sie so spaßig finde. Ohne den Schutz, den die mich verbergenden Seiten eines Buches bieten, würde ich es vermutlich nicht getan haben. Es wäre mir nicht recht, von Frau Hinz und Herrn Kunz aus der Nachbarschaft auf mein Privatleben angesprochen zu werden. Dennoch drängte es mich, ein ehrliches Wort von Frau zu Frau zu schreiben, weil ich denke, dieses Buch über die ›Frau an seiner Seite‹ tut uns Frauen gut.

Es wird Zeit, wie ich meine, daß Erwerbsfrauen wie Ute Ehrhardt und Gleichgesinnte merken: Wir Nur-Hausfrauen sind keine geistig minderbemittelten Schrumpfgermaninnen an der Seite unserer Männer und Kinder. Wir sind wertvolle Mitglieder der Gesellschaft und tragen durch unsere Familienarbeit mehr dazu bei, den Staat mit seiner Fürsorgepflicht für alle Bürgerinnen und Bürger zu erhalten, als so manche ganz- oder halbtags Erwerbstätige, die entweder gar keine Kinder hat oder ihre Kinder der öffentlichen Hand anheimstellt.

In jedem Fall sind wir allemal mindestens ebenso wertvoll wie die rigoroseste Feminarzißtin, die – wenn wir Schrumpfgestalten sind – hinter der zur Schau getragenen Kulisse ihrer Frauenpower eine ausgebrannte, ausgedörrte Mumie, aber keine lebenswarme, an Männern und Kindern interessierte Frau ist.«

Und heute?
oder
Wie die neue Saat in den Köpfen weitersprießt

Power-Frauen, softe Männer

In den siebziger Jahren, 1972, definierte der Brockhaus die »Eheauffassung vor allem der jüngeren Generation« als »Partnerschaft«, in der »das Verhältnis zwischen Mann und Frau unter dem Gesichtspunkt völliger Gleichberechtigung« angestrebt wird.

In den achtziger Jahren, 1983, ergab eine Umfrage in Baden-Württemberg, wie weit diese Partnerschaft inzwischen praktiziert wurde. Es zeigte sich, daß fast die Hälfte aller Ehemänner es vorzog, daß ihre Ehefrauen nicht berufstätig, sondern ausschließlich für die Familie da waren. 29 Prozent dieser Männer nahm die voraussehbare Unzufriedenheit der Frauen dabei gelassen in Kauf. In Ehen, in denen beide Partner erwerbstätig waren, übernahm jeder zehnte Mann etwa gleich viel Haushaltsarbeit wie seine Frau.

In den neunziger Jahren, 1991, stellte der Diplompsychologe Henner Ertl in der Zeitschrift »Freundin« klar, daß maximal jede dritte Frau wirklich emanzipiert ist, obwohl jede zweite sich dafür hält. Diese Diskrepanz, so Ertl, zeige sich vor allem im Berufsleben. Im Zusammenleben wisse die Frau hingegen recht gut, was sie will. Von einem Mann erwartet sie, daß er – in einem der Reihenfolge der Aufzählung entsprechenden Ausmaß – selbstbewußt, zärtlich, gescheit, humorvoll und lebensfroh ist sowie eine sportliche Erscheinung vorweisen kann. Darüber hinaus muß er treu sein, freiwillig im Haushalt mithelfen und sich kinderlieb zeigen.

1995 erklärte die Psychologin Eva Wlodarek in ihrem Buch »Den richtigen Mann finden«, das wirklich Entscheidende sei, daß ein Mann in der Lage sei, »an seinen Schwächen zu arbeiten und sich zu verändern«. Nicht minder wichtig, daß er sich seiner

Gefühle »bewußt« sei und »sie auch ausdrücken« könne. Es zähle, daß er »keine egozentrische Einstellung, sondern Selbstachtung« zeige, denn er werde eine Frau nur in demselben Maße lieben, wie er sich selbst liebt. Last, but not least brauche er eine positive Grundhaltung dem Leben gegenüber, denn sein Lebensgefühl beeinflusse das der Frau nachhaltig. Auf diese zumindest ansatzweise vorhandenen Basisansprüche komme es an, damit sie »sich bei ihm sicher und geborgen fühlen« könne.

Geld und Karriere allein sind es also schon lange nicht mehr, die den »Mann fürs Leben« kennzeichnen. Zwar soll er immer noch der starke Beschützer sein, bei dem Frau sich geborgen fühlen kann, doch an ein Wohlstandskissen allein lehnt sie sich nicht mehr an.

Da muß schon der ganze Mann her, und zwar so, wie frau ihn sich vorstellt. Der Stoff, aus dem die Männer sind, muß heute geschmeidig, formbar sein.

Wir sehen schon, mit der erreichten Gleichberechtigung der Frau ist anscheinend nur ein Etappensieg auf dem Weg zur Emanzipation erstritten. Jeder weiß, aus dem unscheinbar hinter dem Herd hausenden und dankbar für die Wärme in der Nähe ihres Ernährers zirpenden »Heimchen«, das den Mann auch dann pflichtschuldig bewunderte, wenn es nichts zu bewundern gab, ist eine aufmüpfige, frei fliegende »Emma« geworden, die sich ihrer Rechte bewußt ist, Ansprüche stellt und beides mit größter Selbstverständlichkeit durchsetzt. Klar, daß zu einer »neuen« Frau nur ein »neuer« Mann paßt. Ebenso klar, daß der Mann von heute – nach Ansicht vieler Frauen – noch lange nicht »neu« genug ist.

Vergessen diese Frauen dabei aber nicht, daß der Wandlungsprozeß der Frau ganz automatisch auch einen Wandlungsprozeß des Mannes voraussetzte und dann Schritt für Schritt vorantrieb? Daß der weibliche Veränderungswillen sich nur durchsetzen konnte, weil Männer Einsicht und Nachgiebigkeit bewiesen. Einsicht, die dazu führte, daß sie die Notwendigkeit erkannten, Privilegien und Macht zu teilen. Nachgiebigkeit, die eine Realisierung des Notwendigen ermöglichte. Daß diese Einstellungen nicht automatisch vorhanden waren, bleibt ebenso unbestritten wie die Tatsache, daß es unerträglich lange dauerte, ehe der stete Tropfen des weiblichen Änderungswillens den Stein des männlichen Vormachtdenkens höhlte. Entscheidend in diesem Fall ist trotzdem nicht der Weg, sondern das Ziel, und das wurde erreicht: die gesetzlich festgeschriebene Gleichberechtigung der Frau.

Auch wenn es mit der Umsetzung dieses Gesetzes, objektiv gesehen, noch nicht immer und aus Sicht der Radikalfeministinnen sogar noch ganz und gar nicht klappt, sind Frauen stolz auf das Erreichte. Mit Recht. Es war ein Stück harter Arbeit.

Dennoch, erreicht wurde dieses Ziel letztlich nicht deshalb, weil Männer nun mal schlechter sind als Frauen und das Bessere endlich siegen mußte. Nein, es wurde allein deshalb erreicht, weil Frauen **und** Männer in allen Wirren des Wandlungsprozesses nie aus dem Bewußtsein verloren, daß sie einander zur wechselseitigen Unterstützung brauchen und aus diesem Grund füreinander wertvoll sind.

Die Macht der Mütter

Angesichts des Erfolges der Frauenbewegung könnte das Zusammenleben der Geschlechter ja nun von gegenseitiger Achtung, Respekt und Anerkennung geprägt sein. Doch weit gefehlt! Gerade diese Eckpfeiler des Miteinanders wanken wie kaum jemals zuvor.

Ging vielleicht etwas ganz Wichtiges, Entscheidendes in den Zeiten des Geschlechterkampfes fast unbemerkt verloren: das Bewußtsein nämlich, daß es die Frauen sind, die Kinder gebären, daß bis heute überwiegend sie es sind, die Kinder erziehen, und daß sie mit dieser Erziehung die Fäden der Zukunft in Händen halten?

Das Vorbildverhalten und die Vorbildpersönlichkeit als Mütter sind die wahren Machtmittel der Frauen. Schon in den siebziger Jahren hatten Feministinnen die alles zu revolutionieren versprechende Erkenntnis gewonnen, daß sie als Mütter den Schlüssel zur Veränderung der Gesellschaft besitzen.

»Wir werden nicht als Frauen geboren, wir werden dazu gemacht«, hieß es. Also galt es offenbar nur, den prägenden Einfluß herauszufinden, um alles weitere in den Griff zu bekommen. Fortan wurde penibel beobachtet, wie Kinder erzogen wurden. Als wichtigste Ergebnisse kam dabei heraus, daß Jungen erstens länger gestillt wurden als Mädchen und zweitens mehr Aufmerksamkeit bekamen. Erbrachte ein Mädchen gute Schulleistungen, wurde sein Fleiß gelobt. Hatte ein Junge lobenswerte Schulnoten, unterstellte man ihm bereitwillig Hochintelligenz. Außerdem wurden Mädchen von ihren Müttern instinktiv stärker auf Abstand gehalten als Jungen, weil sie in den Mädchen das eigene Geschlecht nicht schätzten, Jungen aber aus demselben unbewußten Geschlechtsverhalten als männliche Wesen immer mehr Zuwendung erhielten.

»Sozialisation« hieß das Zauberwort. Das Rezept: Man nehme eine Mutter, die künftig nicht den Sohn, sondern die Tochter länger stillt, mit größerer Aufmerksamkeit bedenkt, ihre Schulleistungen als Zeichen des Genies bejubelt und ihre traditionellerweise unterdrückten männlichen Persönlichkeitsanteile stärker fördert. Man nehme ferner eine analog handelnde Öffentlichkeit, die Mädchen stärkt und Jungen weicher macht. Und schon werde nicht nur die Frau auf dem Vormarsch, sondern gleichzeitig der Mann auf dem Rückzug sein. Zum Nutzen der Gesellschaft, die dann endlich typisch weiblich friedfertig und mitmenschlich wertvoll sein werde.

Viele Mütter und Väter griffen die Botschaft wie ein Heilsversprechen auf und legten los. Der Gesetzgeber schrieb eine besondere Förderungspflicht für Frauen und Mütter im Grundgesetz fest. Um Mädchen zu stärken und vor dem Konkurrenzdruck der an technischen Fächern interessierteren Jungen zu schützen, wurden in der Schule immer öfter reine Mädchenklassen gebildet. Auch ging man dazu über, Jungen in typisch weiblichen Handarbeiten zu unterrichten, und vernachlässigte gleichzeitig die von Jungen bevorzugten Werkarbeiten mit Hammer und Säge. In der Freizeit tauchten, etwa unter kirchlicher Trägerschaft, spezielle Förderprogramme auf, die bis heute unter Bezeichnungen wie »Mädchenarbeit« oder »Mädchen in Fahrt« ausgebaut werden. Die Aufrufe zur Förderung von Mädchen in Männerberufen wurden laut. Und die Hoffnung schlug hohe Wogen, daß diese gezielten Erziehungsmaßnahmen bald schon eine neue, bessere Welt nach den Vorstellungen der Frau entstehen ließen und das »androgyne« Zeitalter der paradiesischen Zustände anbrechen werde.

Das bewußte Verweiblichen der Jungen und Vermännlichen der Mädchen wandelte den Alltag tatsächlich. Oder ist es Zufall, daß gegenwärtig erstmals in der Geschichte mehr Studentinnen als Studenten an deutschen Hochschulen immatrikuliert sind? Daß Mädchen in allen Schulsystemen eindeutig bessere Zeugnisse erhalten als Jungen und seltener eine »Ehrenrunde« drehen müssen? Daß sie die Mehrheit unter Abiturienten und die Minderheit unter Hauptschulabsolventen stellen?

Zufall auch, daß nicht mehr nur Jungen, sondern auffällig viele Mädchen immer aggressiver werden und beispielsweise in Thüringen jedes dritte Mädchen bekennende Neonazi-Anhängerin ist? Daß beispielsweise beim Ladendiebstahl über 40 Prozent der Täter Mädchen sind? Daß vor allem Töchter alleinerziehender Mütter immer eigensinniger und durchsetzungsfähiger bzw. im landläufigen Sinne immer »böser« und bengelhafter werden? Daß Frauen endlich auch boxen wollen, beim Bodybuilding die Muskelpakete rollen lassen, als Soldatinnen an die Front drängen, als Pilotinnen Kampfflugzeuge fliegen wollen und mit dem Frauenfußballclub zum Männerstriptease in den Nachtclub fahren, um sich Appetit zu holen fürs Vernaschen der zu Hause geblieben Göttergatten?

Wir wissen längst, daß Selbstbewußtsein und mentale Kraft

ebenso am Vorbild der Eltern und des erzieherischen Umfelds erlernt werden wie Gewaltbereitschaft.

Wenn also Mädchen im Vergleich zu früher aggressiver geworden sind, die Kindererziehung aber nachweislich immer noch mehrheitlich durch Mütter und andere Frauen erfolgt, läßt dies im Umkehrschluß nur eine Antwort zu: Das Vorbild der Mütter und Frauen ist aggressiver.

Wollen die Frauen von heute diese Zusammenhänge wirklich nicht wahrhaben? Wollen sie nicht begreifen, wie zerstörerisch dieses bedingungslos parteiische Pro-Frau bei gleichzeitigem Contra-Mann wirkt? Haben sie tatsächlich nichts Wichtigeres im Sinn, als das Unterste der bestehenden Gesellschaft zuoberst zu drehen und sich selbst als »ice on the cake« ganz oben daraufzusetzen?

Ich bin überzeugt, die meisten Frauen sind weit selbstbewußter und klüger, als die radikalen Vorkämpferinnen für Fraueninteressen annehmen. Und diese Mehrheit weiß sehr wohl, wieviel durch die auf Gleichberechtigung und Gleichwertigkeit fixierte Frauenbewegung erreicht wurde, und fühlt sich nicht als Opfer in einer brutalen Männerwelt.

Als emanzipierte, gemäßigt feministisch denkende Frauen erkennen sie klar, daß sie diejenigen sind, die als Ehepartnerinnen, Lebensgefährtinnen und Mütter einen maßgeblichen Einfluß auf die Seele ihrer Männer und Kinder ausüben. Während sie Familienarbeit leisten, betreiben Hardlinerfeministinnen vor lauter Gier nach dem absoluten politischen Machtwechsel einen Geschlechterkampf, den die meisten Frauen weder wollen noch mitzukämpfen bereit sind. Doch es weckt Zuversicht in mir, daß eine wie Andrea Nahles als SPD-Politikerin und erklärte Feministin im Frühjahr 1998 aus der Distanziertheit junger Frauen gegenüber Politik und Frauenmachtkampf auf die Verinnerlichung der Gleichberechtigung schloß. In einer solchen Erkenntnis das frauenbewegte Erbe der Mütter nicht zu verwerfen, aber kritisch zu mustern und zum eigenen Gebrauch neu zu ordnen, ist aus meiner Sicht ein Beweis von Klugheit, Eigenverantwortung und Selbstbewußtsein. Vor allem aber ein Beweis von Reife.

Mut also, ihr jungen Frauen von heute! Ihr seid auf dem richtigen Weg, wenn ihr den Entmannungskampf der Mütter um den gleichberechtigten Anspruch auf Erwerbstätigkeit nicht mehr in der alten Manier fortsetzen wollt. Hört kritisch zu! Seht aufmerksam hin! Was einem bereits gehört, muß man nicht mehr erkämpfen. Man muß es bewahren und schützen und sich Verbündete unter denen schaffen, die einst Feinde waren.

»Tu, felix Austria, nube!« hieß es früher im alten Österreich. »Du, glückliches Österreich, heirate!« Und damit meinte man, daß das Land seinen Besitz durch Heirat und Friedenssicherung mehre. Auf diesem Weg, wenn auch nicht zwingend per Trauschein, sehe ich das Glück der Jugend und den Frieden der Geschlechter. Nicht auf dem Weg der gegenseitigen Verächtlichmachung, der Zerstörung und des Hasses bis hin zur Entweiblichung bzw. Entmannung. Die Frauen von heute, die lebensfroh sind, selbstbewußt und wenn frauenbewegt, dann allenfalls vom Männerfang, sind genau die richtigen für diesen neuen Weg, wenn sie denn nur auch Männer fänden, die sich wieder trauen, ebenso lebensfroh, selbstbewußt und männerbewegt auf Frauenfang aus zu sein.

»Kind, werde unabhängig!« (Rose, 32 Jahre)

Rose stammt aus der Eifel. Vor 32 Jahren wurde sie in Blankenheim geboren, begann ein Pädagogikstudium, das sie bald schon langweilte, so daß sie sich für Religionswissenschaften einschrieb, aber letztlich auch darin scheiterte und zuletzt in der Anzeigenredaktion einer Lokalzeitung landete. Sie heiratete mit 28 Jahren ihren Klaus, einen zehn Jahre älteren Bäckermeister aus Düren, und lebt seither als Hausfrau mit ihrem Mann, vier

Kindern und einem Hund in einem Vorort von Köln. Sehr glücklich, wie sie betont. Und wer sie kennt, glaubt es ihr.

Nachfolgend ihr Bericht über ihre Jugend und Erziehung, der zeigt, wie sie mit dem mütterlichen Erbe verfahren ist.

»Mich hat das, was ich von anderen über Männer erfuhr, ganz stark geprägt. Wenn man jung ist und keine eigenen Erfahrungen hat, ist es doch logisch, daß man dann ernst nimmt, was man so hört. Wenn du das willst, ich meine, wenn du etwas über Männer wissen willst, erfährst du auch etwas.

Und bei mir, da war es eben so, daß ich von überall, sogar von der eigenen Mutter, ständig zu hören oder zu lesen bekam, daß Kerle im Grunde das Letzte sind und so ziemlich das Überflüssigste im Leben. Meine Mutter hat mich immer vor den Bengels gewarnt und gedrängt, daß ich nur ja etwas lernen und arbeiten soll, damit ich auf eigenen Füßen stehen kann und mir von keinem etwas sagen lassen muß. Sie war eine richtige Einpaukerin, wenn es um Schule und Noten ging. Da war sie absolut unerbittlich. Andererseits hat sie mir auch alles abgenommen, was mich daran hätte hindern können, zu lernen und gute Noten zu haben.

›Deine Arbeit ist die Schule‹, sagte sie immer. ›Deine Noten sind dein Einkommen. Also sieh zu, daß du gute hast. Heute siehst du das noch nicht ein, aber eines Tages wirst du dich freuen, daß du ein gutes Zeugnis hast und dir alle Türen offenstehen. Du sollst es einmal besser haben als ich und nicht im Haushalt versauern. Wenn du gut genug bist, kannst du leicht Lehrerin werden. Dann hast du bloß ein paar Stunden zu tun und kannst eine Familie nebenher haben und dir eine Putzfrau leisten, die dir die Drecksarbeit abnimmt. Und dann hast du dein eigenes Geld und brauchst deinem Mann nicht Dankeschön zu sagen.‹ Daß ich das schaffen sollte, war ihr ganzer Ehrgeiz.

›Jungs wollen immer bloß das Eine‹, meinte sie. ›Bis sie dich rumgekriegt haben, versprechen sie dir alles. Aber wenn sie es dann geschafft haben, ist alles vergessen. Das ist wie in der

Politik. Da heißt es nach der Wahl ja auch immer, was schert mich mein Geschwätz von gestern. Wenn du wirklich was wert sein willst im Leben, dann heirate nicht so schnell. Wenn du verheiratet bist, ist alles vorbei.‹

Als ich dann mit fünfzehn den ersten Freund hatte, ist sie fast ausgerastet, weil sie mein Leben schon ruiniert gesehen hat. Ich sollte doch erst mal mein eigenes Leben leben, hat sie gemeint, sollte doch bloß den Fehler nicht machen, mich einem Mann an den Hals zu hängen. Der wäre doch bloß ein Klotz am Bein und würde mich überall behindern. Das würde schon damit anfangen, daß er mich für sich ganz allein haben und mein Leben bestimmen wolle. Männer wären nun mal so. Sie könnten nicht anders. Sie wären alle eifersüchtige Gockel, die selbst einen ganzen Hühnerhof bräuchten, aber jeden anderen, der die Frau bloß anguckt, als Nebenbuhler bekämpften. Und sie müßten immer das Sagen haben, das würde ich doch an Papi sehen.

Mein Vater war das *Lieblingsthema meiner Mutter. Auf ihm konnte sie jeden Tag stundenlang rumhacken. Und nie ließ sie auch bloß ein einziges gutes Haar an ihm. Ich wollte eigentlich gar nicht hinhören, wenn sie wieder davon anfing. Aber ich mußte zuhören. Es gab keine Flucht. Sie lief einem damit in jedes Zimmer nach, bis man aufgab und gottergeben zuhörte. Das kam dann wie ein Wasserschwall auf einen runter.*

Mein Vater, sagte sie, würde ihr ja noch dreinreden, wie sie die Waschmaschine zu füllen habe, obwohl er noch nie im Leben auch nur einmal Wäsche selbst gewaschen habe. Noch nicht einmal von Hand. Ob ich mich erinnern könnte, wie er ihr die Personenwaage in den Keller gestellt habe, damit sie ›die Kapazität der Waschmaschine rationeller ausnützen‹ lerne, indem sie die Wäsche abwog, um die Füllmenge der Trommel ›optimal‹ auszunutzen und das Waschmittel exakt zu dosieren. Oder wie er ihr in der Küche am Herd jedesmal die Herdplatte abgestellt habe, um den Stromverbrauch zu senken. Oder wie er einige Zeit dazu übergegangen sei, höchstpersönlich die Geschirrspülmaschine einzuräumen, weil mal ein Glas darin zerbrochen war und er nun meinte, seine Frau sei ›zu unlogisch‹ und habe ›nicht das richtige Gespür für Material‹.

Oder wie er von ihr verlangt habe, daß sie seine Hosentaschen und Jackentaschen kontrolliere, damit er immer ein frisches Taschentuch habe, obwohl sie selbst es als beschämend empfinde, die Taschen eines anderen inspizieren zu müssen. Oder wie er erwartet habe, daß sie das Klo putze, das er verunreinigt habe, und natürlich auch seine Schuhe säubere, obwohl er damit durch den Matsch gestapft sei. Oder daß er es als selbstverständlich ansehe, daß sie seinen Schrank nach Hosen absuche, die gebügelt werden müßten, obwohl es doch eine Kleinigkeit für ihn sei, die entsprechende Hose auf den eigens für ihn im Schlafzimmer bereitstehenden Herrendiener zu hängen, so daß sie dieselbe nur zu nehmen brauche.

Meine Mutter kann und kann kein Ende finden, wenn sie von diesen Ansprüchen meines Vaters erzählt und sich darüber beschwert. Pausenlos rattert es aus ihrem Mund. Es klingen einem die Ohren davon. Und ich als Tochter, ja, ich kann ihr auch nichts entgegenhalten. Ich kann ihr nicht sagen, daß sie meinen Vater von Anfang an vielleicht zu arg verwöhnt hat, ihm vielleicht zuerst jeden Wunsch von den Augen abgelesen hat, anstatt zu sagen: dies ja, dies nein. Sie ist meine Mutter. Als Kind sagt man so was einfach nicht. Da steht so eine Respektschwelle dazwischen.

Und selbst wenn ich es ihr sagen würde, nützen würde es doch nichts mehr. Der Zug ist ja längst abgefahren. Warum also?

Ich denke, in der Zeit, als mein Vater genauso frisch verliebt war wie sie, hätten sie untereinander leicht gewisse Dinge klarstellen und regeln können. Aber das haben sie nun mal nicht getan. Damals, als sie geheiratet haben, war es ja auch nicht üblich, die Aufgabenverteilung innerhalb der Familie zu klären. Damals stand fest: die Frau drinnen, der Mann draußen – und basta. Da waren die Rollen klar. Meine Mutter hätte vermutlich gar nicht gewußt, was sie anders geregelt haben wollte. Sie ist ja in diesem Denken groß geworden. Und daß sie dann im Laufe der Zeit so kraß gegen ihr eigenes Leben eingenommen wurde, daß sie mich davor warnen mußte, denselben Fehler wie sie zu machen, war zu ihrer Jugend nicht abzusehen.

Außerdem denke ich, daß nicht bloß meiner Mutter die Hausarbeit immer lästiger wurde. Mein Vater findet seine Arbeit garantiert auch nicht bloß toll. Er hat da sicher genauso seinen Teil zu schlucken und muß sehen, wie er damit fertig wird. Und ich erinnere mich ziemlich gut daran, daß meine Mutter früher immer dann, wenn mein Vater von seiner Arbeit zu erzählen anfing, meinte, er solle doch endlich Privates und Dienstliches trennen und seinen Beruf vor der Tür lassen, wenn er nach Hause käme. Mein Vater hat sich das ziemlich zu Herzen genommen, glaube ich. Jedenfalls habe ich ihn fast nie über seinen Beruf reden hören. Meine Mutter hingegen hat ständig über ihren Beruf geredet, wenn man das Hausfrauendasein mal als Beruf betrachtet.

Ich kann nicht behaupten, daß meine Mutter alles erfindet, wenn sie so über meinen Vater herzieht. Die Sachen sind schon passiert. Ich habe es ja größtenteils miterlebt. Und selbst wenn ich es vergessen hätte – meine Mutter sprach ja ständig darüber, wenn sie bei irgend jemandem Dampf ablassen mußte. Es ließ sich also nicht vergessen.

Durch dieses ganze Gerede und die Beispiele, die ich außerdem von anderen aufgetischt bekam, hatte ich eine durchaus kritische Einstellung zu Männern. Aber eben nicht so kritisch, daß ich mich nicht verliebt hätte oder nicht heiraten wollte. Und als meine Mutter dann dieses Theater abzog, weil ich einen Freund hatte, ja, da war ich erst mal bloß stinkig. Ich wollte, daß sie sich da raushielt, weil das meine Sache war. Aber sie hielt sich eben nicht raus.

Und schließlich hat sie es mir auch kaputt gemacht. Sie hatte ständig an ihm zu mäkeln und mit dem Finger auf das zu zeigen, was er schon wieder beschissen gemacht hatte oder wo ich ihrer Meinung wieder mal zu kurz gekommen war oder was ich mir nie und nimmermehr von ihm hätte bieten lassen dürfen. Na ja, und so kam's eben, daß ich Schluß machte, obwohl ich das eigentlich gar nicht wollte, und wieder bloß hinter den Büchern saß und büffelte und mich so richtig hineinsteigerte, daß Kerls ja bloß Ausbeuter seien und all das.

Ein halbes Jahr später lernte ich dann einen anderen kennen, der meiner Mutter auch nicht paßte, weil er zwei Zentimeter kleiner war als ich und keinen so tollen Body hatte, so daß sie behauptete, er würde mich nicht wirklich beschützen können, wenn es nötig wäre, und ich könne ja auch nicht zu ihm aufschauen, weil ich nun mal die Größere sei. Ja, das war's dann. Wieder habe ich Schluß gemacht und heimlich ins Kissen geheult. Aber Hauptsache, meine ach so schwache Mutter war zufrieden mit ihrer starken Tochter.

Irgendwann habe ich dann begriffen, daß meine Mutter absolut nicht die schwache Person ist, die sie immer vorgab zu sein, wenn sie über meinen Vater herzog. Natürlich, sie verdiente kein Geld, und sie machte die Hausarbeit, die ja nun nicht immer gerade das Allerfeinste ist, und mit meinem Vater hatte sie auch so ihre Terzen. Aber im Grunde hatte sie uns alle, inklusive meinen Vater, ganz gut im Griff. Sie steuerte meinen Vater mindestens ebenso, wie mein Vater sie steuerte. Da standen sie einander in nichts nach. Und mich als ihre Tochter steuerte sie sowieso.

Irgendwie ließ ich mich auch steuern. Ich war es einfach so gewohnt. Schlimm fand ich eigentlich nur, daß sie dauernd jammerte, wie schlecht sie doch dran sei und wieviel schöner sie es hätte, wenn sie im Berufsleben stünde. Ach, wenn sie doch bloß eine von meinen Chancen gehabt hätte! Was hätte sie alles daraus gemacht! Meinen Vater, diese riesengroße Null, hätte sie jedenfalls nie genommen oder ihm beizeiten den Stuhl vor die Tür gestellt.

Heute denke ich oft, daß meine ganze läppische Studienzeit, in der ich einfach nichts auf die Reihe bekam, so eine Art Aufbegehren gegen meine Mutter war. Ich konnte mich wohl nicht anders gegen ihren Ehrgeiz wehren. Und irgendwie wollte ich ihr auch eins auswischen, weil sie mir das mit den Jungen kaputt gemacht hatte. Eins auswischen konnte ich ihr aber am besten, wenn ich ihrem dummen Ehrgeiz nicht gehorchte.

Als ich dann heiraten wollte, obwohl ich kurz davor stand, einen tollen Beruf bei der Zeitung zu bekommen, und Karriere hätte machen können und es eigentlich überhaupt nicht nötig gehabt hätte zu heiraten, wie meine Mutter immer meinte, da hämmerte sie mir noch intensiver ein, was in der Ehe alles Mieses auf mich herunterprasseln würde. Vor allem kam dann die Leier dazu, wie schlimm es sei, Kinder zu kriegen. Wie weh das täte, wenn die Wehen kommen und all das. Daß ich aufpassen sollte, daß nichts passiert. Männer könnten sich da ja nicht zurückhalten. Die mit ihrem Zehnsekundenglück, und danach wären sie fein raus.

Ich habe manche Nacht geheult, weil ich so verunsichert war. Manchmal war ich soweit, daß ich die Hochzeit abblasen wollte. Ich traute mich bloß nicht.

Mein Mann ist zehn Jahre älter als ich und hatte damals als Leiter einer großen Kaufhausfiliale eine berufliche Position, bei der abzusehen war, daß er aufsteigen würde. Er war zwar gelernter Bäcker, aber hatte sich immer weitergebildet und wollte das auch. Er ist unheimlich ehrgeizig. Ich schätze das auch an ihm. Ich hätte nie einen Mann haben wollen, der nachmittags um vier Feierabend hat und dann vor der Glotze herumhängt. Mir war einer, der etwas erreichen will und zielstrebig ist, immer lieber.

Es war klar zwischen uns beiden, daß ich nach der ersten Schwangerschaft nicht mehr arbeiten würde. Wir wünschten uns Kinder, für die wir auch dasein wollten. Mein Mann im Rahmen seiner zeitlichen Möglichkeiten, ich ständig. Für uns war es absolut wichtig, daß es einen Ruhepol in der Familie gibt. Und zwar mich. Ich hatte Lust dazu, dieser Pol zu sein. Mein Mann freute sich, daß ich Lust dazu hatte. Es war alles bestens.

Wenn wir beide im Beruf gestanden hätten, wären wir viel zu eng eingeschnürt gewesen. Urlaub zur selben Zeit, das ist so eine

Sache, das klappt selten. Dann unsere Überstunden, ich mit meinen Zeitungsterminen am Wochenende und abends. Er mit seinen Berichten, die er für den Feierabend mitbringt, weil er sonst nicht über die Runden kommt. Ich mit meinen Texten und den Anzeigenkunden, die oft so dreist sind, daß sie einen spät abends noch anrufen, weil ihnen gerade was total Geniales eingefallen ist und sie meinen, daß man jeden Spleen sofort ernst nehmen muß.

Wir hätten uns beide kaum noch gesehen. Und die Kinder hätten auch nichts von uns gehabt, oder wir nichts von ihnen. Nein, das wollten wir nicht. Wir wollten möglichst nach unseren Vorstellungen leben und möglichst wenig Leute haben, die uns Krümel ins Leben streuseln. Wir wollten die Familie nicht so nebenbei haben, weil man schon zwei Fernseher und zwei Autos und jetzt eben das *auch noch so hat. Wir wollten unsere Familie als etwas Besonderes. Und als ein Zuhause. Und wir sind nun mal der Meinung, daß ein Zuhause nur dann ein echtes Zuhause ist, wenn da jemand ist, der es gemütlich für alle macht und für alle da ist. Außerdem wollten wir immer schon möglichst viel reisen. Und vor allem wollten wir unabhängig sein, falls mein Mann einmal ins Ausland müßte.*

Für meine Mutter waren dies alles Vorzeichen dafür, daß ich von nun an untergebuttert würde, und natürlich brachte sie bei jedem ihrer Besuche vor der Ehe und auch später ihre eigenen schrecklichen Erfahrungen mit.

Als sie irgendwann – da war ich schon verheiratet – wieder über diese Waschmaschinensache und die Geschirrspülmaschine und alles andere redete, konnte ich den Respekt einfach nicht mehr aufrechterhalten. Ich mußte laut loslachen, weil es einfach zu albern von meinem Vater war, sich so kindisch zu benehmen, aber auch zu albern, daß meine Mutter nicht über der Sache stehen und ihm einfach sagen konnte: ›Gut, mach das. Ich leg derweil die Füße hoch und lese ein Buch oder tu sonst was, was mir Spaß macht.‹

Aber für meine Mutter war das alles überhaupt nicht witzig.

Sie war schwer gekränkt und erklärte, daß sie sich von meinem Vater als Hausfrau nicht ernst genommen fühlte und den Eindruck hatte, daß er sie für zu blöd hielt, auf jeden Fall so blöd, daß er als einer, der nicht die geringste Ahnung vom Haushalt hat, ihr noch etwas vormachen zu können glaubte. Im Grunde ist das auch nicht witzig. Es stimmt ja schon. Es tut ihr weh, wenn mein Vater sie so abqualifiziert. Das verstehe ich. Es ist ja auch gemein, wenn er sie so runtermacht. Ich habe mich damals natürlich bei ihr entschuldigt. Ich hätte sie wirklich nicht auslachen sollen. Ich glaube, es platzte so aus mir heraus, weil ich auch Zeiten erlebte, in denen sie ganz cool ist und meinen Vater hübsch rund laufen läßt und das genießt.

Seit diesem Zwischenfall ist meine Mutter mir gegenüber distanzierter geworden, obwohl sie immer noch keine Gelegenheit ausläßt, mir zu demonstrieren, daß ich in meiner Ehe ein dummes Schaf geworden bin. Ich denke, sie hat es bis heute nicht begriffen, daß ich in meiner Ehe kein Schaf bin, sondern glücklich. Und zwar einfach deshalb glücklicher als sie selbst, weil ich an meinem Mann nicht so wild herumerziehe, sondern lieber Grenzen ziehe, und zwar ganz bewußt, und mit meinem Mann abkläre, wer wo seine Schwerpunkte hat, und dann auch darauf bestehe, daß unsere Grenzen gewahrt bleiben.

Zum Entsetzen meiner Mutter mache ich auch den Haushalt, mal abgesehen davon, daß ich unter der Woche eine Hilfe habe. Doch im Grunde bin ich trotzdem für alles zuständig. Wenn jemand sich einbildet, daß eine Putzhilfe für drei Stunden am Tag einen Sechspersonenhaushalt tipptopp abwickelt, lache ich. Ich habe dennoch alle Hände voll zu tun. Und ich kriege schon auch mal meine Fünf-Minuten-Krise, wenn mein Mann seine vermaledeite Zahnpasta nie zuschraubt und sich mit seinem teuren Herrenparfüm wie mit dem Wasserwerfer besprengt und immer mit den Straßenschuhen auf den Badematten herumtrampelt, so daß sie maximal drei Tage sauber bleiben. Oder wenn er beim Nachhausekommen die Krawatte herunterreißt und in die Hosentasche stopft. Oder, am schlimmsten, wenn er seine Socken ständig so über die Ferse abrollt und dann überall liegen läßt oder zwischen die Sofaritzen stopft oder unter das Stuhlkissen. Da könnte ich verrückt werden, ehrlich. Da bringe ich es durchaus fertig, ihm die dreckigen Socken in seine Aktentasche zu packen, so daß sie ihm bei der erstbesten Besprechung im Büro herausfallen. Solche Streiche spiele ich ihm schon mal. Das macht mir Spaß und bewirkt, daß ich den Quatsch nicht so verbissen sehe.

Aber ich denke, das ist auch normal, daß ich manchmal die Krise kriege. Das überbewerte ich auch nicht. Ich weiß immer noch, daß ich dieses Leben führe, weil ich es so wollte und will. Das ist es. Ich habe die Entscheidung aus freien Stücken getroffen. Und meinem Mann, nun, dem stinkt es ja auch oft im Beruf, aber der kann auch nicht einfach den Bettel hinschmeißen und sagen, okay, dann kündige ich und such mir die nächste Firma.

Fragen Sie doch mal, welche Frau meint, daß ihre Mutter glücklich gewesen ist und ein Klasse Leben hatte. Ich hab das mal gemacht, hab alle in meinem Bekanntenkreis gefragt: Und dazu gehören der Hausfrauenbund, die Frauengemeinschaft, der Handarbeitskreis, die Junge Union, der Schützenverein, meine ehemaligen Schulfreundinnen, mit denen ich mich immer noch treffe, und natürlich die Frauen von den Arbeitskollegen meines Mannes – also ziemlich viele, würde ich sagen.

Von den meisten Frauen habe ich zu hören bekommen, sie hielten ihre Mutter nicht für sehr glücklich und würden sich nicht vorstellen können, so wie sie zu leben. Und daran sei der Vater schuld. Nicht, weil er ein Schläger oder sonst irgendwie brutal gewesen sei, sondern weil er die Mutter unterdrückt habe. Sie habe außer Haushalt, Kindern, einmal im Jahr Urlaub oder auch nicht und vielleicht noch einem Pöstchen im Verein nichts von ihrem Leben gehabt. Sie habe kaum etwas von der Welt gesehen, nie eigenes Geld in den Fingern gehabt, nie tun können, was sie gewollt habe, und wenn der Vater mit seinen Launen von der Arbeit gekommen sei, habe sie als Blitzableiter für ihn herhalten müssen.

Aber wenn du dieselben Frauen dann fragst, ob der Vater denn immer reisen konnte und immer Geld für seine Hobbys hatte und immer einen zufriedenstellenden Job, dann gucken sie dich an, als wärst du vom Mond, und sagen: ›Wieso, dafür hat er ja auch keine so Scheißarbeit gehabt wie meine Mutter und schließlich Geld verdient. Und wenn meine Mutter uns Kinder nicht großgezogen und sich für den Mann geopfert, sondern einen Job gehabt hätte, hätte sie heute eine Rente und stünde nicht mit leeren Händen da und müßte nicht Angst haben, mal ein Pflegefall zu werden, weil sie das Geld für die Kosten nicht aufbringen könnte.‹

Ja, und da streikt bei mir der Verstand. Das ist dasselbe wie bei meiner Mutter, die immer betont, daß sie in der Schule bessere Noten und Zeugnisse gehabt habe als mein Vater und einen Beruf geradesogut oder sogar besser gemeistert hätte als er, wenn sie uns Kinder nicht hätte großziehen müssen. Immer redet sie von dem Opfer, das sie für ihre Ehe gebracht habe, und zieht gleichzeitig über meinen Vater her, der natürlich kein Opfer gebracht hat, sondern der absolute Gewinner war. Ohne sie, behauptet sie und glaubt es auch noch, wäre er im Leben völlig aufgeschmissen, er könnte sich ja nicht mal einen Knopf annähen oder eine Suppe kochen, außer aus der Dose, und auch das nicht mal. Männer seien eben zu nichts anderem zu gebrauchen als dazu, ihren Beruf auszuüben. Mehr, sagt sie, könnten sie halt nicht. Wenn sie keine Frauen hätten, wären sie verloren.

Die Frau hingegen könnte alles allein, wenn sie wollte und keine Kinder hätte, auf die sie Rücksicht nehmen muß. Sie könnte einen Beruf ausüben und auch sonst für sich selbst sorgen. Deshalb seien, so meine Mutter, Männer im Grunde Schmarotzer. Aber das dürfe man nicht sagen, weil sie sonst die Kontrolle verlieren und drauflosschlagen. Das könnten sie prima, einem Angst machen und einen stumm kriegen, aber nur, weil sie ein paar Muskeln mehr hätten.

›Dein Vater will immer so schlau sein‹, pflegte meine Mutter oft zu sagen, wenn mein Vater irgend etwas in der Küche oder

sonstwo im Haus nicht zu ihrer Zufriedenheit hinbekommen hatte, und verzog dabei den Mund auf diese gewisse Weise, daß ich als kleines Mädchen schon wußte, daß sie meinen Vater für dumm hielt. ›Aber du bist viel schlauer, Mami‹, erwiderte ich dann immer, woraufhin sie zwar nichts sagte, aber mich in den Arm nahm oder streichelte. Und das war ja auch eine Antwort. Auf alle Fälle wußte ich, daß sie mich in dem Moment liebhatte, weil ich gegen meinen Vater geredet hatte. Und das mochte sie. Vermutlich glaubte sie, daß ich sie dann um so lieber hatte.

Mein Vater ist leider ziemlich früh gestorben. Noch vor meiner Ehe. Eigentlich muß ich zugeben, daß ich ihn fast nicht gekannt habe. Er war schon da, aber er hat fast immer geschuftet. Meine Eltern hatten das Haus, den Garten. Wenn er von der Arbeit kam, war er fast jeden Tag draußen und hat den Garten, Gemüse und Kartoffeln, so ein paar Sachen eben, versorgt. Da mußte meine Mutter nur ernten.

Wenn ich an ihn denke, sehe ich ihn eigentlich eher durch die Brille meiner Mutter. Er hielt sich aus allem heraus, was mich betraf. Ich glaube, er hatte immer irgendwie Angst, etwas falsch zu machen. Sein Vater war im Krieg geblieben. Mal hat er gesagt, er wüßte nicht, wie ein Vater sich verhält, er hätte ja keinen erlebt.

Heute wünsche ich mir oft, daß ich ihn besser gekannt hätte. Ich hätte öfter mit ihm reden sollen. Ich wollte das ja auch. Aber meine Mutter war dann meistens in der Nähe, und dann war es mir peinlich, weil er ja doch irgendwie ein Blödian war. Das hatte ich so von meiner Mutter übernommen. Und als Kind, ja, da glaubst du der Mutter alles.

Deshalb war er wohl auch immer das Negativbild, das ich so im Innern hatte, wenn ich mich verliebte. Ich wollte nie einen Mann wie ihn.

Aber ich wollte auch nie sein wie meine Mutter. Nicht weil sie sich im Haushalt so abrackerte. Aber weil sie so abgedreht ehrgeizig war und mir damit regelrecht die Luft abdrückte.

Ja, wenn ich es bedenke, dann habe ich eigentlich alles bekommen, was ich wollte. Mein Mann ist ein starker Partner, kein Jasager. Ich bin ziemlich gut drauf und schmeiße den Familienladen ganz passabel. Und wenn ich keine Lust mehr habe, haue ich ab auf den Tennisplatz oder in die Sauna und lasse die Seele baumeln. Damit hab ich kein Problem. Auch nicht wegen der Kinder. Die können ganz gut mal eine Weile ohne mich auskommen und aufeinander aufpassen oder mal Freunde besuchen oder so.

Am schönsten ist es, wenn meine Nachbarin, die Lehrerin ist und ein volles Deputat hat, sieht, wie ich mit meinem Sporttäschchen, im Jogger, mit Stirnband und Pferdeschwanz so lokker-flockig loszische. Die lästert nämlich ständig über uns faule Hausfrauen und mäkelt an meinen Kindern herum und behauptet, daß ich keine Disziplin hätte. Wenn ich dran denke, daß meine Mutter mir ein Leben als Lehrerin in den schönsten Farben ausgemalt hat – also, nee, Henry Higgins, nicht mit mir. Ich bin glückliche Nur-Hausfrau, und wenn mein Mann sagt, daß an einer guten Frau nie genug dran sein kann, geht mir das runter wie Öl.

Richtig eklig finde ich eigentlich bloß die Putzerei und Büglerei und Kocherei und die Töpfe – igitt! Das hat meine Mutter auch schon gehaßt. Das weiß ich. Einmal hat sie vor Wut in den Staubsauger getreten, und die Staubbeutelklappe brach ab. Damals hat sie zu mir gesagt: ›Kind, werde unabhängig! Denn wenn du deinen Mann um Erlaubnis fragen und um Geld anbetteln mußt, kann er dir immer eins auswischen, wenn er schlechte Laune hat.‹

Diesen Satz, den habe ich nie vergessen. Ich glaube, es war der wichtigste Satz in meinem ganzen Leben. Und ich hab ihn auch irgendwie umgesetzt. Ja, nicht so, wie meine Mutter das wohl gemeint hatte. Ich arbeite ja nicht und hab kein eigenes Einkommen. Aber ich hab mir meine innere Unabhängigkeit bewahrt. Ich sag ja oder nein, so wie ich es für richtig halte. Und ich bettle nicht. Mein Mann macht die Kohle, und ich mache den

Rest. Das ist faire Arbeitsteilung. Seine Kohle als meine Kohle anzusehen, damit hab ich kein Problem. Es ist unsere Kohle. Und was ich denke und mache, ist meins. Das brauche ich. Das ist meine Emanzipation. Die finde ich gut.«

Der Geschlechterkampf als feministische Dauermission

Die Kampfparolen des Radikalfeminismus, die wirkungsvoll als verbale Waffen gegen männliche Machthaber gerichtet wurden und zum Ziel hatten, die traditionelle Rollenverteilung zwischen Frauen und Männern aufzulösen, um einen Machtwechsel zu erzwingen, haben sich verselbständigt. Sie wurden verinnerlicht und sind als zerstörerische Saat in den Köpfen aufgegangen.

Als Beweis mag gelten, daß mittlerweile die meisten Frauen latent mißtrauisch gegenüber Männern sind, spontan eher Negatives als Positives von ihnen erwarten und offenkundig Spaß daran haben, diese als eiskalte Ungeheuer abzuqualifizieren. Sitzen Frauen zusammen, geht das Ausmaß der Aversion rasch über Kaffeeklatschgeläster oder Frauenstammtischgeschwätz oder die phantasievolle Erfindung von Männerwitzen hinaus. Als beispielsweise die Berliner Soziologin Barbara Ossege im Februar 1998 anläßlich des alle zwei Jahre in Berlin stattfindenden und diesmal von 800 Psychologinnen und Psychologen besuchten Kongresses der Deutschen Gesellschaft für Verhaltensforschung verkündete, für Frauen berge die Zukunft vier typische Rollen – und zwar erstens die der *Gebär-Mutter*, die sich als lebendes oder halbtotes medizinisch-technisches Labor für einen Fötus zur Verfügung stelle, zweitens die Rolle der *Erfolgsfrau*, die in jungen Jahren befruchtungsfähige Eizellen zum Einfrieren liefere und diese eventuell im großmütterlichen Pensionsalter befruchtet implantieren lasse, drittens die Rolle der *Techno-Bitch*, die per Telefon-, Computer- oder Cybersex safer Sex ohne körperliche Kontakte genieße, und viertens die Rolle der *kleinen Rachegöttin* nach dem Beispiel der Amerikanerin Lorena Bobbit, die 1993 ihrem schlafenden Ehemann die »Tatwaffe« Penis abschnitt – ging eine Welle der mit leiser Furcht gemischten Zustimmung durch die Zuhörerschaft.

Witzig wird die Sache erst empfunden, wenn die Bielefelder Psychologieprofessorin Christine Schmerl in ihrem Vortrag über den »Phallus im Wonderland« vor dem auflauschenden Publikum die schönste Männerillusion enttarnt und propagiert, daß es männliche Sexualität nicht im Sinne eines angeborenen Triebes gebe, sondern lediglich im Sinne eines kulturell anerzogenen. Dieser Trieb werde erlernt, weil Männern in allen einschlägigen Medienberichten suggeriert werde, Frauen zu begehren, und Frauen beigebracht würde, sich von Männern begehren zu lassen. »Die klassische männliche Sexualität brauchen wir tatsächlich nicht«, so die Psychologin weiter. Diese könne allenfalls dann von Vorteil sein, falls sich beim Klonen als vorzuziehender Reproduktionsmethode das geklonte Produkt als Tummelplatz von Pilzen, Viren und Parasiten erweise. Für diesen Fall müsse »männliche Sexualität als Schädlingsbekämpfungsmittel« geschätzt und selbst von Feministinnen dankbar begrüßt werden, »wenn einmal im Jahr die Motten an die Pullover oder die Masern an den Nachwuchs gehen«. »Männer sind Schädlingsbekämpfungsmittel« – ein Spruch, der den Kongreß überlebt, sich wie ein Buschbrand in der Medienwelt ausgebreitet hat und Frauen Freude macht.

Letztlich tickt im Hinterkopf vieler Frauen ein Zeitbömbchen, das beim geringsten Anlaß hochzugehen bereit ist und dann das Wissen ausschüttet, daß Frauen in jedem Fall »gleicher«, sprich: besser sind und natürlich immer, in jeder Weise und gänzlich schuldlos »schlechter dran« und deshalb von aller Welt unterstützenswert sind.

Wie schwerwiegend die Beziehung der Geschlechter bereits gestört ist, zeigt sich täglich am Schicksal zerbrochener Liebe, gescheiterter Ehen und zutiefst verstörter Scheidungskinder. Spätestens dann, wenn die Liebe geht und der einst als Rosenkavalier geliebte Mann im Rosenkrieg als Erzfeind bekämpft wird, macht sich das »Volkswissen« breit, daß Frauen immer die Dummen sind.

Daß auch Männer leiden können und von Frauen ungerecht behandelt werden, wird leidenschaftlich bestritten oder als Minderheitenproblem bagatellisiert. Sofort kann jede Frau zahllose Beispiele vorbringen, in denen Männer ihre Familien im Stich gelassen, sich nie um die Kinder gekümmert, die Frau vernachlässigt, ihr bloß Arbeit gemacht, sie betrogen und womöglich auch noch brutal mißhandelt haben. Ganz zu schweigen von all denen, die ihre Frauen nach der Scheidung in die Armut stoßen, indem sie ihnen und den Kindern jeglichen Unterhalt verweigern.

Ungeachtet der Tatsache, daß es diese Fälle selbstverständlich in großer Zahl gibt und jeder einzelne Fall einer zuviel ist, bleibt das Phänomen bestehen, daß dieselben des eigenen Leidens so bewußten Frauen Männern nicht nur jedes Leiden absprechen und ihre generelle Leidensfähigkeit in Zweifel ziehen, sondern ihnen auch dessen Artikulation verbieten. Sollten Männer es dennoch wagen, aus den gleichen Schmerzen zu weinen, die Frauen jederzeit laut und ungehindert beklagen, werden sie wegen ihres »künstlichen Geheuls« als nervtötend empfunden.

Zu erklären ist dieses Phänomen als Ergebnis des feministischen Geschlechterkampfes. Dennoch ignorieren oder verleugnen selbst Frauen, die Männerhetze bewußt ablehnen, die schleichend erfolgende Langzeitbeeinflussung ihres Unterbewußtseins mit den Theorien und Zielen einer politisch aktiven Frauenminderheit. In vielen Gesprächen habe ich immer wieder erlebt, wie Frauen die eigene innere Haltung gegenüber Männern nur widerwillig als tendenziös negativ eingestanden, obwohl sie persönlich keine Negativerlebnisse vorzuweisen hatten. Ehe sie bereit waren, Männern einen Pluspunkt einzuräumen, zählten sie eine Fülle von ihnen aus dem Lebensumfeld bekannt gewordenen Minusbeispielen auf und nahmen diese als Beweis dafür, »daß Männer eigentlich nur so lange ganz nett sind, wie wir sie zappeln lassen und sie sich um die Frau bemühen müssen«.

Die Frage, ob nicht auch Frauen dann die Maske fallen lassen, wenn die rosarote Brille der ersten Verliebtheit abgesetzt wurde, möchten die meisten Frauen zwar nicht leugnen, wollten sich selbst jedoch entschieden als die Ausnahme von der Regel verstanden wissen. Wenn sie selbst einen Fehler gemacht haben sollten, dann immer und erst, wenn diesem ein Fehler des Mannes vorausgegangen sei. Schließlich wisse jede Frau, »daß Männer nun mal so sind«.

Es fällt auf, daß sich zwar fast jede Frau als emanzipiert bezeichnet, obwohl nur die wenigsten Feministinnen oder »Emanzen« sein wollen. Gleichwohl wird die Männerhetze von ihnen gleichermaßen entweder in den Auswirkungen unterschätzt, in stillschweigender Amüsiertheit mitgetragen oder in Abhängigkeit von der eigenen Stimmungslage mehr oder minder häufig praktiziert.

Fazit: Die traditionelle Familie als Zielscheibe des Feminismus ist getroffen, zwar aus dem Hinterhalt des Partisanenkriegs, aber mitten in die Zwölf.

Ähnlich verhält es sich mit dem zweiten Missionsanspruch der Hardlinerfeministinnen. Gemeint ist das Propagieren der Erwerbstätigkeit als dem ersten Mittel der Wahl zum Befreiungsschlag der Frau. Indem das eigene Einkommen als Garant der Unabhängigkeit beschworen und das Hausfrauendasein als Sklaventum und Beweis der Unterprivilegisierung verpönt werden, erfolgt eine systematische Verdrängung der Hausfrau aus dem gesellschaftlichen Ansehen. Daß Mutterschaft und Familienarbeit dadurch entwertet und soziale Bindungen gefährdet werden, wird billigend in Kauf genommen. Ebenso wenig Rücksicht wird auf die Entwicklung des Arbeitsmarktes und auf die Anzahl der benötigten Arbeitskräfte genommen. Auch hier gilt wieder nur das Ziel, alle Frauen in die Erwerbstätigkeit zu entsenden und ihnen dadurch das Tor zur Freiheit aufzustoßen.

Ob Frauen das feministische Freiheitsideal als ihre Freiheit verstehen und anstreben wollen, ist letztendlich gänzlich uninteressant. Was zählen schon die Lebensentwürfe von Frauen, in denen die Erwerbstätigkeit entweder gar nicht zählt oder aus vielen persönlichen Gründen eher Mittel zum Zweck als Selbstzweck ist? Als handle es sich dabei um die störende Ferse der Stiefschwester Aschenbrödels, wird Nichtpassendes quasi abgehackt, indem es verdummt oder passend geredet wird.

Es scheint, als müsse die Frau generell dominiert werden – wenn nicht vom Mann, dann von anderen Frauen. Als müsse ihr stets der Weg zum Glück erst gewiesen werden. Als sei sie ihres Geistes nicht mächtig, unfähig, aus eigenem Erkennen zu wissen, was gut und richtig für sie als Individuum ist. Als müsse sie notfalls eben zum Glück gezwungen werden. Immerhin wollen laut Umfragen des Allensbacher Instituts aus dem Jahr 1997 mit 38 Prozent im Westen und 16 Prozent im Osten insgesamt 54 Prozent aller deutschen Frauen überhaupt nicht erwerbstätig sein, sondern am liebsten als »Frau an seiner Seite« durchs Leben gehen. Ebenfalls deutlich im Mehrheitsbereich liegt die Zahl der Frauen, die sich in einem Teilzeitjob am wohlsten fühlen würden. Einen Full-Time-Job streben hauptsächlich Ostfrauen an, von denen sich 42 Prozent nach den Zeiten der DDR-Vollzeitbeschäftigung zurücksehnen. Im Westen sinkt dieser Trend mit lediglich 17 Prozent auf Niedrigstniveau.

Nach dem Datenreport des Statistischen Bundesamtes aus dem Jahr 1997 befürworten 47 Prozent aller westdeutschen Frauen, daß »der Mann voll im Berufsleben steht und die Frau zu Hause bleibt und sich um den Haushalt und die Kinder kümmert«.

Für »EMMA« Anlaß genug, entsetzt in die Statistiken zu schauen und sich alsbald beruhigt zurückzulehnen, weil die Zahlen auf das Konto der bereits außer Konkurrenz laufenden älteren Bürgerinnen zurückzuführen sind, die zu 80 Prozent glückliche Hausfrauen sind und den statistischen Durchschnitt verfälschen. Keinesfalls, so »EMMA«, spiegelten sie die Meinung der Frauen zwischen 18 und 30 wider. Von diesen ziehe selbstverständlich nicht jede zweite, sondern nur jede vierte ein Hausfrauendasein der Berufsarbeit vor. Für Feministinnen führen Zahlen wie diese sofort zu neuen Schuldzuweisungen an den Mann. Er könne nun mal keine Kinder bekommen. Die klassische Rollenverteilung sei für ihn am bequemsten. Solange das patriarchale System seine Verpflichtung zur außerfamiliären Kinderbetreuung weiterhin vernachlässige, habe die Frau keine andere Wahl, als auf eigene Erwerbstätigkeit zu verzichten. Außerdem dränge der Mann die Frau im Beruf stets auf die untersten Ränge, so daß trotz Quotenfrauen und Frauenförderung der große Frust umgehe und Frauen in die Armut gedrängt würden. Von ungefähr komme es ja schließlich nicht, daß laut Statistischem Bundesamt 1996 nur 10,2 Prozent aller erwerbstätigen Frauen monatlich über 5000 DM netto verdienten und nur 8,2 Prozent im mittleren Management Karriere gemacht hatten, und das, obwohl in diesem Zeitraum 42,5 Prozent aller Erwerbstätigen Frauen waren.

Auch wenn diese Zahlen wahrheitsgemäße Angaben machen, sind die daraus gezogenen Schlußfolgerungen der Hardlinerfeministinnen ebenso falsch wie dumm. Sie suggerieren nämlich, daß Frauen nur deshalb nicht erwerbstätig sind, weil Männer sie daran hindern. Von freiem Frauenwillen und freiem Entschluß gegen eine Erwerbstätigkeit, von Frauenrecht auf freie Entfaltung welcher Wunschziele auch immer und auf eigene Lebensplanung im eigenen Interesse und zur eigenen Freude ist hier keine Rede. Vielmehr wird zum Beweis der Frauenfeindlichkeit des patriarchalen Systems der internationale Vergleich angeführt. Deutschland stehe als männerfreundliche Domäne, sprich: frauenfeindliches Land, ganz oben auf der EU-Liste. Während in Frankreich, Großbritannien, Spanien und Belgien weit über 30 Prozent der mittleren Führungspositionen weiblich besetzt seien, könne Deutschland weniger als 26 Prozentpunkte vorweisen. Unterboten werde es allenfalls durch die USA, wo nur etwas mehr als 20 Prozent Frauen im mittleren Management arbeiten.

Allerdings seien die USA auf der Überholspur, seit 10 Prozent der Top-Jobs bei Wirtschaftsmultis weiblich besetzt sind und die Wirtschaft Millionen-Dollar-Beträge als Entschädigung an Frauen leisten muß, die wegen ihres Geschlechtes geringere Aufstiegschancen hatten als Männer.

Lächerlicher Konservatismus herrsche in Deutschland, heißt es dazu aus der Femi-Riege. Dieser sei nur durch ein »Umdenken der Männer« zu brechen, meinte auch die als gemäßigte Feministin geltende ehemalige CSU-Frauenministerin Claudia Nolte, nach deren Erkenntnissen die Gleichberechtigung per Gesetz zwar vollzogen, aber ein »mentales Problem« geblieben sei, und zwar ein Problem der Männer. Unerwähnt bleiben in all diesen Diskussionen Arbeitsmarktfakten aus der Forschung des Instituts für Arbeitsmarkt und Berufsforschung der Bundesanstalt für Arbeit (IAB), die nachdenklich stimmen müssen. Wer weiß schon, daß von den fünf Millionen in den Jahren 1970 bis 1990 neu geschaffenen Arbeitsplätzen 70 Prozent mit Frauen besetzt wurden? Daß die Einstellungsquote für Frauen in dieser Zeit um 230 Prozent über derjenigen für Männer lag? Oder daß die Fördermittel für Unternehmer, die eine Frau einstellen, bis heute um 20 Prozent höher liegen als bei der Einstellung eines Mannes in gleicher Position?

Verschwiegen wird auch, daß trotz des Vormarsches der Frauen auf dem Arbeitsmarkt deutlich weniger Mittel für die Förderung von männlichen Arbeitslosen bereitstehen als für Frauen. Denn während Männer ausschließlich aus der immer schmäler werdenden Kasse des Arbeitsamtes gefördert werden, werden Frauen zusätzlich aus immer mehr Fonds für Sonderförderungsmaßnahmen finanziert.

Allein der bürokratische Aufwand zur Berufsberatung und -hilfe für Frauen ist landesweit gigantisch. Für Nordrhein-Westfalen beispielsweise gibt die Pressestelle des Ministeriums für die Gleichstellung von Frau und Mann bekannt, daß es zusätzlich zu dem Arbeitsamt und sonstigen Frauenberatungsangeboten allein 30 staatlich finanzierte Regionalstellen »Frau und Beruf« gibt.

Ein Ziel dieses Aktionsprogramms ist es, nur dann einen im Rahmen der regionalen Wirtschaftsförderung erhältlichen Zuschuß zur Schaffung eines hochwertigen Arbeitsplatzes zu leisten, wenn die neue Stelle mit einer Frau besetzt wird. Auch in Hessen kann man einem Prospekt des Vereins »Berufswege für Frauen« entnehmen, daß es neben den offiziellen Beratungsstellen zahlreiche spezielle »Arbeitsberatungen für sozial benachteiligte Frauen« sowie aus dem Boden schießende private, aber teilweise öffentlich gesponserte Institutionen und Organisationen mit »rein frauenbezogenen« Programmen gibt. In allen anderen Bundesländern sieht es ähnlich aus. Geschätzt wird, daß es mindestens 1300 kommunale Frauengleichstellungsstellen mit teils mehrfacher Personalbesetzung sowie mehrere tausend Frauenberufsberatungsstellen und weiblich orientierte Seminarangebote gibt.

Fazit dieser Angaben ist, daß Frauen seit den 70er Jahren eindeutig die Gewinnerinnen auf dem Arbeitsmarkt sind. Dennoch stellen Radikalfeministinnen dies mit besonderer Vorliebe anders dar. Nur wenn es zu protzen gilt, werden die Karten plötzlich offen auf den Tisch gelegt. Doch welche Frau kennt sie schon, die Sonderpublikation des Arbeitsamtes anläßlich der Düsseldorfer Frauenmesse »top 95«, die schwarz auf weiß belegt, daß die permanent beschworene Benachteiligung von Frauen am Arbeitsmarkt eine Legende ist? Beweis: Im Vergleich zu Männern mit 7,8 Prozent stieg die Frauenerwerbstätigkeit zwischen 1990 und 1993 um 23,4 Prozent an, und es gilt die Faustregel, daß auch künftig »zwei von drei neuen Arbeitsplätzen von Frauen eingenommen« werden. Insgesamt, so die Bundesanstalt für Arbeit, kamen Frauen »im Kernbereich der Erwerbstätigkeit, in der sozialversicherungspflichtigen Beschäftigung, besser durch die schwerste Rezession der Nachkriegszeit als die Männer«. In Zahlen ausgedrückt, »seit dem Beschäftigungsrekord im Herbst 92 verloren die Frauen nur 200 000 Arbeitsplätze – die Männer dagegen fast 800 000«. »Rückenwind für Frauen« heißt es in dieser Publikation.

In Zeiten, in denen es den Radikalfeministinnen und ihren Trabanten opportun erscheint, die eigenen Leistungen unter den Scheffel zu stellen, erfährt die Welt, der Wind stütze den Rücken der alle Förderung erhaltenden Männer und blase den mausbeinallein gegen eine ungerechte Männer-Mafia ankämpfenden Frauen hart ins Gesicht.

Auch Männer schließen sich der Schelte des eigenen Geschlechtes an und meinen wie Ansbert Kneip in der »SPIEGEL«-Serie zur »Bilanz im Geschlechterkampf« (10/1998): »Allen Frauenförderplänen, Gleichstellungsbeauftragten und Existenzgründerinnen-Programmen zum Trotze – außer bei den geschlechtsneutralisierenden Schrägstrichen in den Stellenanzeigen hat sich die Arbeitswelt kaum verändert: Frauen werden Lehrerin, Grafikerin, Verkäuferin, Männer bleiben Direktor, Layoutchef und Filialleiter. Frauen kriegen Kinder und machen den Haushalt, Männer kriegen Dienstwagen und machen Karriere.«

Selbstverständlich liefert Kneip auch sofort die Erklärung für diese Mißstände mit. »Männer sind die besseren, die erfahreneren Schweine und damit für den Machtkampf besser gerüstet.« Ein Machtkampf übrigens, den er an anderer Stelle nicht nur als Kampf der »Schweine« sondern als »Rattenrennen um Karrieren« bzw. als »Schlacht« bezeichnet. Darf es da verwundern, daß so viele Frauen sich weigern, Schwein bzw. Ratte zu werden und in die Schlacht zu ziehen? Daß immerhin jede vierte junge Frau bis 30 und jede dritte bis 45 gern und aus freien Stücken zu Hause bleiben, Vollzeit-Mutter sein möchte? Daß die Mehrheit aller Frauen einen frauentypischen Beruf ergreifen möchte, obwohl dieser aus vielerlei Gründen geringere Bildungsanforderungen stellt sowie niedrigere Karriere- und Einkommensmöglichkeiten bietet als ein männerspezifischer? Daß abermals die Mehrheit gar keine große Karriere anstrebt, weil sie zum Beispiel die dazu erforderliche Höchstleistung, den zugehörigen Streß, den Termindruck, das Mobbing oder die eingeschränkte Freizeit nicht in Kauf nehmen möchte? Daß Frauen ihre Selbstverwirklichung ähnlich sehen wie eine meiner besten Freundinnen, die mir schrieb: »Du weißt, ich habe neun Jahre als Grafikerin gearbeitet, bin jetzt seit acht Jahren Hausfrau und Mutter. Dabei habe ich festgestellt, daß ich heute freier, selbstbewußter und eigenverantwortlicher bin als je zuvor. Während meiner Arbeitszeit bekam ich wie die meisten berufstätigen Menschen unmißverständliche und gehorsam umzusetzende Anweisungen, wobei all die Jahre das Gespenst der Entlassung drohte, das Mobbing am Arbeitsplatz gerade von Frau zu Frau bedrückte, Erfolge nie meine eigenen, sondern stets die des Betriebes waren, auch wenn nur ich daran gearbeitet hatte, und der Zwang zur Modeklamotte meinen Geschmack bestimmte. Kann das irgendwer in vollem Ernst als Selbstverwirklichung ansehen? Ich sage Dir, als Hausfrau bin ich mein eigener Chef. Ich teile mir meine Arbeit und meinen Tagesablauf selbst ein. Und wenn ich meine Sache gut mache, ist dies mein ganz persönlicher Erfolg. In dieser Aufgabe verwirkliche ich mich wahrhaftig selbst und zugleich auch mein familiäres Umfeld. Glaube mir, ich fühle mich im Hausfrauenberuf emanzipierter denn je! Und wenn ein Wermutstropfen hineinfällt, dann wird er mir allenfalls von früheren Kolleginnen eingeschenkt, die mich gelegentlich anrufen oder besuchen und irgendwann so dumme Fragen stellen wie die, ob ich nicht das Gefühl hätte, etwas im Leben zu versäumen, oder mich in meinem Windel-Küche-Putzlappen-Dasein nicht langweilen müsse. Du kennst mich. Du weißt, daß ich manchmal ganz schön aus der Haut fahren kann. Bei solchen Fragen komme ich jedesmal in die Versuchung. Bis jetzt habe ich mich immer noch beherrschen können und meinen lieben Ex-Kolleginnen zu erklären versucht, daß keine einzige von ihnen einen vielseitigeren Job mit mehr Verantwortung hat als ich jetzt. Sie lächeln mich dann so milde an, so edel und Cindy-Crawford-gelockt und sagen solche Sätze wie, daß ja eine von uns etwas für die Sicherheit der Renten tun und Kinder bekommen müsse und ich dafür die Quotenfrau des Teams sei. Meistens verabschieden sie sich, sobald meine Lisa sie mit Nutella-Fingern angegrabscht hat. Und

Du, ich muß Dir was anvertrauen – wenn ich weiß, daß eine dieser das Bruttosozialprodukt erwirtschaftenden Megären zu Besuch kommt, stelle ich das Glas jedesmal in beste Kinderreichweite. Ob das jetzt emanzipiert ist oder eher typisch hausfrauendümmlich-rachsüchtig-schadenfroh-hinterlistig, stelle ich Deiner persönlichen Analyse anheim.«

Plädoyers wie dieses aus Hausfrauenmund fallen für Hardlinerfeministinnen bedauerlicherweise als indiskutabel unter den Tisch. Das selbstverständliche Selbstbestimmungsrecht der Frau über ihre eigene Person inklusive Lebensplan gilt offenbar nur so lange, wie das feministische Strickmuster stimmt und die freie Auswahl nach dem Motto abläuft: Du darfst dir einen Pullover aussuchen, den roten oder den roten.

Ideologiegetreu wertet auch Ansbert Kneip die Lebensplanungen von Frauen mißbilligend ab: »Viele Frauen bleiben lieber zu Hause, lernen das Falsche, setzen sich nicht durch und blockieren sich auch noch gegenseitig. Die Männerwelt dankt ... Für die Männer ist es außerordentlich komfortabel, daß so viele Frauen sich bereitwillig ins Muster fügen und in die Küche stellen.«

Dem kritischen Betrachter der Szene kann nicht verborgen bleiben, daß der Hardlinerfeminismus einen den Interessen der Allgemeinheit der Frauen entgegenstehenden Arbeitskampf mit dem Ziel der Zerstörung von Familienstrukturen sowie der Verdrängung von Hausfrauen und der Eliminierung von Männern führt, welche die Arbeitsplätze besetzen, die Feministinnen für Frauen beanspruchen.

Wissenschaftlich erwiesen ist, daß Volkswirtschaften wie diejenigen Deutschlands und aller ähnlich reifen, fest etablierten Staaten maximal zwei Drittel der ihnen zur Verfügung stehenden Arbeitskräfte benötigen, um ihr Bruttosozialprodukt zu erwirtschaften und zu erhalten. Mit anderen Worten, für ein Drittel der arbeitsuchenden Bevölkerungsanteile ist die Arbeitslosigkeit vorprogrammiert. Abhilfe könnte nur geschaffen werden, indem zusätzliche Arbeitsplätze entstehen.

Da alles feministische Machtgerangel bislang keine neuen,

andersartigen, speziell für Frauen vorgesehenen Arbeitsplätze geschaffen hat, muß jede dem Hausfrauenleben entfremdete und ins Erwerbsleben strebende Frau zwangsläufig mit einem Mann um den nur einem von beiden zur Verfügung stehenden Arbeitsplatz konkurrieren. Auf diese Weise ist bislang jedes mit Steuergeldern subventionierte Frauenförderprogramm gleichzeitig ein Männerverdrängungsprogramm. Angesichts dessen, daß niemand seinen Arbeitsplatz freiwillig räumen will, muß das Mobbing mit aggressiven Mitteln betrieben werden. Das Lieblingsmittel der Frau sind moralische Waffen. Folgerichtig also, daß Männer diffamiert werden.

Ebenso wahr ist, daß zahlreiche Frauen, die durch eine gehirnwäscheartige Überflutung mit feministischen Abwertungsparolen sich ihrer Hausfrauentätigkeit schämen bzw. in der Erwerbstätigkeit das »gelobte Land« erwarten, mit Hilfe berufsfördernder Frauenprogramme unmittelbar in die Arbeitslosigkeit gelockt werden.

Freilich, ein eigenes Einkommen erhalten sie auch so, denn an dieser Stelle fallen sie als Bedürftige der staatlichen Unterstützungspflicht anheim. Der Unterschied besteht nur darin, daß das erhoffte eigene Einkommen aus dem Topf der Solidargemeinschaft entnommen, nicht aber für die zuvor als Lebensrechtfertigung gepriesene Erwerbstätigkeit gezahlt wird.

Viele Frauen, die prinzipiell gern Hausfrau und mit dieser Aufgabe glücklich geworden wären, aber nicht zu den geschmähten erwerbslosen »Duckmäuserinnen« und »Sklavinnen« gehören wollten, fühlen sich in die Erwerbstätigkeit gedrängt, fast gezwungen, um vor sich selbst und anderen als emanzipierte, moderne Frau dastehen zu können.

Einmal mehr drängt sich der Verdacht auf, daß es den Hardlinerfeministinnen einzig darauf ankommt, die eigene Zukunftsvision von der hausfrauenfreien Gesellschaft, der außerfamiliären Kindererziehung und der Auflösung traditioneller Familienstrukturen zu verwirklichen. Jede »Frau an seiner Seite« ohne Erwerbstätigkeit, ja, sogar jede, die einen Halbtagsjob anstrebt, ist der Realisierung dieser Utopie hinderlich. Wie bösartig die »Frau an seiner Seite« und ihr Ehepartner von Frau zu Frau diskreditiert werden, läßt sich beispielsweise an einem Beitrag nachweisen, den die Expertin für alleinerziehende Mütter und Frauenerwerbsarbeit Dr. Gunhild Gutschmidt in »EMMA« (5–6/97) schrieb. »Wer reißt das Loch in die Rentenkassen?« heißt es da. »Die Frauen, die nicht genug Kinder kriegen? Im Gegenteil. Es sind die Männer, denen die Solidargemeinschaft die Hausfrau finanziert.«

Für Frau Gutschmidt liegt diese Behauptung auf der Hand. Denn anstatt »die sachlich naheliegende Überlegung, Ehemänner für ihre nichterwerbstätigen Frauen zu Rentenbeiträgen zu verpflichten« und sie »für die Vorteile, die sie aus der Hausfrauenehe ziehen« zur Kasse zu bitten, kostet es »derzeit einen männlichen beitragspflichtigen Arbeitnehmer keinen einzigen zusätzlichen Pfennig an Rentenbeiträgen«, wenn seine »Ehefrau den Anteil ihres Mannes an Hausarbeit und Kindererziehung mit übernimmt – und ihm somit den Rücken für eine ununterbrochene Karriere freihält, unbelastet von häuslichen Pflichten.« Während also laut Frau Gutschmidt die »Solidargemeinschaft« der beitragspflichtigen Arbeitnehmerinnen und Arbeitnehmer für »eine nichterwerbstätige Hausfrau zahlt«, postuliert sie, daß »alleinerziehende Mütter ein Sechstel ihres gesamten Lebenserwerbseinkommens bezahlen für die Hinterbliebenenrente einer nichterwerbstätigen Hausfrau«.

»Witwenrente«, so Frau Gutschmidt weiter, »ist der ›Lohn‹ für die ›richtige‹ Partnerwahl« und werde auch dann von alleinerziehenden Erwerbstätigen durchschnittlich »mit einem Sechstel ihres Einkommens« finanziert, wenn die Rente der Nur-Hausfrau weit höher liege als die der Erwerbstätigen selbst.

Für die »Frau an seiner Seite« klingt dieses hohe Lob der alleinerziehenden Mutter, die lieber feministisch-ledig, erwerbstätig, aber arm bleibt, als glücklich verheiratet »nur« Hausfrau zu sein, verdächtig nach Neid. Die pure Mißgunst schlägt durch, wenn Frau Gutschmidt ihre Wut auf die in ihren Augen nichtswürdige, gesellschaftlich null Leistung erbringende Nur-Hausfrau als Luxusartikel ihres Ehemannes in Worte kleidet und sie mit feministischem Rundumschlag als Schmarotzerin am Fleischtopf der einzig wahren Leistungsträgerinnen, den erwerbstätigen Frauen, diskreditiert.

Oder soll Mitleid geweckt werden mit der armen Erwerbstätigen? Soll sie als Opfer dastehen? Wieder einmal? Schutzbedürftig? Greinend nach dem starken Arm von Vater Staat rufend, der endlich die erwerbstätige Tochter als Goldmarie erkennen und belohnen soll, indem er die nichterwerbstätige faule als Pechmarie bestraft und ihr nimmt, um der anderen zu geben?

Welche unterschwellige Botschaft auch immer sich zwischen Frau Gutschmidts Ausführungen verstecken mag, eine ist offenkundig zu kurz gekommen. Und zwar die Botschaft von der Freiheit der Entscheidung, die in unserem demokratischen Lande glücklicherweise jedermann zusteht, auch Frauen.

Von Schwester zu Schwester

Die Entfremdung der Geschlechter ist in ihren Ursprüngen nichts Frauenspezifisches. Nicht eine Seite, nein, beide, Frauen wie Männer, haben im Lauf der Zeit aufgehört, einander zu achten. Ein Großteil der Verantwortung dafür kommt dem Katholizismus zu, der Frauen jahrhundertelang als Ausgeburten der Sünde abstempelte und bis heute in entscheidenden Bereichen des Kirchenlebens als unwürdig deklariert.

Völlig konform mit der Kirchenlehre fürchteten die Herren der Schöpfung die Verlockungen des »Weibes«, die sie angeblich um die ewige Seligkeit bringen würden. Angstvoll glaubten sie den Warnungen der Gottesmänner, daß Frauen die Männer unterjochten, lasse man ihnen denn nur die Zügel schießen, und behandelten sie schlechter als ihre Haushunde. Analog dazu fürchteten Frauen die Macht über sie ausübenden Männer.

In unserer aufgeklärten Zeit, in der die Geschlechter theoretisch soviel übereinander wissen wie nie zuvor, hat die Kirche ihre Macht zwar weitestgehend verloren. Auch werden heutzutage allenfalls noch die zum Zölibat verpflichteten Priester in Angst und Schrecken vor den weiblichen Verführungskünsten gehalten. Dennoch ist eine innere Fremde der Geschlechter geblieben. Außer in Zeiten heftiger erster Liebe hat keiner so recht für den anderen Verständnis und Muße. Das Geldverdienen und die Karriere mit ihrem Anspruch zur sogenannten Selbstverwirklichung erreichen immer höheren Stellenwert. Wie seit jeher treten Klischees und mehr noch der Sex an die Stelle echter Gespräche. Statt einer den anderen ernst zu nehmen und zu fragen, was wirklich in ihm vorgeht, reduzieren Frauen wie Männer ihr Interesse aneinander mehr und mehr auf die nonverbale Körpersprache und Informationen aus dritter Hand. Der Austausch mit Freund/innen sowie der Medienkonsum ersetzen die unmittelbare Aussprache des Paares. Vermutungen, Vorurteile und Phantasie erzeugen Wunschbilder, die für Realität genommen werden. Paßt die erfundene Realität nicht zu der erlebten Realität, wird auch dies wieder in neue Phantasien, neue Illusionen und falsche Realitäten umgesetzt.

Vermutungen, Verdächtigungen, Ängste und Phantasien sind die Bausteine jeder zwischenmenschlichen Beziehung, wie die Psychoanalyse weiß. Für den schwächeren Partner sind diese Bausteine besonders wichtig, weil er durch genaue Beobachtung die Fähigkeit zu ihrer perfekten Anwendung erwirbt und dann in der Lage ist, den stärkeren Partner zu manipulieren.

Frauen, die jahrhundertelang unterlegen waren und in Angst leben mußten, entwickelten ein nahezu seismographisches Gespür für Stimmungen, unausgesprochene Gefühle und dergleichen mehr. Sie lernten, Beobachtungen zu addieren, Erfahrungen zu berechnen und vorausschauende Schlüsse zu ziehen. Diese konnten mit Hilfe der Phantasie variiert und zu Mutmaßungen umgedeutet werden. Aus der Summe der Querverbindungen erwuchs die Fähigkeit zu vorbeugendem Verhalten. Dieses bot Schutz.

Seit den siebziger Jahren haben insbesondere Frauen teils aus wissenschaftlichen Erkenntnissen, teils aus eigenen Beobachtungen geschlossen, daß nicht die Natur, sondern die sogenannte Sozialisation, das Lebensumfeld also, Menschen zu dem macht, was sie sind, und daß dies stets zum Nutzen des Stärkeren geschieht. Spätestens seit diesem Zeitpunkt versuchen Feministinnen intensiv, den Mann umzuerziehen, damit er weiblicher, und die Frau umzuerziehen, damit sie männlicher werde.

Da Frauen seltener mit Muskelkraft, dafür mit um so größerer Eloquenz ausgestattet sind, nutzen sie spätestens seit den siebziger Jahren die ihnen verfügbare Macht des Wortes mit kluger öffentlichkeitswirksamer Berechnung. Das heißt, sie führen nicht mehr nur private, sondern zunehmend auch politische Diskurse und nutzen dabei sehr geschickt ihre Intuition zum Erfolg. In jüngster Vergangenheit lancieren sie zu diesem Zweck bestimmte frauenfreundliche Themen in erfolgversprechende Verbreitungskanäle. Sie tabuisieren ein Problemfeld und proklamieren ein anderes. Sie schlagen Töne an, die ankommen, und andere, die Unbehagen wecken oder provozieren. Die Macht des Diskurses ist eine große, wie schon der berühmte Philosoph Michel Foucault ausführte. Immer öfter müssen Männer erleben, daß die neuen Wortführerinnen ihnen bildungsmäßig überlegen sind, die Verbreitungskanäle besser nutzen und in Positionen schlüpfen, die der Mann unvorsichtigerweise als für sich selbst uninteressant befunden und zu spät als bedeutungsvoll erkannt hat.

Mit dem Anwachsen der von Frauen ausgeübten Macht steigt die im Unterbewußtsein schlummernde Befürchtung des Mannes, eines Tages zu unterliegen. Ausgehend von der Mutter als der stärksten Frau im Leben eines Kindes, manifestiert sich in tiefster Seele, dem inneren Kind des Mannes, die Vorstellung, Frauen seien im Kern ihres Wesens stärker als jeder Mann.

Möglicherweise wird dieses Bild durch die Erfahrung gefördert, daß selbst in Zeiten absoluter Männerdominanz fast jeder Mann immer wieder von Frauen in die von ihnen gewünschte Richtung manövriert werden konnte. Selbst dann, wenn dies ursprünglich die gegensätzliche Zielrichtung gewesen sein sollte.

Erfahrungen mit ungeklärtem Hintergrund führen zu Ängsten. Diese regen zu mißtrauischen Beobachtungen an. Deren Fehlinterpretation erzeugt Vorurteile und neue Ängste.

Abhilfe schaffen könnten Gespräche. Doch wie schon Deborah Tannen, die Linguistin und Spezialistin für Beziehungsfragen, in ihrem Bestseller »Du kannst mich einfach nicht verstehen«, ausführte, scheinen Frauen und Männer nur identische Wörter zu benutzen. In Wahrheit heften sie unterschiedliche Aussageinhalte auf von beiden Geschlechtern verwendete Worthülsen und reden deshalb unentwegt aneinander vorbei. Wenn ich meine eigenen Erfahrungen aus Buchrecherchen zu Partnerschaftsthemen auswerte und durch persönliche Beobachtungen ergänze, die ich sammle, wenn ich zum Beispiel auf Dienstreisen unterwegs bin, möchte ich sogar einen Schritt weiter gehen als Deborah Tannen. Erschreckend viele Frauen und Männer scheinen sich nicht nur nicht zu verstehen, sondern sich tatsächlich kaum noch etwas zu sagen zu haben.

Sitzen Paare miteinander beim Essen, speisen beide schweigend vor sich hin, blicken kaum auf, verlangen murmelnd allenfalls nach einem Glas Wein, etwas mehr Soße, einem weiteren Pommesstäbchen. Nach dem Essen schauen sie aneinander vorbei, ungeduldig mit den Fingern am Stiel des Weinglases fingernd, sich manchmal räuspernd, aber außer ein paar wenigen dürren Worten über die Qualität der genossenen Speisen oder der ach so langsamen Bedienung verstummend.

Ganz junge Pärchen halten es ebenfalls eher mit stummen Lippenbekenntnissen, wenn auch angenehmerer und lustvollerer Natur. Und die »mittelalterlichen«, die meist mit Kindern auftauchen, haben à la Reinhard Mey »keine ruhige Minute mehr« zu einem sinnvollen Gespräch. Sind die Racker tatsächlich kurzfristig mit einem Eis oder einem Ausmalbild ruhiggestellt, sinken die Eltern erschöpft in sich zusammen, kaum fähig zu etwas anderem als einer Bemerkung über die gleich noch zu tätigenden Einkäufe oder ähnlich tiefschürfende Pläne.

Würden Frauen und Männer trotz ihrer unterschiedlichen Idiome und Interessen dazu übergehen, sich nicht nur während der vergleichsweise kurzen Zeit der ersten Verliebtheit »einfach alles« sagen zu müssen, wäre viel für die Qualität des Zusammenlebens gewonnen. Behauptungen, daß Männer generell in ihrem tiefsten Kern zwar Sexfetischisten, aber Frauenverächter sind, würden nachhaltig in den Bereich der Phantasie verwiesen. Mißtrauische Sorge und Befürchtungen, mit denen Frauen den unerbittlich nahenden Tag Null erwarten, an dem aus jedem zum Prinzen geküßten Frosch das allseits heraufbeschworene kaltblütige Ekel werden muß, das weiter nichts kann, als große Sprünge machen, nach jeder kessen Biene schnappen und blöd rumquaken, diese Befürchtungen ließen sich ebenfalls entkräften.

Ich behaupte, es ließe sich dann, wenn Frauen konkrete Wünsche äußerten und Männer somit konkrete Anweisungen für die ihnen relativ ungewohnten Haushaltstätigkeiten erhielten, sogar leicht eine Lösung für das Problem der lästigen Hausarbeit finden.

Anders als das öffentlich so gern und oft gezeichnete Bild vom stinkfaulen Pascha sind die meisten Männer keineswegs geborene Haushaltsmuffel. Sie werden von Müttern, Freundinnen und Ehefrauen dazu erzogen, indem sie von Kindheit an von Haushaltsaufgaben ferngehalten und in der ersten Zeit der festen Beziehung von ihren Freundinnen oder jungen Ehefrauen nicht nur selbstlos, sondern mit hingebungsvoller Freude verwöhnt werden.

Aber wieviel einfacher wäre es doch, würden Männer ihren Frauen ausdrücklich mitteilen, am angenehmsten in einem lieben Ton und mit der Bitte um Verständnis, was konkret sie im Haushalt nie gelernt haben, was sie gezeigt bekommen möchten oder warum sie etwas nicht bzw. nicht jetzt tun möchten. Warum sollen Frauen immer von selbst, ganz automatisch wissen, daß die scheinbar immer so starken Männer manchmal auch bloß müde sind oder tatsächlich mal faul oder keine Lust haben oder genervt sind oder ihr Kreuz und die Füße spüren oder Kummer haben, der irgendwie quersteckt? Und warum glauben Männer, dies nicht verraten zu dürfen, weil sie sonst nicht mehr als Männer respektiert werden?

Und fällt denn Frauen wie Männern wirklich ein Zacken aus der Krone, wenn sie ihn ruft und ausdrücklich bittet: »Bring bitte den Mülleimer nach draußen«, und er antwortet: »Gern, gleich, aber laß mich noch rasch die Nachrichten sehen.« Oder wenn sie ihm Bettzeug in die Hand drückt und sagt, dieses bestimmte Bett sei zu beziehen, und zwar jetzt, und sich nichts daraus macht, wenn er einen schiefen Mund zieht oder gar zu nörgeln beginnt? Oder wenn er gesteht, daß er Riesenärger mit dem Chef hatte und nicht weiß, wie er sich morgen verhalten soll, und deshalb nun absolut keine Energie und Geduld hat, mit dem kleinen Sohn ein Puzzle zu legen, sondern lieber mit dem Hund Gassi geht oder ein Bad nimmt? Daß sie dann nicht gleich denkt, was für eine Memme er doch ist, daß ihn so ein bißchen Ärger mit dem Chef gleich aus der Bahn wirft?

Haushalt und Miteinanderleben sind von den Anforderungen eines Erwerbslebens so grundverschieden wie nur etwas. Während das Arbeitsleben seine klaren Strukturen, Hierarchien und wiederkehrenden Gesetzmäßigkeiten hat, ist das Familienleben ein ständiges Improvisieren. Weder Männer noch Frauen, die ausschließlich oder überwiegend an die Anforderungen des Erwerbslebens gewöhnt sind, können sich ohne weiteres auf die Erfordernisse des Familienlebens umstellen. Es fällt schwer, acht Stunden täglich Befehlsempfänger zu sein, dessen persönliche Kreativität womöglich nicht gefordert ist, und mit dem Aufschließen der eigenen Wohnungstür ein ganz anderer zu sein, nämlich jemand, der spontan erkennt wie und wann eine Arbeit erledigt werden muß, ohne erst eine Anweisung dafür zu bekommen.

Während Frauen von Kind auf an Hausarbeiten herangeführt werden und Techniken wie Bügeln, Wischen, das richtige Auswringen eines Putzlappens und den Gebrauch von Nähzeug der Mutter abschauen, erlernen Jungen diese Aufgaben nicht oder nur sporadisch. Andererseits kommt es immer noch vergleichsweise selten vor, daß Mädchen den richtigen Gebrauch von Bohrmaschine, Säge oder Hobel erlernen.

Als Mutter von drei Söhnen wundert mich nur, wieso Frauen zwar ständig über »faule Paschas« stänkern, während sie als Mütter alle Möglichkeiten in der Hand hätten und dennoch nicht nutzen, ihre Söhne entsprechend zu erziehen, so daß diese bereits als Kinder einen anderen Blick für im Haushalt anfallende Tätigkeiten entwickeln können und später keine »Faulenzer« werden. Aus eigener Erfahrung weiß ich, daß meine Söhne schon vor Beginn des Kindergartenalters und besonders während der Zeit bis in die ersten Grundschulklassen ebenso wie die Töchter meiner Freundinnen beim Abwaschen helfen, kochen und bügeln lernen wollten und interessiert zu nähen versuchten. Mein Jüngster benähte mit acht, neun Jahren sein Lieblingsschmusetier, einen Fuchs, ebenso begeistert mit Westen und Kitteln und stichelte an Kreuzstichmustern, wie er mit der Laubsäge hantierte oder Lego-Burgen konstruierte. Heute eifert er mit Begeisterung seinen Brüdern nach, die mir oft genug ohne jede Aufforderung zum Beispiel das Kochen abnehmen und mich vom PC weg an den fertig gedeckten Tisch rufen.

Ich denke, dies alles ist eine Frage der Erziehung, nicht der angeborenen Toleranz bzw. Ignoranz. Allerdings: Einen erwachsenen Mann umerziehen zu wollen, ist meist ebenso vergebliche Liebesmüh wie der Versuch, eine emanzipierte Frau zu verändern. Der alte Spruch, daß Hans nimmermehr lernt, was Hänschen nicht gelernt hat, gilt bis heute.

Ein zweites ewiges Streitthema zwischen Lebenspartnern sind die Kinder. Läßt sich die Hausarbeit noch vergleichsweise einfach in Blöcke einteilen und nach Zeittakten erledigen, sind Kinder unberechenbare Größen. Vor allem dann, wenn sie spüren, daß etwas Besonderes von ihnen erwartet wird, spielen sie vorzugsweise die Macht ihres Widerstands aus. Ob es um einen Besuch geht oder nur die frische Hose, die in Sekundenschnelle in der nächstbesten Pfütze ausgetestet werden muß, oder ob ein wichtiges Telefonat anliegt, das die Mutter führen will, und ausgerechnet dann im Haus der Bär los ist. Nie kann man genau vorhersagen, was passieren wird. Beständige Wachsamkeit aber ist Schwerstarbeit.

Männern oder Frauen ohne Kinder fällt es schwer, sich vorzustellen, wieviel Energie es frißt, rund um die Uhr in Hab-acht-Stellung wegen der Kinder zu sein. Ich erinnere mich an eine Szene, als meine Jungen noch klein waren und ich zwei Stunden mit ihnen an einem Spielplatz war, über den ein riesiges Kletternetz gespannt war. Das Netz war wunderbar, aber nur für größere Kinder geeignet. Meine Rangen hätten bei einem Ausrutscher auf den Seilen noch locker durch die Maschen gepaßt, und der Boden darunter war von sparsamen Stadtvätern nur spärlich sandbedeckt worden. Für mich waren es aufreibende zwei Stunden, in denen ich unablässig wachsam blieb, um bei einem Absturz möglichst rechtzeitig vor dem Bodenkontakt da zu sein. Und das nicht nur mit Blick auf einen abenteuerlustigen Knaben, sondern zwei im Altersabstand von fünf Jahren. Das heißt, der eine schon wagemutig in luftigen Höhen, der jüngere jederzeit bereit, dem großen Bruder zu folgen. Auf dem Heimweg vom Spielplatz traf ich eine Freundin, die mich spontan auf eine Tasse Tee einlud. Sie war kinderlos, mit einer Wohnung, in der alles wie geleckt an seinem Platz stand und vieles absolut verlockend für kleine Entdecker, aber kostbar genug war, nicht heruntergenommen und begrabscht zu werden. »Du, sei nicht böse«, sagte ich deshalb, »aber ich bin zu müde jetzt. Ich hab zwei Stunden auf dem Spielplatz hinter mir.« – »Spielplatz?« lachte meine Freundin mich aus. »Und davon bist du so mit den Nerven fertig? Also, nee, ihr Nur-Hausfrauen! Ihr seid ja gut! Du hast da doch bloß rumsitzen und nach den Buben gucken müssen. Es ist ja nicht mal was passiert. Was soll ich da erst sagen, wenn ich den halben Tag lang vom Diktiergerät abtippen muß und der Chef, dieser Elendsnuschler, die Zähne nicht auseinanderkriegt, so daß du jeden Satz dreimal abspielen mußt, ehe du ihn hast?«

Erst später, zu Hause, ist mir damals eingefallen, was ich hätte dagegenhalten können. Zum Beispiel, daß ein Bademeister den ganzen Tag nichts anderes tut, als aufzupassen, damit niemand ertrinkt, und daß er selbstverständlich auch dann dafür bezahlt wird, wenn nichts passiert ist, einfach weil Aufpassen Arbeit darstellt. Der Unterschied zwischen dem Aufpassen des Bademeisters und dem Aufpassen der Mutter liegt in der Bezahlung. Und daß einzig das Geld regelt, was Arbeit ist und was nicht.

Ich habe diese Episode damals meinem Mann erzählt. »Ja und«, meinte er. »Hätt'st ja mit ihr Tee trinken gehen können. Ist doch ihr Problem, wenn in ihrer Wohnung was kaputtgeht. Sie weiß doch, daß die Kinder dabei sind. Nimm doch nicht anderen die Entscheidung ab, was gut für sie ist.« Typisch Mann, dachte ich und war wütend, weil er in seiner pragmatischen Art schon recht hatte, ich aber für meine rücksichtsvolle Umsicht hatte gelobt werden wollen. Zum Glück habe ich diese Wut herausgelassen, und zwar nicht mit stummem Türenknallen, schweigendem Schmollen und abends Migräne, sondern ganz direkt mit meinem unmißverständlich ausgesprochenen Wunsch nach Anerkennung. Es war ein Schlüsselerlebnis, zu spüren, daß wir einander verstehen, wenn wir uns nicht nur Fakten, sondern auch Hintergründe und Zielvorstellungen mitteilen.

Leider bringen Frauen und Männer nicht nur sich selbst in die Beziehung ein. Auch wenn es heißt, niemand heiratet seine Schwiegermutter oder seinen Schwiegervater mit, so ist in Wahrheit doch das Gegenteil der Fall. In jedem von uns stecken die Gene und die Erfahrungen, die Lehren und Vorbilder der Eltern, der Großfamilie, der vielleicht unterschiedlichen Kulturkreise, und sind diese auch nur zwei Dörfer entfernt anzusiedeln. Es wäre so wichtig, diese Hintergründe genauer kennenzulernen, ehe man sich entschließt, miteinander auf immer und ewig leben zu wollen. Zu sehen, wie die Eltern des Partners leben, wie sie denken, welche Erwartungen, Befürchtungen, Phantasien sie haben und welche Teilstücke davon sie ihrem Kind »vererbt« haben, würde später manche unliebsame Überraschung ersparen.

Bedauerlicherweise lassen heutige Pärchen sich kaum Zeit, die Seele des anderen zu erkennen, ehe der Körper erforscht und auf dieser Ebene eine Intimität hergestellt wird, die dazu verführt, Verliebtheit und Leidenschaft für Liebe zu halten. Wenn dann eine gemeinsame Wohnung bezogen wird und die Siebensachen zusammengeworfen werden, wird *frau* plötzlich von der Entdekkung überrollt, sich einen Pascha angelacht zu haben, der von ihr erwartet, daß sie seine Wäsche und die Wohnung in Ordnung hält, einkaufen geht und kocht und ihm in der Zwischenzeit gern gönnt, daß er mit einem Freund zum Tennisspielen forteilt.

Hätte sie zuvor seine Elternhauserfahrungen kennengelernt und diese Punkte des Zusammenlebens ausführlich mit ihrem Liebsten besprochen, wäre die Harmonie leichter zu erhalten gewesen. Sie würde vermutlich festgestellt haben, daß die Schwiegermutter den Haushalt allein schmeißt und stolz darauf ist, noch im Alter keine fremde Hilfe zu benötigen. Wahrscheinlich hätte sie auch bemerkt, daß der Schwiegervater im Haushalt keinen Finger krümmt, es sei denn, es handelt sich um einen tropfenden Wasserhahn. Allein aus diesen Beobachtungen könnte der Rückschluß gezogen werden, daß der Sohn solcher Eltern die Rollenverteilung von Eheleuten ganz ähnlich erwartet.

Eine Frau, die mit offenen Augen durchs Leben geht, würde dem gängigen Vorurteil, daß Kerle nun mal geborene Paschas sind und sich einbilden, wegen der Gene so sein zu müssen, wie sie sind, weniger leicht anheimfallen. Statt dessen würde sie realisieren, daß ihr ganz privater Pascha weniger von den Genen als vielmehr von der eigenen Mutter und dem Vorbild des Vaters geprägt wurde, und würde dann in langen, vertrauensvollen Gesprächen mit ihm eine von ihnen beiden zu akzeptierende Lösung erarbeiten können, anstatt ein Feindbild aufzubauen.

Die Frage ist nur, wird dieselbe Frau, die ihren Pascha verabscheut, nicht zugleich von sich selbst erwarten, die perfekte, ihren Mann versorgende Hausfrau sein oder doch werden zu müssen? Werden nicht auch ihre eigene Lebenserfahrung und das Vorbild der eigenen Elternbeziehung dieses Bild geprägt haben, so daß sie letztlich innerlich zu schwach ist, gegen die Erwartungen ihres Partners wie auch gegen ihre eigene innere Stimme anzukämpfen? Wird sie dann nicht eher die Beziehung abbrechen als diesen Kampf ständig zu verlieren? Ganz besonders mit der im feministischen Diskurs erworbenen Information, daß Frauen und Männer eben nicht zusammenpassen und daran im Endeffekt der Mann schuld ist, der sich einfach nicht abgewöhnen kann, Frauen wie Schuhputzer zu behandeln und auszubeuten.

Schon an diesen wenigen alltäglichen Beispielen wird klar, welche entscheidende Rolle den Mythen zukommt, die Frauen und Männer sich über das andere Geschlecht aufgrund von Vermutungen, Phantasie und Verdacht zurechtgelegt haben. Von Schwester zu Schwester gesagt: An der Enträtselung dieser Mythen zu arbeiten, müßte die neue Stufe der Frauenbewegung sein. In einer Stimmung, in der statt Kampfgeschrei und Forderungen freundschaftliches Miteinander und der Wille zur Toleranz ebenso selbstverständlich herrschen wie das Bewußtsein der angeborenen Gleichberechtigung, könnte dies gelingen.

Wäre dies nicht weitaus beglückender, als wenn jeder den jeweils anderen perfekt demoralisiert, entmutigt, herunterputzt und ein für allemal in seine Grenzen weist? Würde ein neu erwachtes zwischenmenschliches Interesse, dessen Basis nicht die Angst vor Landverlusten, sondern die Vorfreude auf gemeinsam bestelltes Neuland wäre, nicht endlich dazu führen, daß Frauen wie Männer einander nicht nur unter größter Selbstüberwindung etwas Lobendes, Nettes sagen und antun können – ohne gezielte sexuelle Absicht, einfach so, im Vorbeigehen, aber aus warmem Herzen?

In den USA zum Beispiel ist ein »I love you« fast so selbstverständlich wie der tägliche Gruß. Keine Formel, nur für Liebespaare reserviert. Mütter sagen es ganz selbstverständlich zu ihren Kindern, man sagt es am Telefon und auf offener Straße, unter Briefen schreiben sich Freunde ein »love« statt freundliche Grüße. Kritiker mögen behaupten, es sei eine seichte Allerweltsrede, eine Worthülse. Wahr ist, daß es zumindest eine schöne Hülse ist, wiederverwendbar, zur Weitergabe empfohlen. Etwas, das in der nüchternsten Alltagslaune einen Hauch von Nähe, Wärme erzeugt. Schaden könnte es in unserer coolen Zeit jedenfalls nicht.

Der »neue« Mann

Wie immer, wenn sich eine Welle hochgeschaukelt hat, schwingt ihr eine andere entgegen. Diese andere ist heute die neue »Männerbewegung«, die der »Frauenbewegung« als Antwort folgen mußte. Die modernen Männer sind nicht mehr die Männer der Vergangenheit, die Gefühle allenfalls heimlich im stillen Kämmerlein zu zeigen wagten und sich fast die Kugel zu geben bereit waren, wenn ihnen der Schmerz einmal Tränen in die Augen trieb. Die modernen Männer spüren und geben dies auch zu, daß ihnen der Geschlechterkampf ins Herz zielt und trifft. Sie sind des Krieges müde, letztlich genauso müde wie die Frauen. Und sie stehen auf, um der gesellschaftlichen Bilanz aus weiblicher Sicht diejenige aus dem männlichen Blickwinkel ergänzend beizufügen und an einem Friedensvertrag mitzuwirken.

Allen voran sind es die Väter, die sich um eine andere Art des Zusammenlebens mit ihren Familien bemühen. Die Forderungen der Frauenbewegung haben auch in Männerköpfen etwas in Gang gesetzt. Es besteht kein Zweifel daran, daß die meisten Männer, zumal die der jüngeren Generationen, die Gleichberechtigung und Gleichwertigkeit der Frau verinnerlicht haben und nach Lösungen suchen, die Interessen beider Lebenspartner miteinander zu vereinbaren. Allen anderen Überlegungen voran steht das Bewußtsein, daß Vater zu sein mehr bedeutet, als Geld zu verdienen und die Familie zu ernähren.

Während den älteren Vätern der Gedanke noch selbstverständlich sein mag, als Familienoberhaupt und Familienernährer der wichtigste Mensch im »Kleinstaat Familie« zu sein, der mit der Erwerbsarbeit sein Soll voll erfüllt, haben diese im Amtsdeutsch immer noch gebräuchlichen Begriffe für jüngere Väter einen schalen Geschmack.

Die meisten von ihnen sind durchaus gewillt, ihren Anteil an der Familienarbeit zu übernehmen, ihre Frau zu entlasten und sich aktiv als Vater in die Erziehung und Pflege der Kinder einzubringen. Daß vor allem die Hausarbeit nur für die wenigsten Väter zum Lieblingshobby wird, ist ihnen nicht zu verdenken. Auch Frauen lieben Hausarbeit nur in Ausnahmefällen. Dies bezeugte der Psychologe Henning Haase im Auftrag des Industrieverbands Körperpflege- und Waschmittel. Mit seinem im April 1997 veröffentlichten Forschungsergebnis wies er nach, daß niemand gern putzt, ausgenommen 34,5 Prozent meist ältere, als »putzwütig« deklarierte Frauen, die durch das Saubermachen Selbstverwirklichung und Selbstzufriedenheit erreichen.

Am wenigsten gern putzen alleinlebende Männer: 19 Prozent von ihnen sind regelrechte Putzmuffel, halten es aber sowieso generell mit einer »lockereren Lebensführung«, während weitere 17 Prozent anfallende Hausarbeiten zwar »zähneknirschend«, aber regelmäßig erledigen. Der Rest von 29,5 Prozent haushaltführenden Personen beiderlei Geschlechts ergibt sich in sein Los und nimmt den Haushalt »pragmatisch als notwendige Aufgabe« hin.

Durchschnittlich 4 Stunden, 13 Minuten gehen wöchentlich bei jeder haushaltführenden Person für den Hausputz drauf. Dennoch sind die meisten überzeugt, ihre Wohnung nicht ordentlich und sauber genug zu halten. Zumal wenn Besuch kommt, insbesondere die Schwiegermutter, bricht im allgemeinen Panik los.

Fensterputz und Badreinigung mag niemand so recht, doch drücken Männer sich erfolgreicher davor als Frauen. Zum Ausgleich greifen sie dafür häufiger zu Staubsauger und Bügeleisen, mögen auch Autopolieren und lassen sich leicht zum Geschirrspülen gewinnen.

Wer nun geglaubt hat, die »Frauenkampftruppe« werde diese Veränderung des Mannseins anerkennend als Erfolgsmarke auf der Zielgeraden zur Umerziehung hin zum »neuen« Mann verbuchen, der irrt. Das Gerücht, daß die Erwerbstätigkeit des Mannes weniger belastend, weniger sinnlos und daher angenehmer und auch befriedigender ist als die Tätigkeit einer Hausfrau, prägt die weibliche Anspruchshaltung oftmals nachhaltig.

Hinzu kommt die feministische Verachtung der unbezahlten Hausfrauenarbeit und die öffentliche Stimmungsmache gegen jede nichterwerbstätige »Frau an seiner Seite«. Natürlich gehen die Lobreden auf die erwerbstätige Frau nicht spurlos an denen vorbei, die ihre Erwerbstätigkeit zugunsten von Familienarbeit aufgegeben haben. Wut und Scham mischen sich, wenn zum Beispiel Uta aus Freudenstadt, eine Familienfrau mit Ehepartner, zwei Kindern und einer zu versorgenden Mutter, mir schreibt: »Selbst als Klofrau an der Autobahn hat man heute ein besseres Ansehen, als wenn man Hausfrau ist, denn als Klofrau bekommt man für seine Arbeit wenigstens ein paar Mark Trinkgeld und auch ein paar Mark Einkommen. Und die paar jämmerlichen Mark heben dann das Ansehen. Da wird dann nicht die ganze Frau für schwachköpfig erklärt, sondern bloß ihre Arbeit. Ist das nicht ein Vorteil? Die einzige Person auf Gottes weiter Welt, die rund um die Uhr faulenzt, scheint die Hausfrau zu sein, die von Frauen mit einem anständigen Beruf zwar irgendwie beneidet wird, weil sie keinen Chef hat, gleichzeitig aber wie eine Leibeigene verachtet wird. Ich habe mir schon oft von anderen Frauen anhören müssen, wie gut ich es hätte, daß ich von meinem Mann unterhalten werde und mir keinen Streß wegen Karriere und Entlassung machen muß und morgens aufstehen kann, wann es mir paßt, und zum Friseur gehen kann, wann ich will. Und weiterhin habe ich mir anhören müssen, daß sie das nicht könnten wie ich, immer nur Kochen, Kinder, Putzen. Dafür hätten sie halt doch zuviel im Kopf. Und damit war wohl gemeint, daß ich eben zu wenig drin hätte und dankbar sein müßte, daß ich freie Kost und Logis bei einem Dummen gefunden habe, der eine billige Haushälterin gesucht hat.

Wenn ich manchmal sage, daß ich eigentlich Grundschullehrerin bin und aus Überzeugung zu Hause geblieben bin, setzen diese Frauen so ein gewisses Lächeln auf, ein ganz feines in den Mundwinkeln, so daß ihre Gedanken ihnen offen ins Gesicht geschrieben stehen. Eine hat es auch mal direkt gesagt. Es würden eben zu viele Grundschullehrer ausgebildet. Wer sich auf so ein Studium einläßt, müßte wissen, daß er irgendwann arbeitslos auf der Straße steht. Aber wenigstens könnte ich meinen Kindern bei den Hausaufgaben helfen. Da würde mein Mann das Geld für Nachhilfe sparen. Nicht einmal das wird einem als Hausfrau als eigene Leistung anerkannt. Es ist schließlich *mein* Studium, *mein* Abschluß, *meine* Lehrbefähigung und deshalb auch *mein* Verdienst, wenn ich mein Kind unterrichten kann. Aber nein, in den Augen von diesen Tussis ist es nur Sache meines Mannes. Er spart das Geld. Nicht ich! Ich hab ja keins. Also kann ich keins sparen. Und wenn ich seines spare, gehört es mir noch lange nicht.

Ich bin wirklich gern für meinen Mann und die Kinder da. Ich bereue es nicht, daß ich meinen Beruf aufgegeben habe. Aber wenn ich dieses Geschwätz höre, das auch noch fast immer nur von Frauen kommt, ja, da frage ich mich dann schon, wo ich eigentlich lebe?«

Aus einem vergleichsweise ungewöhnlichen Blickwinkel sieht Urs aus Baiersbronn das Leben als Hausfrau. Er ist Hausmann. Und seiner Meinung nach »noch weiter vorn auf der Abschußrampe« der öffentlichen Meinung als Hausfrauen.

Er schrieb mir: »Ich wollte schon lange mein Leben als Hausmann in einem Buch veröffentlichen. Leider war kein Verlag interessiert. In einem der vielen Absagebriefe stand, daß man für dieses Buch kein Publikum sehen würde. Jetzt schreibe ich Ihnen in Kurzform, was *keiner wissen will.* Ich bin Zahntechniker von

Beruf und seit vier Jahren hauptberuflich Hausmann und Vollzeitvater. Meine Frau schafft die Kohle ran, weil sie in ihrem Beruf erstens mehr verdient, als ich je verdienen könnte, und zweitens ein Karrieretyp ist, was ich nicht war und nie sein werde. Ich wollte immer Kinder. Meine Frau hätte es gut ohne ausgehalten. Wir haben uns dann geeinigt, doch welche zu bekommen, daß allerdings dann ich dafür zuständig wäre und meine Frau ihren Job ausbauen würde. Deshalb ziehe also ich unsere zwei Kinder groß, hüte das Haus, mache den Haushalt. Alles das eben, was sonst die Hausfrau so macht. Und – das ist vielleicht gar nicht so unwichtig – ich habe Spaß daran und *mache das gern.* Vermiest wird mir das alles nur immer wieder durch *Außenstehende.* Damit meine ich die innerhalb der Großfamilie *und* diejenigen, die unser Leben eigentlich ganz und gar nichts angeht. Meinen Vater zum Beispiel, der mich für eine Memme hält und sich schämt, wenn er nach meinem Beruf gefragt wird. Der sagt lieber, ich sei arbeitslos. Oder meine Mutter, die Probleme damit hat, daß meine Frau sich vielleicht mal scheiden lassen will und dann die Kinder kriegt und mich in der Misere sitzenläßt. Mein Schwiegervater weist gern darauf hin, daß das Haus, in dem wir wohnen, das Haus *seiner* Tochter ist. Meine Schwiegermutter überprüft bei jedem Besuch die Schränke, ob da schon der Holzwurm nagt oder die Staubflöhe hopsen. Und mein Schwager ist auch so einer. Der hat mich mal allen Ernstes gefragt, ob ich mir nicht eine *Geschlechtsumwandlung* vorstellen könnte und ob ich früher schon so einen Tick mit Weiberklamotten gehabt hätte. Seine Schwester wäre für einen wie mich eigentlich echt zu schade. Sie hätte einen richtigen Mann verdient, nicht so 'nen imitierten wie mich. Mein Schwager ist seitdem der einzige Mensch, den ich nicht mehr in meiner Wohnung sehen will. Wenn er kommt – und er kommt dann eben zu meiner Frau – gehe ich.

Am schlimmsten sind trotzdem die Zicken, die ich auf dem Spielplatz oder im Supermarkt treffe. Einesteils tun sie so, als fänden sie alles ganz klasse und als hätten sie auch gern so einen

Mann. Aber in Wirklichkeit lästern sie, was ich dann irgendwann hintenrum wieder zugetragen kriege.

Meine Frau, die muß sich auch was anhören. Das geht von ›Mega-Emanze‹ bis ›frigide Nuß‹. Wenn wir mit Freunden ausgehen, kommt es immer wieder vor, daß irgendeiner es total witzig findet, mich auf'n Bier einzuladen und meine Frau um Erlaubnis zu fragen.

Als Hausmann – das kann ich wirklich aus eigener Erfahrung sagen – steht man *ganz unten* auf der Leiter. Trotzdem, finde ich, sollten alle Männer mal 'ne Zeitlang Hausmann sein. Dann wüßten sie endlich, wie absolut frustrierend das ist, wenn der Partner von der Arbeit kommt, Scheißlaune hat, einen kaum begrüßt und sofort nach dem Essen fragt, die Gören ins Zimmer scheucht und sich dann aufs Sofa schmeißt, die Füße hoch, und fragt, was man denn so gemacht hat den ganzen Tag, und dann, wenn man gerade anfangen will zu erzählen, gar nicht zuhört, sondern sich die Zeitung krallt und wissen will, was in der Glotze läuft.

Ich war zwar nie so 'n totaler Macho, aber ich habe das durchaus auch gebracht, als ich noch Geld verdient habe. Damals hatte ich ziemliche Probleme damit, wenn meine Frau dann die Krise kriegte. Heute sehe ich das anders. Da kriege eher ich die Krise, wenn sie so ist. Ihren Job und ihr Geld raushängen läßt und mir was von Sparsamkeit erzählt und Haushaltenkönnen und dann von Aktienkursen faselt, mit denen jetzt echt *die Kohle* zu machen wäre, wenn wir bloß ein bißchen besser wirtschaften würden und mehr auf der hohen Kante hätten. Und natürlich meint sie mit *wir* dann jedesmal bloß immer *mich.* Da könnte ich die Wände hochgehen oder mich scheiden lassen oder alles zusammen.

Also aus diesem Blickwinkel war das alles auch für mich ziemlich heilsam. Weil mir ihr Verhalten eben auch den Spiegel vorhält. Andererseits …

Am heftigsten stehen auf jeden Fall unsere Kinder unter Beschuß. Mein Jüngster geht noch in den Kindergarten. Der kommt manchmal nach Hause und fragt so Sachen wie: ›Papi, warum arbeitest du denn nichts?‹ Oder: ›Papi, die anderen sagen, daß du ein Faularsch bist.‹

Meine Tochter geht schon in die Schule. Da geht es heftiger zur Sache. Da hat sie nicht bloß von den Mitschülern blöde Bemerkungen auszuhalten, sondern noch öfter von den Paukern. Da wird jede Woche mindestens einmal so ein Stuhlkreis gemacht. Die Kinder sitzen dann im Halbkreis um die Lehrerin herum und müssen erzählen, wie es zu Hause war. Wie es bei uns zugeht, ist immer Thema Nummer Eins. Da kriegt die Lehrerin nie den Hals voll. Das Übelste war, daß diese Person sich *entblödet* hat, meine Tochter zu fragen, ob sie mit mir in die Badewanne geht und ob sie morgens noch zu mir ins Bett schlüpft. Ich weiß ja nicht, was sie damit bezwecken wollte. Aber *doof bin ich schließlich nicht.* Man denkt sich schon sein Teil. Ich habe meiner Tochter gesagt, daß sie im Stuhlkreis nichts von zu Hause erzählen soll. Aber das geht natürlich auch nicht. Außerdem bringt sie ja ihre Freundinnen mit zu uns. Die sehen doch auch, daß *ich* mit der Schürze am Herd stehe und nicht die Mutter. Da gibt's *nichts zu verstecken.* Trotzdem muß ich sagen, daß ich immer so einen Anflug von Peinlichkeit spüre oder mich fast schäme, wenn die Kids kommen und mich dann so staunend angucken und so Sachen sagen wie, daß das bei ihnen immer die Mama macht und der Papa erst abends kommt.

Ich habe ziemlich viel kapiert, seit ich Hausmann bin. Das kann man sagen.

Vor allem, *daß Machos nicht automatisch Männer sind.* Frauen, das kann ich ganz getrost sagen, können genau solche Machos sein wie Männer. Und das ist kein bißchen feiner als bei Männern. Sie hätten's nur immer gern, daß es so wäre, und tun alles, um den schönen Schein zu wahren. Die nächstwichtigste Lektion war, daß Frauen und Männer und Kinder in Wirklichkeit keine Hausmänner mögen.

Meine Kinder sagen ziemlich unverfroren, daß es ihnen lieber wäre, wenn ich wie andere Väter zur Arbeit ginge. Ich glaube, ihnen ist das ziemlich peinlich, so einen Vater zu haben, der den ganzen Tag in der Wohnung herumfuhrwerkt und keine anständige Arbeit hat. Sie sagen das nicht so direkt. Und sie lieben mich auch. Sie finden es auch schön, daß ich viel Zeit für sie habe. Das ist es nicht. Aber es ist dieses Anderssein in der Gesellschaft, daß ich irgendwie so ein *gestreifter* Hund bin, wo alle anderen Kinder Papas haben, die gefleckte Hunde sind. Das ist ihnen unangenehm. Sie möchten lieber einen *Vorzeigepapa* haben, der eben nicht anders ist als andere, höchstens besser Fußball spielt oder dickere Muckis hat als andere. Daß ich damit nicht dienen kann, macht mich dann oftmals wieder traurig, und dann sehne ich mich in meinen Job zurück.

Selbst meine Frau, mit der ich mich trotz ihrer gelegentlichen Macho-Anwandlungen wirklich verstehe, hat damit ein Problem und würde wohl *liebend gern eine Haushälterin anstellen,* wenn ich wieder arbeiten ginge. Neulich sagte sie mal, daß sie Karrieretypen einfach ›more sexy‹ findet. Das gibt mir schon zu denken. Ehrlich gestanden, tut das auch ganz schön weh. Wie gesagt, als Hausmann kriegt man Treffer in die volle Breitseite, wie sonst die Hausfrauen. Heftig, kann ich da nur sagen. Sehr sehr heftig!

Allerdings fällt mir, wenn es ganz schlimm kommt, auch immer ein, daß meine Frau im Fall der Fälle *mich* unterhalten müßte, anstatt ich sie. Und daß *ich* ganz sicher die Kinder bekäme, *nicht sie.* Also, was soll's. Hausmann und in der ›Geduma-Maduma‹ (Geh-du-mal-Mach-du-mal) zu sein muß ja letzten Endes wenigstens *einen* Vorteil haben.«

Wie außerordentlich frustrierend die Hausarbeit empfunden wird und welch schlechten Ruf sie in der Gesellschaft hat, zeigt sich außer in Urs' Bericht auch daran, daß sie sowie der Streit um Geld die Spitzenplätze auf der Liste der von Frauen angeführten Scheidungsgründe einnehmen. Immer wieder ist dann zu hören, der Ehemann habe sich bedienen lassen, sich nicht an der Hausarbeit beteiligt, die Frau ausgebeutet und ihr noch nicht einmal ein Taschengeld gegönnt.

Schaut man einmal hinter solche Behauptungen, erfährt man

oft ähnliches wie das, was Heike aus Flensburg mir schrieb: »Hilfe, mein Mann ist ein Pascha! Wenn er abends nach Hause kommt, geht er zum Kühlschrank, nimmt sich ein Bier, legt die Füße hoch und läßt mich machen. Ich kriege fast täglich mit ihm Streit, weil er mir nicht helfen will. Er behauptet einfach, daß ich für den Haushalt zuständig bin, weil ich sonst keine Arbeit habe, und daß ich mir meine Zeit nicht einteile und er dann nicht dafür da ist, meine Arbeit zu machen. Außerdem wäre dafür ja am Wochenende noch Zeit. Er will statt dessen, daß ich mich zu ihm setze und Zeit für ihn habe, als wäre er ein Kleinkind, das dauernd bei Muttern auf den Schoß muß. Das halte ich nicht mehr länger aus. Ich denke bloß noch an Scheidung.«

Ich habe Heike geraten, sich doch mal in einer angenehmen Stunde mit ihrem Mann zusammenzusetzen und einen wöchentlichen Haushaltsplan mit ihm zu erstellen. Dieser könne in große Zeitabschnitte eingeteilt werden und solle alle die Arbeiten enthalten, die innerhalb der jeweiligen Zeitspanne erfüllt werden müßten. Als wichtigster Punkt solle festgehalten werden, wer welche Arbeit zu welchem Zeitpunkt übernimmt. Zusätzlich schlug ich eine Vereinbarung vor, daß keiner die Arbeit des anderen kontrollieren und bemäkeln dürfe und der miteinander abgesprochene Feierabend »heilig« sein müsse.

Im Laufe der Zeit erhielt ich von Heike Rückmeldungen, daß sie tatsächlich mit ihrem Mann einen Plan gemacht habe, der nun in der Küche hänge und jeden Samstag neu festgelegt werde. Bei der Planung hätten sie gemerkt, daß sie zwar sehr unterschiedliche Auffassungen von Haushalt hätten, ihr Mann aber gar nicht so Pacha-like sei, ja daß er ganz gut zupacken könne und seinen Teil ohne großes Murren übernommen habe. Zum Beispiel würde er jetzt immer schon vor der Arbeit den Abfall wegtragen, ohne daß sie ihn jedesmal vom Fernsehen wegscheuchen müsse.

Zusätzlich sei ausgemacht worden, daß ihr Mann einmal die Woche alle Jeans und die Unterwäsche bügele, während Heike in dieser Zeit die Hemden und Blusen plätte. Zu diesem Zweck hätten sie ein zweites Bügeleisen und ein weiteres Bügelbrett angeschafft. Es mache sogar Spaß, miteinander die Arbeit zu erledigen, weil man sich dabei gut unterhalten könne und hinterher das Gefühl einer ganz neuen Gemeinsamkeit habe. »Der schönste Erfolg ist«, meinte Heike zuletzt am Telefon, »daß wir seit dem ersten Plan immer weniger Probleme miteinander haben und jetzt wie früher, als wir noch frisch verliebt waren, einfach mal in die Kneipe um die Ecke oder ins Kino oder spazierengehen, so daß nicht dauernd bloß der Fernseher läuft und wir uns wieder auf den Feierabend freuen können.«

Heikes Ehemann ist mit 31 Jahren einer jener Männer der jüngeren Generationen, die als Söhne von Müttern aufgewachsen sind, welche die Hausarbeit nicht als gottgewolltes Frauenlos in stummem Dulden ertragen haben, sondern durch die Frauenbewegung, den Bildungsboom und die sexuelle Revolution geprägt wurden. Es sind Söhne, die verinnerlicht haben, daß Frauen gleichberechtigte und gleichwertige Persönlichkeiten an der Seite ihrer Männer sein wollen und ein Recht darauf haben, dies zu sein.

Es ist mittlerweile die Regel, daß moderne junge Paare einige Zeit unverheiratet zusammenleben, beide ihrer Erwerbsarbeit nachgehen und in der verbleibenden Freizeit die Hausarbeit gemeinsam bewältigen. Daß Frauen immer noch mehr Hausarbeit übernehmen als Männer, liegt nicht zwingend im Paschaverhalten der Männer, sondern mindestens ebenso an der Opferbereitschaft sowie der Ungeduld der Frau. Nur zu oft leistet sie anfallende Arbeiten stillschweigend oder erst im nachhinein klagend »rasch« selbst, weil sie meint, daß ihr Partner erstens länger für dieselben Aufgaben brauche und diese zweitens für den Anspruch der Frau zu liederlich ausführe.

»Wenn ich ihm sage, er soll schnell mal Kaffee kochen, und ich dann hinterher die halbe Küche putzen muß, weil er die Spüle total mit Wasser verspritzt und überall auf der Arbeitsplatte das Kaffeepulver verkrümelt und Kaffeetropfen aus der Filtertüte auf den Fußboden fallen gelassen hat und den vollen Filter nicht sofort in den Müll, sondern schräg in die Spüle gestellt hat, wo er dann umgekippt ist und der Kaffeesatz den Abfluß verstopft hat – dann koche ich mir meinen Kaffee wirklich lieber selbst.« Ein Satz wie dieser könnte von fast jeder Frau stammen.

Dennoch wäre es ungerecht zu behaupten, Männer würden böswillig bei jeder erledigten Hausarbeit mindestens zwei neue verursachen. Trotz der Einsicht in die Notwendigkeit, die Lebenspartnerin bezüglich der anfallenden Hausarbeit zu entlasten, ist der Weg vom Kopf zur Hand weit. Vor allem dann, wenn Frauen selbständige Mitarbeit erwarten.

In den meisten Fällen sind auch moderne Männer mit Hausarbeiten nur oberflächlich vertraut. Erschwerend kommt hinzu, daß diese mit der Erinnerung an Kindertage verbunden ist. Daran zum Beispiel, daß Väter als »echte« Männer sich nicht nur vor der Hausarbeit drückten, sondern am liebsten die Flucht ergriffen, um niemandem im Wege zu stehen. Oder auch daran, daß das gern zur Hilfe bereite Kind es der Mutter nie recht machen konnte, immer zu langsam oder zu unordentlich war oder von ihr die berühmten zwei linken Hände vorgeworfen bekam.

Die Einstellung, daß Hausarbeit nichts für Männerhände ist, weil Finger, die in der Fabrik mit Eisenstangen arbeiten, keine Silberlöffel polieren oder zarte Gardinen auf Röllchenhaken in die Gardinenschiene einfädeln können, ist immer noch weit verbreitet. Deshalb ist der Männersatz »Das kann ich nicht, dafür bin ich zu ungeschickt. Mach du das. Du kannst das viel besser« die typische Ergänzung zu obigem Frauenkommentar.

Würden Frauen und Männer auf derlei »faule Ausreden« und falsche Ungeduld verzichten und allen Unzulänglichkeiten und inneren Schweinehunden zum Trotz die anfallende Familienarbeit in einem fest miteinander abgesprochenen Zeitraum und leidlich adäquater Qualität erledigen, ohne dem anderen Unzulänglichkeiten vorzuwerfen oder hier und da nachzuarbeiten, ließe sich so manche Scheidung umgehen.

Ähnlich könnte es im Hinblick auf das der Familie zur Verfügung stehende Geld aussehen. Immer noch nehmen viele Männer das elterliche Vorbild in die eigene Ehe mit und glauben, es sei Sache des »Haushaltsvorstands«, der Frau ein gewisses Haushaltsgeld auszuhändigen und alle anderen Geldgeschäfte nicht nur persönlich, sondern auch mehr oder minder heimlich und in alleiniger Regie abzuwickeln. Das Vorurteil, Frauen könnten schlechter rechnen als Männer und deshalb nicht mit Geld umgehen, verleiht bis heute so mancher »Frau an seiner Seite« eine unzumutbare Dummchen-Rolle. Diese mündet in einem unerträglichen (Selbst-)Abwertungsprozeß, wenn der feministische Schmarotzergedanke wegen der unentgeltlich abzuleistenden Familienarbeit ein dauerhaft schlechtes Gewissen erzeugt und die Frau es nicht wagt, für sich selbst von »seinem Geld« mehr als das Allernotwendigste einzukaufen. Das Bewußtsein, kein eigenes Geld zu haben und folglich nichts wert zu sein, frißt gerade an der emanzipierten und frauenbewegten »Frau an seiner Seite« um so mehr, als sie zu Mißtrauen gegen den Mann angelernt wurde und entweder tatsächlich erlebt oder als gegeben unterstellt, er denke über »sein Geld« ebenso wie sie selbst.

Auch diese Hürde ließe sich vergleichsweise leicht nehmen, wenn Liebespaare bereits vor einer festen gemeinsamen Lebensplanung die Dinge des Zusammenlebens besprechen und zu einer gemeinsamen Haushaltung gelangen würden. Auf diese Weise würde vermieden, daß Frauen sich in eine entwürdigende Bittstellerinnenposition und Männer in die generöse Geberpose gedrängt fühlten, die ein gleichwertiges Miteinander ausschließen.

Doch leider reden moderne Menschen zu viel übereinander und zu wenig miteinander und verpassen so manche Chance, einander kennenzulernen. In der unmittelbaren Folge scheitern immer mehr Ehen, weil Frauen sich von ihren Männern und Männer sich von ihren Frauen unverstanden und ausgebeutet fühlen, vor allem Frauen machtvoll in die Selbstverwirklichung und eine neue Liebe streben und als sakrosankte Erklärung die feministische Entschuldigung vorweisen, daß an Männern die

Emanzipation spurlos vorübergegangen sei, an Frauen hingegen nicht, und den nun mal das Leben bestrafe, der zu spät komme.

Und dennoch haben sich die »neuen« Männer und ganz besonders die Väter verändert. Frauen genießen es, daß Väter nicht nur in Sachen Haushalt und Gleichberechtigung umgedacht haben, sondern sich als enge und unersetzliche Bezugspersonen für ihre Kinder und diese Kinder als unverzichtbaren Teil ihres Vaterlebens entdeckt haben. Und solange die Beziehung stimmt, ist es für die meisten Frauen selbstverständlich, daß ihre Männer ganztags zum Erwerb des Familieneinkommens außer Haus sind und weniger die Quantität der mit den Kindern verbrachten Zeit im Vordergrund steht als vielmehr die Qualität der emotionalen Bindung zwischen Vater und Kind und die generelle Offenheit für das Kind.

Erst wenn die Liebe zerbricht, erheben Frauen Anklage. Während Mütter spätestens dann, wenn Trennung angesagt ist, die statistische Zahl wie eine Standarte vor sich hertragen, daß Väter in über 85 Prozent der Scheidungsfälle die Sorge für die gemeinsamen Kinder einvernehmlich mit den Müttern regeln und zu 88 Prozent mit dem alleinigen Sorgerecht der Mutter einverstanden waren – also alles in Ordnung ist, wenn sie selbst als geschiedene Frauen ebenfalls das alleinige Sorgerecht verlangen –, kennen Väter andere Fakten.

Anders als feministische Parolen glauben machen, stehen viele Väter bereit, ihren Ex-Frauen einen Teil der Sorge um gemeinsame Kinder abzunehmen und ihren Anteil bei der Erziehung und Betreuung zu leisten, um sich als fürsorgliche Bezugspersonen in das Leben ihrer Kinder einzubringen. In erfreulich vielen Fällen klappt das freundschaftliche Nach-Eheleben im Interesse der Kinder auch reibungslos, weil beide Eltern klar erkennen, daß Elternschaft nicht vom Trauschein abhängig ist. Schwierig wird es immer in den Fällen, in denen Mütter unter dem Einfluß hardlinerfeministischer Hetzparolen überzeugt sind, »diesen Kerl«, der sowieso und »typisch Mann« ständig versagt habe, nicht mehr zu brauchen, und daraus den Trugschluß ziehen, auch ihre Kinder brauchten ihn nicht mehr.

Die starke, lebenskluge Frau weiß den einstigen »Mann an ihrer Seite« anders zu schätzen. Und anders als diejenigen, die sich von feministischen Parolen gegen die eigenen Instinkte und Wahrnehmungen manipulieren lassen, wird sie gemeinsamen Kindern den Vater zu erhalten versuchen, anstatt Umgangsvereitelung zu betreiben und auf dem Rücken von Kindern und Vater törichte Siegerinallüren auszuleben.

Die meisten Väter der jüngeren Generation werden bewußt und in gemeinsamer Planung mit ihrer Lebensgefährtin Vater. Sie freuen sich darauf. Sie haben sich bereits am Monitor des Frauenarztes ein noch wolkiges, unscharfes Bild von ihrem Baby gemacht, haben den schwangeren Bauch gestreichelt und auf Fußballerbeine gewartet, die gegen die Bauchdecke kicken. Sie haben die werdende Mutter im Geburtsvorbereitungskurs, beim Säuglingskurs und während der Entbindung begleitend unterstützt und die Geburt ihres Kindes als das unübertrefflichste Wunder ihres Lebens bezeichnet. Später haben sie sich beim Versorgen des Kindes aktiv als Vater eingesetzt. Die Zeiten sind glücklicherweise längst vorbei, als Väter sich schämten, ihr Kind zu wickeln, den Kinderwagen zu schieben oder einen Säugling im Tragetuch vor der Brust zu wiegen.

Es sind gerade diese Väter, die sich auch nach einer Trennung von der Mutter des Kindes nicht sang- und klanglos davonstehlen wollen. Und zwar auch dann nicht, wenn die Mütter in feministischer Verblendung nein sagen. Väter dieser Art halten Mahnwachen vor Familiengerichten und machen in Protestaktionen auf ihr Dasein als ausgegrenzte Väter aufmerksam. Sie treten öffentlich in Hungerstreik und starten Plakataktionen mit Fotos ihrer Kinder. Andere verdingen sich als Clown für Kinderfeste, um auf diese Weise ihr Kind wenigstens heimlich im Kindergarten wiedersehen zu können. Wieder andere bitten immer wieder Dritte um Vermittlerdienste, lassen den Müttern ihrer Kinder Briefe schreiben, die Appellcharakter haben. Die

Phantasie kennt keine Grenzen. Manche, die nicht die geringste Chance haben, irgend etwas über ihre Kinder zu erfahren, rufen in der Schule an und geben vor, Versicherungskaufmann zu sein und Auskünfte über die Leistung des Kindes zu benötigen. Absonderlicherweise erhalten sie als Fremde mit Wirtschaftsinteressen bedenkenlos Auskunft. Melden sie sich als Väter, werden sie hingegen abgewimmelt und an den Datenschutz erinnert.

Der gebrauchte Mann

Zusehends mehr Männer und Väter sowie mit ihnen sympathisierende Frauen und Mütter, welche die Notwendigkeit einer aktiven Zuständigkeit beider Elternteile für jedes Kind erkennen und entsprechend fördern wollen und/oder selbst die schmerzliche Erfahrung machen, durch den alleinsorgeberechtigten Vater aus dem Leben ihrer Kinder verstoßen zu werden, organisieren sich in verschiedensten Männer-, Eltern- und Väteraktionsgruppen. Und dies nicht nur in Deutschland, sondern weltweit.

Seit 1996 im schweizerischen Basel die erste Väterpartei unter der Bezeichnung »VäterListe« Aufsehen erregte, dachte man auch in Deutschland über ein entsprechendes Projekt nach. Im Februar 1998 preschte Schleswig-Holstein mit einer Väterinitiative in Flensburg vor. Unter dem Namen »Partei für die Rechte der Kinder« stellte sie sich erstmals den Kommunalwahlen.

Im Programm finden sich Forderungen wie mehr Teilzeitarbeit für Väter, nettolohnbezogenes Erziehungsgeld, Abschaffung der Splittingbesteuerung, Maßnahmen gegen Umgangsvereitelung, sorgerechtliche Gleichberechtigung und anderes mehr, was Väter zugleich motivieren und instandsetzen könnte, sich intensiver auf ihre Kinder einzulassen.

Ein Großteil der in Selbsthilfegruppen, -vereinen und -projekten zusammengeschlossenen Väter hat sich 1996 mit der Aktion

»Eltern im Internet« unter dem Kürzel »paPPa.com« zusammengeschlossen. Eltern, die aus dem Leben ihrer Kinder ausgeschlossen und zu Zahlungseltern herabgewürdigt werden, können hier hilfreiche Informationen, die eigene Problematik unterstützende Fall- und Themendokumentationen sowie Online-Dienste erhalten, aber auch konkrete Hilfe bei der Suche nach Anwälten, Gutachtern, Begleitung zu Terminen mit Jugendämtern und Gerichten.

Als öffentlichkeitswirksame Aktion brachten im Dezember 1997 eine Vielzahl verstoßener Väter Weihnachtsgeschenke für ihre Kinder in die zuständigen Familiengerichte, damit die für die Sorgerechtsentscheidung zuständigen Richter sie aushändigen sollten. Die meisten Richter reagierten konfus und gereizt, gleichermaßen unsicher und überfordert. Immerhin bewirkte die Aktion ein Innehalten und Stutzen. Eine kleine Hoffnung vielleicht, daß Väter und Kinder in einem nächsten Prozeß eine etwas bessere Chance auf Lebensnähe haben werden. Eine politisch hochangesetzte Aktion betraf die Organisation einer Fachveranstaltung am 9. März 1998 zum Thema »Kindschaftsrecht« in Köln mit hochkarätiger Besetzung: neben den Organisatoren des Vereins »Väteraufbruch für Kinder« die unter anderem als Mitglied im Deutschen Bundestag für die Reform des Kindschaftsrechts mitverantwortliche Margot von Renesse, der Rechtsanwalt und Mitglied im Ausschuß für Familie, Senioren, Frauen und Jugend, Jürgen Profalla, sowie der Gerichtssachverständige Professor Uwe Jopt.

Bedauerlicherweise haben Feministinnen wie die »SPIEGEL-Redakteurin Sabine Kartte für diese Sorte Vater sowie solche Veranstaltungen nur Spott und zynische Bemerkungen übrig. Von einer »keineswegs repräsentativen Minderheit« aus »leidgeprüften Schmerzensmännern« ist in ihrem Beitrag »Väter braucht das Land« (»Der SPIEGEL«, 51/97) die Rede. In spitzfindiger Verdrehung der Orthographie werden sie als die »neuen Leidfiguren der Männerbewegung« verhöhnt, welche »die Alleinaufzucht der Brut als Privileg darstellen«, aber »nicht wissen, wovon sie reden«. Denn »Umfragen weisen wachsendes väterliches Interesse an den Kindern nach, doch die Ergebnisse sprechen immer vom Wollen, fast nie vom Tun«. Im Alltag der Kinder fehlten die »Erzeuger«, die »Sorger« und »Schlipsträger«, weil ihnen ein Geschäftsessen wichtiger sei, als wenn »Sohnemann im Kindergarten den Hotzenplotz spielt«. In Wahrheit heiße es »Wochenendpapi ja, Alltagsstreß nein«, und das von »väterlichen Verweigerern«, welche »die Lebensgrundlage ihrer Brut attackieren«, indem sie so wenig Einkommen erzielen, daß über die Hälfte aller unterhaltsberechtigten Alleinerziehenden für sich und ihre Kinder monatlich weniger als 2500 DM zur Verfügung habe.

Jeder vernünftigen Frau stellen sich bei kaltschnäuzigen Schlägen unter die Gürtellinie wie diesen die Haare auf. Auch wenn nicht bestritten werden kann, daß Alleinerziehende in der Tat wenig Geld zur Verfügung haben, viel zu viele Väter sich aus dem Leben ihrer Kinder ausklinken (lassen) und eine Familie mit Kindern noch immer nicht durch den Halbtagsjob eines Alleinverdieners ernährt werden kann – warum muß in typisch feministischer Manier die Wahrheit verbogen werden?

Warum bleibt unerwähnt, daß das Durchschnittseinkommen in Deutschland bei 3500 DM monatlich liegt und Väter, die an ihre Ex-Frau und Kinder 2500 DM überweisen, selbst ebenso am Hungertuch nagen wie diese? Weshalb wird verschwiegen, daß bei Männern die Selbstmorde nach Scheidung höher sind als die Höhe der Verkehrstoten? Und das Abgleiten in die Obdachlosigkeit fast immer im Zusammenhang mit einer gescheiterten Ehe steht?

Wieso fällt unter den Tisch, daß laut Angaben der Bundesregierung aus dem Jahr 1993 in bis zu 75 Prozent der Fälle, in denen Väter keinen Unterhalt leisten, kein Unterhalt geleistet werden kann, weil die Väter aufgrund von Arbeitslosigkeit, Sozialhilfebezug, niedrigem Einkommen oder Inhaftierung leistungsunfähig sind? Daß laut Aussage von Regierungsmitglied Erika Niehus (SPD) am 17. Mai 1999 von 10 unterhaltspflichtigen Vätern drei zahlen, drei nur zuwenig und drei gar nichts zahlen können und lediglich ein einziger nicht zahlen will. Und daß ein Großteil der echten Unterhaltsverweigerer die Zahlung ablehnt, weil die Mutter jedes Umgangsrecht des Vaters mit den Kindern ablehnt? Wo sind die Angaben darüber, daß Väter, die ganztags mit aller Kraft für den Lebensunterhalt und den Wohlstand ihrer Familie arbeiten, ihr berufliches Engagement nicht ohne gravierende Einkommensverluste oder das Risiko des Arbeitsplatzverlustes reduzieren können, um mehr Freizeit für ihre Kinder zu haben? Oder daß Frauen ihre Lebensplanung im Hinblick auf gemeinsame Kinder und anschließende Erwerbstätigkeitsregelungen in Absprache mit ihren Männern treffen, also durchaus mit dem die Familie sichernden Arbeitsvolumen ihrer Ehepartner einverstanden sind – bis zur Scheidung.

Frauen sind eigenverantwortliche Persönlichkeiten, die wissen (sollten), was sie tun, und die Konsequenzen für dieses Tun tragen müssen. Sie sind keine armen, unmündigen Opfer, die völlig unwissend ins Unglück gestoßen werden. Im Gegenteil, sie heiraten einen Mann aus freien Stücken. Niemand zwingt sie, ausgerechnet diesen Menschen zum Vater gemeinsamer Kinder zu wählen. Angesichts ausgereifter und erprobter Verhütungsmethoden, nicht zuletzt auch angesichts der aktuellen Abtreibungspraxis müssen Frauen nicht einmal mehr schwanger werden bzw. ein Kind gebären. Frauen sind freie Staatsbürgerinnen in einem demokratischen Land. Sie haben jedes Recht ihrer freien Persönlichkeit. Was also soll das öffentliche Haareraufen der Hardlinerfeministinnen und das Wehgeschrei um die ach so ausgebeuteten Frauen?

Ohne Zweifel haben alleinerziehende Mütter einen schweren Stand im alltäglichen Überlebenskampf. Aber wer gibt Feministinnen das Recht, sie als Opfer und noch dazu als Alleinopfer der Scheidung darzustellen? Immerhin begehren überwiegend Frauen die Scheidung, und dies trotz der hinlänglich bekannten Tatsache, daß hinterher das Geld noch knapper ist, als es während der Ehe bereits war, und auch das von Sabine Kartte abwertend als »Aufzucht der Brut« bezeichnete Großziehen der Kinder mit nur zwei Händen arbeitsaufwendiger ist als mit vier. Frauen, die die Scheidung wollen, wissen dies! Sie gehen sehenden Auges in ihren finanziellen Ruin und in die Alleinerziehung. Warum also hinterher klagen und erstens den Ex-Mann sowie zweitens den Staat als Über-Mann und obendrein die patriarchale Gesellschaft – also wieder das männliche Prinzip – dafür verantwortlich machen, daß die Scheidung nicht das Ende aller Lebensprobleme bedeutet? Frauen haben in der Frauenbewegung für ihren Teil der gesellschaftlichen Verantwortung und die volle Verantwortung für sich selbst gekämpft. Will ihnen ausgerechnet der Hardlinerfeminismus mit seinem Männern-an-den-Pranger-Geschrei diese Verantwortung wieder nehmen?

Aus welchem Grund auch muß alleinunterhaltspflichtigen Vätern geradezu haßerfüllt abgesprochen werden, daß es ihnen nach der Scheidung keinen Deut besser geht als den Frauen, ja daß sie oftmals die absoluten Verlierer sind? Und warum müssen sie verbal gesteinigt werden, indem sie von den so viel besseren, wahreren Opfern, den Frauen natürlich, als kleine Handvoll erbärmlicher Jammergestalten geschildert werden, als eben jene »leidgeprüften Schmerzensmänner«, die »über zerknitterten Kinderfotos weinen«? Soll damit den Frauen, welche die Scheidung unter Umständen gegen den ausdrücklichen Willen ihrer Lebenspartner wollten, das Schuldgefühl abgesprochen werden, welches jeden Menschen dann beschleichen sollte, wenn er einem anderen ungerechtfertigterweise weh getan hat? Oder kann die »harte Frau« einfach keine Männertränen sehen?

Wäre die »feministische Muttermacht«, wie die »SPIEGEL«-Redakteurin Sabine Kartte behauptet, tatsächlich »weitestgehend ein Mythos«, würde sich weltweit eine breite Loyalität mit all jenen Kindern einstellen, denen gewissenlose oder von feministischen Parolen irregeleitete Mütter die Väter entziehen. Anstatt die Väter dieser Kinder zu verspotten, weil sie es wagen, ihr Leid zu zeigen und ihre Ex-Frauen anzuklagen, müßte vielmehr eine Welle der Hilfsbereitschaft anrollen. Das Gegenteil ist der Fall.

Als »DER SPIEGEL« (47/97) mit seiner Titelstory über »Die vaterlose Gesellschaft« und »SPIEGEL«-Journalist Matthias Matussek mit seiner Polemik »Der entsorgte Vater« auf die gesellschaftszersetzenden Folgen des Geschlechterkampfes aufmerksam machten, wurde damit nicht nur eine nie dagewesene Flut an Leserbriefen losgetreten, sondern Matussek selbst bei »EMMA« prompt als »Pascha des Monats« abgelichtet und mit ganz persönlichen Familiendetails in den Schmutz gezogen. Gleichzeitig verursachten die Damen im Hause »SPIEGEL« eine Palastrevolution.

Sogar »EMMA«-Autorin Uta König geriet in die Mühlen der eigenen feministischen »Schwestern«, als sie in einer Frauengruppe eröffnete, sich nach 18 Ehejahren kampflos von ihrem Mann trennen und ihm die Sorge für die gemeinsamen Kinder übertragen zu wollen. Einer von ihnen entfuhr es: »Solange wir nicht die Hälfte der Macht in der Gesellschaft haben, geben wir kein Stück von unserer Macht als Mütter ab.« Sie hatten, so Uta König, gerade »ihren Mutterinstinkt neu entdeckt, weil er als Waffe brauchbar ist, um den Kindern den Vater zu entfremden oder ihn als ›Störfaktor‹ auszulöschen«. Zu diesem Zweck besuchen sie Frauengruppen und Frauenberatungsstellen, wo sie »Selbsthilfe für mehr Selbstmitleid« lehren. Statt sich als Mütter »von dem unerträglichen Geklammere« zu befreien, »unter dem sie doch selbst gelitten haben, als Töchter«, richten sie ihre »Wut gegen den Mann« im allgemeinen »gegen den Vater des Kindes«. Und »jetzt setzen sie alles daran, um ihren Töchtern diese Karikatur von Muttersein als Emanzipation zu verkaufen«.

Von einem »Mythos Muttermacht« ist wenig zu spüren. Um so mehr von handfester, kampferprobter Streitmacht, fern jeder Solidarität mit den »Frauen an seiner Seite« und noch ferner von den Vätern, die ihre Kinder lieben und aufwachsen sehen wollen, sich für ein Zusammenleben mit ihren Kindern engagieren und mit allen rechtskonformen Mitteln um ein Geburtsrecht kämpfen, das sowohl ihren Kindern als auch ihnen selbst zusteht. Insofern verpufft der Aufruf »Väter braucht das Land«, mit dem

»SPIEGEL«-Redakteurin Sabine Kartte gegen die Titelstory über »Die vaterlose Gesellschaft« antrat, als unglaubwürdige Stimmungsmache.

Angesichts all jener Väter, die schon jetzt trotz Scheidung präsente Väter geblieben sind und gemeinsam mit den Müttern oder in alleiniger Sorge für ihre Kinder eintreten, und angesichts all jener nie genau gezählten, aber zu Tausenden in Selbsthilfegruppen und Vereinen engagierter Väter sowie all jener, die ebenso verzweifelt um ihre Kinder kämpfen, ohne überhaupt zu ahnen, daß es vereinsmäßig organisierte Mitstreiter gibt, kann nur der eine Schluß gezogen werden, daß die Väter, die das Land braucht, bereits da sind.

Die feministische Hardlinerphalanx will sie nur nicht sehen. Will sie ebensowenig sehen, wie sie die Mütter sehen will, die sich als »Frau an seiner Seite« für ihre Familien engagieren, anstatt in die Erwerbstätigkeit zu laufen. Väter und Mütter wie diese stören letztendlich das Ansehen derjenigen alleinerziehenden Mütter, die von Hardlinerfeministinnen als einsam leidende, von Kerlen ausgebeutete, arme Verstoßene immer wieder ins Rampenlicht gerückt werden. Ob mit oder gegen ihren Willen.

Typisch in ihrem Ausmaß der Verachtung sind Worte der Hardlinerfeministin Heide Pfarr, die sich mit Rückendeckung der SPD und der Grünen als Berliner Ex-Senatorin, hessische Ex-Frauenministerin und Initiatorin des hessischen Gleichstellungsgesetzes einen Namen machte. In kaum zu überbietender Weise leerte sie am 23. August 1992 im »Wiesbadener Kurier« in Zusammenhang mit der Frage nach einem staatlichen Gehalt für Hausfrauen einen Kübel Schmutz über das Leben der »Frau an seiner Seite« aus und sagte: »Ja, also für Hausarbeit, für sich selbst oder für einen Kerl – nix, ja nix wird da bezahlt, hoffentlich niemals, und schon gar nicht vom Staat ... Also die Hausfrau, die sich mein Kollege zu Hause hält, um mit mir besser konkurrieren zu können, weil ich mir so was nicht halte, die unterstütze ich weder steuerlich noch sonst irgendwie. Überhaupt null. Auch wenn sie sagt: Ich bin aber so gern die Frau an seiner Seite, dies ist mein weiblicher Lebensentwurf – überhaupt nicht, null! Diesen weiblichen Lebensentwurf unterstütze ich nicht, sondern bekämpfe ihn, wo ich ihn treffe.«

Zynische, beißende Verachtung ausdrückende Worte wie diese im feministischen Jargon »von Schwester zu Schwester« sind es, die Hausfrauen aus der Familienarbeit drängen, Kindern ihre Mütter entziehen, erwerbstätige Ehemänner und Väter als »Sklavenhalter« diffamieren und letztlich Familien zerstören, indem sie ihr die so dringend notwendige Unterstützung des Staates vorenthalten. Bezeichnend, daß eine hochdotierte Politikerin diese Katze so ungeniert aus dem Sack ließ. Sie hat damit in unübertrefflicher Weise formuliert, daß der Lebensentwurf einer nicht erwerbstätigen »Frau an seiner Seite« wertloser Schrott ist und ausschließlich diejenigen Frauen für den Staat wertvoll, also förderungswürdig sind, die sich von »seiner Seite« losreißen und eigenes Geld verdienen wollen.

Die schon heute in deutschen Großstädten die Mehrheit aller Sozialhilfeempfänger stellenden Frauen und über eine Million mit ihren Müttern in Armut lebenden Kinder werden diese Meinung den für Frauenrechte streitenden Frauenvorkämpferinnen ganz sicher zu danken wissen.

Der »neue« Mann als Mädchen für alles

»Mädels, wir haben viel erreicht«, schrieb Elke Heidenreich als eines der »Schlachtschiffe« der modernen Emanzipationsbewegung in einer Kolumne der Zeitschrift »Brigitte« im Mai 1997 und hob den Zeigefinger, künftig müsse frau jedoch achtgeben, männliche Strategien nicht männlicher anzuwenden als der Mann.

Ironisch verpackte Abwandlung eines alten Spruchs als heutiges Orakel? Frißt die Revolution, sprich: Emanzipation, ihre

Kinder? Ist dies noch Warnung aus berufenem Mund oder schon harsche Mahnung zur Güte? Beides kann nur willkommen und angebracht sein, setzt man sich mit der unverblümten Kampfparole »Frauen an die Macht« auseinander, die in Plakatwandbreite oder litfaßsäulenrund das neue Ziel der Frauenbewegung propagierte.

Längst weiß jedes Mädchen, daß es Frauen um Machtablösung, um gesellschaftlichen und politischen Umsturz, um Frauenputsch und Frauensieg geht. Gekämpft wird dabei subtiler, als Männer kämpfen, weniger mit der Faust, mehr mit der Zunge, weniger taktisch, mehr emotional. Schon Mädchen, heißt es in einer Studie von Hanna Permien und Kerstin Frank über das Rollenverhalten von Kindern im Kindergartenalter, zielen immer mitten ins Herz, wohingegen Jungen die blutige Nase genügt.

Mitten ins Herz zielt daher auch die aktuelle Wende in dem seit rund 150 Jahren immer heftiger aufschaukelnden Prozeß des Umerziehens nach dem Willen der Frau und des Umdenkenmüssens auf der Seite der Männer. Bei dem jetzt angesagten Kampf um die Macht geht es nämlich ums »Eingemachte«, um den Mann an sich, um sein Ego, sein innerstes Wesen, seine Selbstdefinition als Familienernährer.

Seit den Zeiten der Jäger und sammelnden Nomaden war es Aufgabe des Mannes, aushäusig zu sein, um den Erhalt der Familie zu sichern. Und ganz gleich, wie sich das Erscheinungsbild der Erwerbstätigkeit von Männern wandelte, die Tradition der Aushäusigkeit blieb. Plötzlich nun sollen Männer die Frauen hinsichtlich der gemeinsamen Familie völlig anders entlasten als bisher. Statt ihr Hauptaugenmerk auf Familienexternes wie Beruf, Einkünfte und Karriere zu richten und auf diese Weise die äußeren Rahmenbedingungen für eine Familie zu schaffen, sichern und optimieren, sollen Männer nunmehr gemäß der Erwartung der Frauen sich stärker ins Familieninnere orientieren.

Mit anderen Worten, der »neue« Mann soll Aufgaben übernehmen, die seit Menschenbeginn Frauensache waren. So wie die Frau durch außerfamiliäre Erwerbstätigkeit in Lebensbereiche des Mannes vorgedrungen und gleichzeitig auf Distanz zu innerfamiliären Pflichten gegangen ist, soll der Mann nun den umgekehrten Weg beschreiten. Mehr Zeit für die Kinder, mehr Zeit für den Haushalt, mehr Aufmerksamkeit für die Frau, mehr rückhaltlose Unterstützung für sie, wenn sie sich selbstverwirklichen möchte, sollen durch ein Zurückschrauben der Arbeitszeit erreicht werden. Natürlich darf dabei die Karriere nicht auf der Strecke bleiben, sollen die Einkünfte weiterhin kontinuierlich steigen ebenso wie das soziale Image des Mannes.

Wie kraß diese Anspruchshaltung von Frauen entgleisen kann, zeigt das nachfolgende Beispiel.

»Ein Mann zum Wäschewaschen und so« (Marieluise, 33 Jahre, und Jürgen, 31 Jahre)

Marieluise ist blond, eine üppige Frau, die außergewöhnlich hübsch wäre, würde sich ihr Kinn weniger spitz nach außen und würden sich ihre Mundwinkel nicht von Natur aus stark nach unten biegen und so einen permanent unzufriedenen Eindruck erwecken. Sie lebt mit ihrer Familie in Kassel. Sie ist 33 Jahre alt, gelernte Friseurin, aber nicht mehr in ihrem Beruf tätig, sondern Hausfrau. Seit neun Jahren ist sie mit Jürgen, 31, verheiratet.

Jürgen stellt das dar, was man landläufig unter »Spargel-Tarzan« versteht. Er ist schwarzhaarig, mit auffallend vielen grauen Fäden und so kurzer Frisur, daß die Kopfhaut durchschimmert. Da er knapp einsneunzig groß ist, fällt seine überschmale Silhouette besonders auf. Er arbeitet als selbständiger Vertreter für Tiefkühlkost. Er besucht vorwiegend Haushalte auf dem Land, weil Landfrauen erfahrungsgemäß seltener in die Stadt zum Einkaufen fahren und Jürgens Produktpalette gern annehmen. Da er an den Umsätzen prozentual beteiligt ist, setzt er sich voll für seinen Erfolg ein.

Marieluise und Jürgen haben ein Kind, die achtjährige Tochter Lisa. Ein nettes, schwarzhaariges Mädchen, das keß aus dem Foto blickt, welches mir die stolzen Eltern vorführen, und einmal so üppig zu werden verspricht wie die Mutter.

Ihre Geschichte erzählten sie mir mit der ausdrücklichen Erlaubnis, sie für eines meiner nächsten Bücher zu verwenden. Zur besseren Darstellung der unterschiedlichen Standpunkte stelle ich Marieluise und Jürgen getrennt vor.

Marieluise

Marieluises Alltag beginnt mit dem Frühstück, das Jürgen für alle zusammen vorbereitet hat, da er Frühaufsteher ist und sowieso als erster aus dem Haus muß. Wenn Jürgen zur Arbeit und Lisa um halb acht zur Schule aufgebrochen sind, legt Marieluise sich noch mal bis neun Uhr zu Bett. Anschließend erledigt sie die Einkäufe und den überwiegenden Teil ihrer Hausarbeit. Sie ist damit meist in den Vormittagsstunden fertig. Nach dem mittäglichen Kochen und Essen ruht sie ein bis zwei Stunden. Lisa besucht inzwischen die Großeltern, bei denen sie auch die Hausaufgaben erledigt. Wenn sie Schwierigkeiten damit hat, kann sie eine junge Nachbarin der Großeltern um Hilfe bitten. Anschließend trifft Lisa sich mit ihren Freundinnen und spielt mit ihnen im Garten oder im Wohnzimmer der Großeltern.

Marieluise nimmt nach dem Mittagsschlaf regelmäßig ein Duschbad und schminkt sich. Die Stunden zwischen Kaffeezeit und Vorbereitung des Abendessens verbringt sie im allgemeinen mit ihrer Tochter und verschiedenen Freundinnen, bei denen sie entweder eingeladen ist oder die sie eingeladen hat.

Zweimal wöchentlich nimmt sie an einem Töpferkurs teil, weil ihr diese künstlerische Tätigkeit Freude bereitet. Wenn Lisa gegen zwanzig Uhr zu Bett gegangen ist, unternehmen Marieluise und Jürgen etwas im Vereins- oder Freundeskreis oder schauen fern.

Jürgen

Jürgen verdient das gemeinsam zur Verfügung stehende Geld, indem er als selbständiger Unternehmer Tiefkühlkost einer bekannten Firma ausfährt. Sein Arbeitstag beginnt morgens um sechs und endet durchschnittlich gegen halb acht abends. Dazwischen liegen mehrere hundert Fahrkilometer sowie eine knappe Stunde Mittagspause, die er nach Möglichkeit zu Hause verbringt, meist aber unterwegs im Auto.

Die Arbeit erfordert gute Planung und abendliche Vorbereitung, denn die Ware muß stets frisch gefaßt, optimal platz- und zeitsparend sortiert sowie der Kühlwagen regelmäßig durchgekühlt werden. Daß Kundenservice großgeschrieben wird, ist selbstverständlich, denn nur zufriedene Kunden kaufen gut, und Jürgen ist am Umsatz mit einer Provision beteiligt. Daher kann es vorkommen, daß Jürgen, der auch auf telefonische Bestellung hin ausliefert, entweder in der Mittagspause oder nach Feierabend noch unterwegs ist.

Zusätzlich zu seinem beruflichen Pensum übernimmt Jürgen die Wäsche für die gesamte Familie, saugt in dem unlängst neu gebauten Einfamilienhaus überall Staub, putzt regelmäßig alle vier Wochen Fenster, versorgt den 600-Quadratmeter-Garten und kümmert sich in jeder freien Minute um seine Tochter, deren Hausaufgaben er gegebenenfalls nach Feierabend kontrolliert.

Marieluise über Jürgen

»Das alles macht er schon. Das stimmt. Trotzdem ist er ein Faulenzer durch und durch. Wenn ich ihm nicht alles hinstelle und vorbereite, macht er zu Hause nichts. Weil er nämlich auch gar keine Lust dazu hat. Zu allem muß ich ihn treten. Das nervt.«

Zwischenfrage von mir: »Und der Job?«

»Als ob das bißchen Autofahren und Verkaufen die Welt wären. Da lache ich doch. Wenn ich sehe, was dabei herausspringt – also, das lohnt sich doch gar nicht. Wie oft schneide ich Sonderangebote aus der Zeitung aus und renne, um die preiswertesten Angebote zu erwischen, damit wir überhaupt Vitamine und das alles kriegen. Doch wie oft müssen wir das Zeug reinschieben, das der Jürgen nicht losgeworden ist, bloß damit es nicht verfällt. Also danke!

Wenn meine Mutter nicht öfter mal einspringen würde, könnte ich schon nicht mehr aus den Augen gucken vor lauter Arbeit. Wer, bitte, sorgt denn dafür, daß das Essen pünktlich auf den Tisch gebracht wird, Ordnung im Haus herrscht, geputzt, gebügelt, das Aquarium versorgt wird und, und, und – da kann ich nur sagen, ich würde gerne mit ihm tauschen. Da wäre ich gut bedient. Wenn ich den Führerschein hätte, würde ich mir das echt überlegen. Aber den läßt mein lieber Mann mich nicht machen, weil er sagt, daß sie zuerst Gummibäume an den Straßen pflanzen müßten.

Und dann, abends, wenn ich den ganzen Tag auf ihn gewartet habe, da habe ich als Frau ja auch mal andere Bedürfnisse als bloß fernsehen. Aber dafür hat er dann kaum noch Sinn. Der merkt nicht mal, daß ich beim Friseur war. Einmal die Woche Sex, und dann auch noch samstags, weil es sonst schon wieder zu spät für ihn wird und er dann morgens nicht aus dem Bett kommt – oder manchmal auch überhaupt nicht, weil der Herr einfach zu kaputt ist –, mehr läuft da nicht. Das ist mir zu wenig. Ich brauche mehr.«

Auf meinen Hinweis, daß dieses Mehr ja vielleicht möglich wäre, wenn Marieluise Jürgen einen Teil der morgens, abends und in der Mittagspause von ihm übernommenen Hausarbeit abnehmen würde, braust Marieluise auf. »Das fehlte noch! Nee, in der Zeit, wo er die Wäsche macht und so, da muß ich mich auch mal lang legen oder eine Freundin besuchen, ein Eis essen gehen oder einfach bloß so ein bißchen bummeln, Geschäfte angucken. Schließlich will man sich ja auch ein bißchen selbstverwirklichen. Immer bloß Haus und Kind – da geht man ja ein wie eine Primel ohne Sonne.«

Befragt, ob sie sich vorstellen könne, Jürgen zu verlassen, nickt Marieluise etwas zögernd. »Ich weiß nicht. Aber ich denke schon manchmal darüber nach. Als sich neulich meine beste Freundin hat scheiden lassen, hat sie zu mir gesagt, ich soll mich auch trennen, dann gründen wir eine WG und passen gegenseitig auf die Kinder auf und alles. Das könnte mir schon gefallen, glaube ich. Aber so ganz sicher bin ich mir dann doch immer nicht. Im Prinzip stehen der Jürgen und ich ja nicht Spitz' auf Knopf, wir kommen schon zusammen klar. Und da denke ich mir dann halt, daß es vernünftiger ist, zusammen, denn das Haus würden wir ja bestimmt verlieren, und das will ich auch wieder nicht.«

Jürgen über Marieluise

»Ich finde, sie soll sich ruhig mal was Schönes gönnen. Ich nehm ihr die Arbeit schon gern ab. Bei der Wäsche, da sind ja meine Sachen auch dabei, und die sind auch die größten. Die Overalls zum Beispiel, die sind schon sperrig. Und ich seh auch ein, daß sie nicht alles allein machen kann. Das Haus hat fünf Zimmer und den Keller, das schlaucht schon, wenn sie da putzen muß und alles. Das verstehe ich. Das muß ja nicht sein, daß sie den ganzen Kram selbst machen muß. Vielleicht kriegen wir auch mal eine Hilfe, dann wird es sowieso besser.

Was ich schlimm finde, ist eigentlich bloß, daß sie immer noch sagt, daß sie sich scheiden läßt, wenn das mit uns so weitergeht. Na, was soll ich denn aber machen? Ich kann doch nicht einfach den Job hinschmeißen. Wir brauchen das Geld, und das Haus haben wir auch erst gebaut. Und daß ich abends fertig bin und keine Lust mehr habe, tja, das versteht sie eben nicht. Da ist sie total unzufrieden. Das weiß ich. Aber, Mensch, wenn ich so fertig bin, dann krieg ich doch nichts mehr hin, und das ist dann auch wieder ein blödes Gefühl, wenn sie dann daliegt und lacht. Da kann einem echt alles vergehen. Na, und darum ist es eben so, wie es ist.

Aber daß sie wegrennt, die Angst, die hab ich schon. Und deshalb mach ich ja auch alles mit. Ich will ja doch, daß sie es gut hat bei mir. Daß sie merkt, ich nehme sie ernst und alles. Und ich liebe sie ziemlich. Da will ich sie doch nicht verlieren.«

Aus meiner Sicht

Marieluise ist genau das Beispiel Hausfrau, angesichts dessen jeder »Frau an seiner Seite« der Kragen platzen könnte, weil Hausfrauen wie sie einen Teil des Trugbildes prägen, welches das Rollenklischee »Hausfrau« bestimmt.

Es ist diese Sorte Hausfrau, die Hardlinerfeministinnen Wasser auf die Mühlen gibt und beipflichtendes Verständnis weckt, wenn es heißt, jede nicht erwerbstätige »Frau an seiner Seite« führe ein Dasein als »schmarotzende Luxusbiene«, deren Gatte als Arbeitsdrohne für Unterhalt und Zeugung und Haushalt zu sorgen habe. Zusätzlich ist sie es, die Cartoonisten als Vorlage für bissige Karikaturen und Witzeerfindern als Prototyp dummdreister Anzüglichkeiten dient. Und sie ist es auch, die Stammtischgeschwätz über »das bißchen Haushalt« wachhält. Das Negativimage der bequemen Langschläferin, die sich einen Ehemann geangelt hat, um versorgt zu sein, ist Frauen wie Marieluise auf den Leib geschneidert. Und gleich soll dieselbe Kluft auch allen anderen angepaßt werden.

Wird ein Beispiel wie ihres öffentlich, geht ein verständnissinniges »Ach, ja!« durch den Blätterwald. Die Tatsache, daß es Hausfrauen wie Marieluise gibt, scheint den bösen Zungen recht zu geben, die alle über einen Kamm zu scheren versuchen. Und schon steht die Hausfrau schlechthin wieder unter Beschuß.

Es fällt schwer, den Lästerzungen in einem solchen Augenblick Paroli zu bieten und zu beweisen, daß eine Schwalbe noch keinen Sommer macht. Jeder kennt ja irgendwo eine wie Marieluise oder glaubt zumindest, eine zu kennen, von der zu vermuten ist, daß sie als lebendes Aushängeschild ihres vermögenden Gatten fungiert. Frau Zahnarzt zum Beispiel, die den Doktortitel ihres Mannes über den eigenen Hauptschulabschluß gestülpt hat, oder Frau Bürgermeister, die als »kleine« Verkäuferin angefangen hat und jetzt »mit den großen Hunden das Bein heben will«. Wie rasch treiben Neid und Mißgunst auf dem Mistbeet der Gerüchte giftige Blüten. Und mit leichter Hand sind sie dann der Hausfrau in den Kranz gewunden, die ihr Leben »an seiner Seite« in keinem Lotterbett, sondern mit rund um die Uhr abzuleistender Familienarbeit verbringt.

Dieser Art Hausfrau gönnt man freilich keine Aufmerksamkeit. Denn wenn das Lob einer Hausfrau heute öffentlich freiwillig gesungen wird, dann muß es schon um so leuchtende Beispiele von »Superhausfrauen« wie die amerikanische Präsidentengattin Hillary Clinton oder die deutsche Ex-Bundeskanzlergattin Hannelore Kohl gehen. Um Frauen wie sie nämlich, welche den anderen Teil des Trugbildes von dem Wesen der Hausfrau ausfüllen.

Daß sie als »Superhausfrauen« und speziell von Feministinnen als Paradebeispiele der starken Frau hinter einem erfolgreichen Mann bejubelt werden, hat nur dem Anschein nach etwas mit Hausfrauendasein zu tun. In Wahrheit werden sie deshalb herausgestrichen, weil sie ihren Männern überlegen zu sein scheinen und ihnen die verfahrenen Berufskarren aus dem Dreck ziehen.

So wird der Spitzenjuristin Hillary Clinton nachgesagt, daß sie die geborene Präsidentenmacherin sei und nicht nur ihren von Sexskandalen gebeutelten Ehegatten an die Spitze der Vereinigten Staaten gepusht habe, sondern jeden beliebigen Dummen auf denselben Posten gebracht hätte. In Wahrheit, heißt es, lasse *sie* im Weißen Haus die Regierungsmarionetten tanzen. Ihren Billy, den sie cool und bewundernswert souverän immer wieder aus dem Sumpf der Untugend rette, allen voran. Die feministische

Botschaft ist, daß einer wie Clinton ohne Hillary ein »Noname« geblieben wäre. Und mit ihr jeder andere Präsident geworden wäre. Die Frau als die bessere Hälfte, die wahre Feministin eigentlich, die ihren Geschlechtsgenossinnen Ehre macht.

In Deutschland schien lange Zeit »Hillu« – man beachte die Parallele zu »Hillary« – Schröder Deutschlands Superhausfrau und Kanzlermacherin zu sein. Als Gespann Hillu-Schröder schienen sie wie die Überseevorbilder Hillary-Clinton die Regierung des Landes meistern zu wollen. Bis der Absturz kam. Das Ende der Superehe zuerst, dann die Frauensolidarität der Medien von der Arbeitsvermittlung für Deutschlands berühmteste Arbeitslose bis hin zu dem rachsüchtigen Versuch, Schröder als Mann zu diskreditieren, um den Politiker zu Fall zu bringen. Schließlich das kampflose Akzeptieren der Scheidung und damit das Abrutschen der als feministisches Aushängeschild uninteressant gewordenen Dame in die Bedeutungslosigkeit.

Und plötzlich war es Hannelore Kohl. Ganz unversehens wurde sie als Politikergattin auf den vakanten Thron der »Frau an seiner Seite« gehoben. In Hochglanz und Farbe strahlte die bislang als unscheinbare graue Maus hinter der Fülle des Kanzlers verschwindende »Hausbackene« mit dem allseits belächelten Kochbuchtick aus allen Gazetten des Landes. Angeheizt durch das Beispiel der Präsidentengattin, wurde aus Mutter Kohl unversehens die trotz ihrer 65 Jahre ewig jungmädchenhafte Grande Dame, die als kreative Modeschöpferin mit Mut zum knalligen Rot statt Kanzlergattinnenschwarz die eigenen Roben kreiert. Fern des milde belächelten »Saumagen«-Images vergangener Jahre wurde sie plötzlich als belesene Intellektuelle mit »legendären« kulturhistorischen Kenntnissen identifiziert, die sprachgewandt in ausländischen Talkshows parliert und ihrem in Fremdsprachen weniger versierten Gatten unschätzbare Dienste im hochpolitischen Amt leistet. Ja, daß sie selbst im Hinblick auf den Ausgang des turbulenten Wahlkampfes Öl ins politische Feuer zu gießen vermag, indem sie beruhigend meint, wer Kohl einmal habe, habe ihn lange.

In diesem Spannungsfeld der Marieluises und Superhausfrauen müssen sich die Alltagshausfrauen und Alltagsmütter bewähren.

Frauen, die wie Marieluise den Begriff der Selbstverwirklichung auf schlimme Weise mißverstanden und in Ausbeutung verkehrt haben, stellen für die Allgemeinheit der Frauen eine Art Frauenfeindbild dar. Wie sie will keine sein, doch steht jede unter dem Verdacht, genau so zu sein. Und da dieser Verdacht zum Allgemeingut geworden ist, artet der Versuch einer Richtigstellung immer öfter zum Kampf gegen Windmühlen aus.

Frauen wie Hillary Clinton oder Hannelore Kohl stellen im Vergleich dazu ein Frauenleitbild dar. Wie sie soll die Frau sein, die wegen ihrer herausragenden eigenen Verdienste auf dem Markt der geldwerten Vorteile trotz des Status' der Ehefrau einen Anspruch auf Ehre und eigenen Wert hat, sagen die Feministinnen und ihre Sympathisantinnen. Wenn schon nicht erwerbstätig, dann soll sie wenigstens die geistig und bildungsmäßig Überlegene sein, die ihren Mann öffentlich in den Schatten stellt bzw. dominiert und am besten auch gleich noch seine Karriere für ihn managt. Wer nur recht hinschaue, sehe ja, daß selbst Staatsoberhäupter wie Clinton und ehemals Kohl geistig minderbemittelter sind als ihre Frauen und ohne deren Hilfe politisch Schiffbruch erlitten. Folglich muß es nach feministischem Dafürhalten für alle heutigen gebildeten Frauen ein Leichtes sein, auf dem Rücken ihrer Männer eine eigene Karriere als politische Drahtzieherin oder wahres Familienoberhaupt aufzubauen.

In der Realität erweisen sich derartige Sichtweisen und Erwartungen als absurd. Sie führen dazu, daß Frauen entweder sich selbst und/oder ihre Ehepartner hoffnungslos überfordern. Während Frauen versuchen, wenigstens annäherungsweise »Superfrauen«, »Supermütter«, »Supersexweiber« und »Superpower-Ladys« zu sein, sollen ihre Ehepartner zumindest ebenso »Supermännern« entsprechen, die ihre Familien unterhalten, Frau und Kinder verwöhnen und ihnen zusätzlich ein gerüttelt Maß an Luxus gewährleisten.

Es soll die Wohnung stets tipptopp eingerichtet und gepflegt aussehen. Am besten wäre ein Eigenheim und schuldenfrei obendrein. Die Kinder müssen in Markenkleidung nach dem letzten Schrei daherkommen und mit modischen Accessoires ausgestattet werden. Ohne diesen Schnickschnack werden sie ja von ihresgleichen nicht akzeptiert und laufen dann als Beweis dafür herum, daß ihre Eltern versagt haben. Urlaubsreisen, mindestens eine pro Jahr und natürlich bloß im besten Hotel vor Ort oder dem begehrtesten Promi-Club in der Nachbarschaft, müssen ebenso sein wie teure Autos, hochwertige Camcoder und Fotoapparate in Profiqualität, die perfekte Einbauküche und was der Luxusartikel des Alltags mehr sind.

Wie Umfragen etwa bei Prüfstellen wie der Schufa zeigen, sind die meisten deutschen Haushalte schwer verschuldet. Kredite für Urlaubsreisen aufzunehmen gehört mittlerweile zum guten Ton.

In Marieluises Fall trafen falsche Erziehung des Kindes im Elternhaus, ein gerüttelt Maß an Überheblichkeit und überzogener Eigenliebe mit der Erwartung zusammen, daß der Mann ihrer Wahl sich allein deshalb glücklich schätzen müsse, weil er von ihr auserkoren wurde. Frauen wie Hillary Clinton oder Caroline von Monaco sind insofern ihr Vorbild, als Marieluise überzeugt ist, so wie diese attraktiv und begehrenswert zu sein und ihrem Mann den alles entscheidenden Kick zum Erfolg zu verschaffen, indem sie ihn zu immer mehr Leistung anspornt. Einen erfolgreichen, gut verdienenden und angesehenen Mann zu haben, der sie auf Händen trägt, ist für Marieluise Beweis ihrer eigenen Hochwertigkeit.

Jürgen wiederum ist der typische »verunsicherte neue« Mann, der sich aus mißverstandener Liebe und dem Wunsch, nur ja kein Macho zu sein, sowohl selbst zum Hampelmann macht als auch machen läßt.

In seinem Leben spielt mit Sicherheit eine große Rolle, daß er Scheidungskind ist. Seine Eltern waren bis zu seinem siebten Lebensjahr verheiratet. In dieser Zeit erlebte er eine schmerzlich unter den Launen und Machtansprüchen des Vaters leidende Mutter. Sie hatte einen großen Haushalt mit fünf Kindern in einer engen Hochhauswohnung zu versorgen und war damit völlig überfordert.

»Wir waren schon eine Rasselbande«, sieht Jürgen das heute. »Aber am schlimmsten war der Vater. Er war eigentlich das älteste Kind. Mutter mußte alles für ihn tun, ihm sogar die Schuhe anziehen und seine Butterbrote schmieren, während er vor dem gedecktem Tisch saß.« Ein Vater wie sein eigener wollte Jürgen nie werden. »Ich hab mir schon als Knirps geschworen, daß ich mal anders werde«, sagt er. »Die Mutter hat so oft geweint, wenn er gemein zu ihr war. Das habe ich mir zu Herzen genommen. Ich war in der Schule immer einer, der sich für die Mädchen stark machte und dafür von den anderen Dresche bekam. Aber für mich sind Frauen irgendwie so, daß ich sie beschützen muß. Ich kann gar nicht anders.

Und daß es jetzt mit der Marieluise nicht so ganz klappt, ist eigentlich das Schlimmste. Wegen unserer Tochter – weil ich nicht will, daß sie mal so aufwachsen muß wie ich. Aber auch wegen uns, so als Mann und Frau. Ich würde wirklich alles dafür geben, wenn das mit uns gutginge. Und ich will nicht der sein, der sich hinterher den Vorwurf machen muß, daß er nicht alles getan hat, was eben ging.«

Auf meine Frage, ob er unter Marieluises Verhalten leide, meinte er: »Doch, schon. Aber ich denke mir, daß sie auch ihre Gründe hat, wenn sie so ist. Sie war ja nicht immer so. Als wir geheiratet haben, war sie ganz anders. Aber da hatte ich auch noch mehr Zeit und konnte besser auf sie eingehen. Auch im Bett. Das jetzt, das ist schon Scheiß. Das verstehe ich ja auch. Wenn es umgekehrt wäre, wenn ich immer wollte und sie nicht, da wäre ich auch nicht glücklich drüber. Also, ich verstehe sie schon.«

Daß Jürgen aufgrund seiner traumatischen Kindheitserfahrungen ein Mensch geworden ist, der schlecht nein sagen kann und für den Frauen auf einem Sockel stehen, kann selbst ein psychologischer Laie erkennen. Seine Absicht, niemals ein Macho zu werden wie der eigene Vater, führte dazu, daß er Schwierigkeiten hat, seine Männlichkeit anders als in der Schwäche zu respektieren. Ein Mann, wie er ihn sich vorstellt, muß einer sein, der Frauen ritterlich schützt und in völliger Selbstlosigkeit alles für sie gibt, zur Not das eigene Leben. Auf diese Weise hat Jürgen kaum Schutzmechanismen für die eigene Person entwikkelt und kann sich nicht gegen Frauen abgrenzen. In den Fängen einer egoistischen Frau wie Marieluise kehrt sich seine Veranlagung absolut gegen ihn.

Es wäre unfair, Marieluise prinzipiell verteufeln zu wollen und ihr einen schlechten Charakter zu unterstellen. Auch sie ist zum großen Teil das Produkt ihrer Umwelt und bringt einige ihr Verhalten begünstigende Kindheitserfahrungen in die Ehe ein.

Sie wuchs als einzige Tochter unter drei Söhnen auf. Sie war, wie sie auf Kinder- und Jugendfotos zeigt, die sie stets stolz mit sich herumträgt, eine dralle kleine Person mit Ringellöckchen und einem frechen Lachen. »Dem Papa sein Augenstern und der Mama ihr Engele«, wie sie sagt. Die Brüder wurden von den Eltern streng dazu angehalten, ihre Schwester zu beschützen und ihr im Spiel jeden Willen zu tun. Wehe, einer wagte sie zu ärgern! »Dann gab's Kleppes!«, wie Marieluise sich erinnert.

Sie selbst bekam niemals »Kleppes«. Sie war »das Prinzeßchen« der ganzen Familie. Während die Brüder nacheinander die abgelegten Kleider auftragen mußten, wurde sie ausstaffiert. Sie hatte als einzige ein eigenes Zimmer. Sie bekam sofort ein neues Fahrrad und mußte nicht etwa mit einem der Räder ihrer Brüder vorliebnehmen. Sie hatte auch einen eigenen, neuen Schulranzen. Kurz, sie war die vergötterte Tochter, die den Papa um den kleinen Finger wickelte und der Mutter auf der Nase herumtanzte.

Vor ihrer Beziehung mit Jürgen hatte Marieluise bereits zwei gescheiterte Jugendlieben hinter sich. Diese waren jeweils daran zerbrochen, daß ihre Freunde sich gegen Marieluises Ansprüche zur Wehr setzten. Der erste hatte zum Beispiel nicht eingesehen, daß er wegen ihr mit seinen Freunden brechen und den Fußballverein aufgeben sollte. Für Marieluise hingegen waren dies selbstverständliche Grundbedingungen des Zusammenseins mit ihr. »Wenn ich einen liebe, dann will ich den nicht dauernd mit seinen Spezis teilen«, meint sie. »Und einer, der jede Woche zweimal zum Fußballtraining und jeden Sonntag auf den Fußballplatz will, also nee, das ist nichts für mich.«

In Jürgen fand Marieluise einen Verehrer, wie sie ihn sich erträumt hatte. Er sah gut aus, hatte ordentliche Manieren und war gewillt, sie auf Händen zu tragen. Wenn sie Launen hatte, übersah er sie. Wenn sie wütend war, fühlte er sich schuldig und rief sie ständig an, bis sie ihm wieder gut war. Er gab auch seinen Modelleisenbahnclub auf und war bereit, sich zum selbständigen Spezialisten für Tiefkühlkost schulen zu lassen, als Marieluise sagte, sie wolle nur einen Mann, der ihr etwas bieten könne.

Schon unmittelbar nach der Hochzeit hätte sie am liebsten zu arbeiten aufgehört. Als sie wenige Monate später schwanger war, kündigte sie umgehend, frisierte aber nebenher noch einige Zeit private Kundinnen »schwarz«. Als Lisa geboren wurde, kam dies nicht mehr in Frage, denn Marieluise ging zunächst voll in ihrer Mutterrolle auf. In demselben Maße, in dem sie sich beklagte, ihr falle die Decke auf den Kopf, wenn sie ständig nur Hausmütterchen spielen müsse, ließ Jürgen ihr die Mutterfreuden und nahm ihr Hausarbeiten ab. Nach und nach wurde er allerdings auch immer selbstverständlicher für Lisa zuständig. Diese Aufgabe übernahm er als liebevoller Vater sehr gern, zumal er spürte, daß Marieluise tatsächlich »mit den Nerven am Stock ging«, wie er es ausdrückt.

Da er aufgrund seiner sehr zeitaufwendigen Arbeit jedoch nicht oft genug auf das Kind aufpassen konnte, spannte Marieluise nun mindestens jeden zweiten Tag ihre Eltern ein, die entzückt über das Enkeltöchterchen waren und es ebenfalls nach Strich und Faden verwöhnten.

In der durch die Entlastung ihr zur Verfügung stehenden Freizeit widmete Marieluise sich diversen Hobbys oder Freundinnen oder ruhte sich aus. Jürgens Beruf brachte es mit sich, daß Tiefkühlgerichte immer griffbereit vorrätig waren, so daß Marieluise sich das lästige Kochen sparen konnte. Die Mikrowelle schien eigens für sie erfunden worden zu sein. Und wenn die kleine Familie doch einmal Appetit auf eine andere Geschmacksrichtung hatte, war Oma gern bereit, alle zum Essen einzuladen.

Kam Jürgen abends abgeschafft von der Arbeit, wartete Marieluise oftmals schon im Bett auf ihn. »Ich bin so ein Typ, der viel Spaß am Sex hat«, stellt sie fest. »Ich brauche das. Es entspannt mich. Wenn ich keinen Sex habe, kriege ich Nervenzuckungen und Bauchschmerzen und komme mir wie eine verrunzelte Alte vor, innerlich so ausgetrocknet. Außerdem kenne ich keinen Mann, der sich nicht alle zehn Finger und die Fußzehen dazu nach einer wie mir abschlecken würde. Wenn ich meine Freundinnen höre, wie die immer jammern, wenn der Mann mal unter der Woche will und nicht erst Freitagabend oder so, ja, dann denke ich immer, was ich bloß für eine dumme Kuh bin, daß ich noch immer nicht fremdgegangen bin. Eine wie ich könnte wirklich zehn Männer am Tag haben. Und was habe ich? Einen, der nicht mal einmal die Woche den Hengst machen kann. Ja, dann soll er doch wenigstens den Packesel machen und arbeiten, oder?«

Jürgens nachlassende Libido nahm Marieluise als Beweis der Mißachtung und reagierte teils empört, teils spöttisch. Daß er sich schämte, ihr nicht genügen zu können, merkte sie natürlich. »So ein junger Typ und schon impotent oder doch so gut wie. Das ist ja wirklich eine Zumutung für mich als Frau. Da bringt ja mein Vater noch mehr. Ist doch ein Witz, oder?«

Unter dem Strich kommt bei Marieluise und Jürgen eine Beziehung heraus, in der weder die Frau ihre eigenen Grenzen kennt und die ihres Mannes achtet, noch der Mann seine Grenzen ernst nimmt und diese in freundlicher Bestimmtheit gegen die Maßlosigkeit der Frau abzuschirmen weiß. Eigentlich ein Fall für eine Eheberatung, aber davon wollen beide nichts wissen.

Die Rettung für ihre Ehe sehen beide in einer festangestellten

Haushilfe. Und wer weiß, vielleicht ist sie das ja sogar. Vielleicht würde weniger Arbeit für Jürgen tatsächlich mehr Energie im Bett bedeuten. Und vielleicht würde mehr Lust im Bett für Marieluise mehr innere Ausgeglichenheit nach sich ziehen.

Das Problem ist das Geld. Aber auch da zeichnete sich zum Zeitpunkt unseres Gespräches bereits eine Lösung ab. Marieluises Eltern wollen ihrer Tochter künftig finanziell ein bißchen unter die Arme greifen.

»Für ihre beiden Prinzessinnen ist ihnen eben nichts zu schade«, lachte Marieluise stolz. Und Jürgen? Jürgen lächelte. Ein bißchen verlegen, ein bißchen beschämt, ein bißchen zuversichtlich. »Ich zahle es ihnen ja zurück«, stellte er klar. »Es ist ja nicht geschenkt. Wenn jetzt das neue Sortiment kommt, geht's mit dem Geschäft noch besser. Dann kriegen sie es zurück. Mit Zinsen, wenn sie wollen. Und es ist ja auch wirklich bloß für meine zwei Mädels. Ich komm schon klar.«

Die entmutterte Gesellschaft

Gleichberechtigt heißt nicht gleichartig

Als die Frauenbewegung begann, die traditionelle Familie aus Hausfrau/Mutter, erwerbstätigem Vater und Alleinernährer aufzulösen, war dies im Hinblick auf die bis dahin gesellschaftliche Unmündigkeit der Frau absolut notwendig.

Heute ist der Anspruch der Frauen auf gleiche Rechte wie Männer selbstverständlich und unter dem Kürzel »Gleichberechtigung« zu einem feststehenden Begriff geworden. Dennoch hat sich sein Sinngehalt im Lauf der Zeit gewandelt. War das erklärte Ziel zunächst auf den Rechtsanspruch reduziert, umfaßt es nun ganzheitlich den Anspruch, als Frau wie ein Mann zu sein. Das heißt, es steht nicht mehr das gleiche Recht im Vordergrund der feministischen Interessen, sondern das Gleich-Sein generell.

Hardlinerfeministinnen wollen in jeder Beziehung wie Männer sein. Im Eifer des Machtkampfes übersehen sie nur eines, daß nämlich selbst die vollkommene Gleichberechtigung und absolute Gleichstellung der Geschlechter keine Gleichartigkeit erzeugt. Auch wenn das Lieblingskleidungsstück moderner Frauen die den amerikanischen Westernhelden und harten Kerlen »entrissenen« Jeans sind, auch wenn sie Nadelstreifenanzüge mit Hemd und Schlips, Männerhaarschnitte und brettflache Bäuche lieben, bleiben Frauen anders und Männer auch.

Kleine Mädchen unterscheiden sich per se in ihrer ganzen Persönlichkeit von Jungen. Auch wenn es unter ihnen jungenhaftere und unter Jungen mädchenhaftere Charaktere gibt, so bleibt die Identität der Geschlechter doch unverwechselbar. Spätestens in der Vorpubertät, meist aber schon ab Schulbeginn grenzen Jungen und Mädchen sich aus eigenem Antrieb in aller Entschiedenheit gegeneinander ab. Ekelbezeugungen wie »Jungen sind iiih!« bzw. »Weiber sind doof!« gehören in diesem Alter fast unausweichlich dazu. Selbst dicke Kindergartenfreundschaften und erste Sandkastenlieben zerbrechen nun an der Andersartigkeit des jeweils anderen.

Jungen und Mädchen, Männer und Frauen sind aber nicht nur körperlich anders: Sie sind auch wesensmäßig anders, haben andere Vorlieben, andere Handlungsmuster, denken anders. Aus der Beobachtung der Folgen des jeweiligen Handelns konnte man seit jeher auf ein Anderssein schließen. Mütter mit Kindern beiderlei Geschlechts konnte dies immer schon. Mittlerweile wird es durch eine Fülle wissenschaftlicher Erkenntnisse aus Medizin und Sozialwissenschaft nachgewiesen.

Wenn Feministinnen heute behaupten, daß Männer und Frauen soweit umerzogen werden können, identisch zu funktionieren, identisch einsatzbereit, identisch programmierbar zu sein, so ist dies ein fataler Trugschluß. Seinen folgenschwersten Niederschlag erleben wir in der wachsenden Massenarbeitslosigkeit, der jährlich in Zehntausenderschritten steigenden Scheidungsquote sowie der damit eng gekoppelten galoppierenden Verarmung von alleinerziehenden Frauen und Kindern.

In der Massenarbeitslosigkeit schlägt sich die Gleichmacherei vor allem deswegen negativ nieder, weil immer mehr Frauen aus den traditionellen Frauenberufen in die typischen Männerberufe gedrängt werden, diese aber zusehends rar werden. Infolgedessen müssen Männer mit Frauen um nur einen von beiden zur Verfügung stehenden Arbeitsplatz konkurrieren. Verlierer sind beide Geschlechter. Im Kampf um hochwertige Führungsposten verliert häufig die Frau, die zwar gleichwertig ausgebildet sein mag, aber als die scheinbar weniger belastbarere entweder schneller entlassen wird als der Mann oder gar nicht erst in die engere Wahl kommt.

In den Scheidungsquoten erleben wir die fatalen Auswirkungen der Gleichmacherei, weil diese das naturgegebene Anderssein der Geschlechter ausschließt und weil Toleranz, Rücksichtnahme, Kompromißbereitschaft als scheinbar überflüssige, altmodische Werte einer längst überholten Vergangenheit belächelt werden. Fallen sie weg, reiben sich die Lebenspartner an überzogenen Erwartungen ebenso auf wie an unerfüllbaren Anforderungen.

Unter alleinerziehenden Müttern und Kindern fallen die bösen Folgen der Gleichmacherei ins Gewicht, weil sich hier am deutlichsten manifestiert, daß Mütter – anders als Väter – Kinder gebären und stillen und ihren Anteil an der intensiven Betreuung und Versorgung von Kindern deshalb in nicht vornehmlich pekuniärer Form – wie die den materiellen Lebensunterhalt absichernden Väter – leisten, sondern durch immaterielle Fürsorge. Da diese rund um die Uhr zu erbringen ist, schließt sie eine Erwerbstätigkeit der Mütter zumindest über eine gewisse Zeitspanne hinweg ganz oder weitestgehend aus. An dieser Stelle schließt sich der Kreis, denn die auf den Füßen der Gleichmacherei daherkommende Massenarbeitslosigkeit bedingt die Arbeitslosigkeit von immer mehr Vätern. Diese wiederum bedingt die Unfähigkeit zur Unterhaltszahlung an Mütter und Kinder sowie den Mangel an Steuergeldaufkommen. Aufgrund zusehends leerer werdender Staatskassen sind Streichungen von staatlichen Unterstützungen unvermeidlich. Massenarmut ist die bittere Folge.

Wie weit muß es noch kommen, bis wir unser jeweiliges Anderssein (wieder) realisieren und als etwas Positives annehmen?

Es ist verfehlt, wenn Leute, die Wirtschaftsinteressen und Finanzkalkül ebenso im Visier haben wie politische Macht, immer lauter dafür plädieren, daß Mädchen verstärkt in Männerberufen tätig werden sollen. Hier wird vorgegeben, Frauen aus den traditionell schlechter bezahlten frauentypischen Dienstleistungsberufen wegbringen und in besser bezahlte Tätigkeiten in der Industrie hieven zu wollen. Erinnern Sie sich? Dies hatten wir schon einmal, und zwar zu Beginn der Wirtschaftswunderzeit. Damals wie heute geht es den Verfechterinnen dieser Ziele um politische Macht für Frauen und den in das gleiche Horn stoßenden Wirtschaftsbossen darum, der Wirtschaft dringend benötigte Facharbeitskräfte zu verschaffen. Trotz der hohen Arbeitslosigkeit mangelt es nämlich an Fachkräften, weil immer weniger Jungen bereit sind, Handwerker zu werden. Ihr Ansturm auf Studienplätze und gehobene Dienste aller Art legt dafür beredtes Zeugnis ab.

Um das Ziel, mehr Frauen in Handwerksberufe zu locken, zu erreichen, wird ungeniert behauptet, eine Frau sei doch dumm, wenn sie eine Ausbildung in einem der als typisch weiblich bemäkelten Berufe anstrebe und mit weniger Einkommen zufrieden sei, als sie in einem der Männerjobs haben könnte. Zum »Beweis« werden glückstrahlende Mädchen in ölverschmiertem Blaumann oder gelbem Schutzhelm abgelichtet und interviewt. Daß sich viele Mädchen nicht aus bloßen Vorurteilen gegen einen solchen Männerberuf entscheiden, sondern weil sie einen objektiv begründeten Widerwillen vor den darin geforderten Tätigkeiten haben, wird als falsche Erziehung abgetan.

Seit sich immer klarer abzeichnet, daß Mädchen trotz entsprechender Werbung nicht massenweise in Männerberufe strömen und Facharbeiterinnen werden wollen, schult die Industrie ihre jungen Mitarbeiter zunehmend gezielt nach. Die Feministinnen hingegen fordern zur Verwirklichung ihrer Ziele bessere Einkommensmöglichkeiten in den typischen Frauenberufen.

Da die meisten von ihnen im Vergleich zu männertypischen Berufen mit geringer bewerteter Schulbildung oder kürzeren Ausbildungszeiten einhergehen bzw. außerhalb der zahlungskräftigen Industrie angesiedelt sind, werden die darin erbrachten Leistungen im allgemeinen weniger gut bezahlt. Erst wenn diese Unterschiede aufgehoben würden, wären die Forderungen der Feministinnen theoretisch realisierbar, daß Männer vermehrt Erziehungsurlaub nehmen, ihre Arbeitszeit reduzieren und ihre Karriere zurückschrauben, während Frauen verstärkt in den Beruf strömen. Langfristig ließe sich dann womöglich ein Jobsharing-Modell verwirklichen, bei dem ein Arbeitsplatz jeweils zu gleichen Teilen von einem Mann und einer Frau besetzt wird, deren gemeinsames Einkommen das Alleineinkommen nur eines Arbeitnehmers ersetzt. Ob mit einer solchen Perspektive, welche letztlich endgültig alle Frauen aus wirtschaftlichen Erwägungen heraus zur Erwerbstätigkeit zwingen würde, auch tatsächlich allen Frauen ein Gefallen erwiesen ist, fragt sich jedoch. Zwar wäre die Gleichmacherei der Geschlechter dann ein weiteres Stück vorangetrieben, für die »Frau an seiner Seite« wäre in einer solchen Gesellschaft jedenfalls kein Platz.

Doch auch das Grundgesetz hat Mütter

Als die Bundesrepublik Deutschland am 23. Mai 1999 ihren 50. Geburtstag feierte, blickten Frauen auf 50 Jahre Gleichberechtigung zurück. Genaugenommen war diese das Werk von vier Frauen, die als »Mütter des Grundgesetzes« in die Geschichte der Frauenbewegung eingingen: Friederike Nadig (SPD), Elisabeth Selbert (SPD), Helene Weber (CDU) und Helene Wessel (Zentrum).

Im Parlamentarischen Rat saßen sie Ende der 40er Jahre 61 Männern gegenüber, mit denen gemeinsam sie das Grundgesetz eines neuen demokratischen Deutschland entwarfen. In der Minderheit waren sie zwar, aber nicht minder engagiert als ihre Kollegen und fest entschlossen, die Gleichberechtigung von Frauen und Männern verfassungsrechtlich zu verankern.

Ein ebenso schwieriges wie bedeutungsvolles Unterfangen, denn erst zur Jahrhundertwende war das Bürgerliche Gesetzbuch in einer neuen Fassung in Kraft getreten. Gegen den heftigen Widerstand unzähliger Frauen schrieb es am 1. Januar 1900 die Vormundschaft des Ehemannes über die Ehefrau sowie die sogenannte »Hausfrauenehe« fest. Mit anderen Worten, der Mann hatte das Bestimmungsrecht und somit in jeder strittigen Entscheidung das letzte Wort, während die Frau lediglich zur Leitung des Hauswesens berechtigt war. Nahtlos ging somit die Tochter per Trauschein von der Vormundschaft des Vaters in diejenige des Ehemannes über. Die Folgen waren weitreichend. Wollte eine Ehefrau eine Arbeit annehmen, mußte sie ihren Ehemann um Erlaubnis fragen. Gestattete er es nicht, hatte sie keine Chance. Stand sie bereits in einem Arbeitsverhältnis, hatte der Ehemann sogar das Recht, nach Belieben bei ihrem Arbeitgeber anzurufen und ihren Dienstvertrag zu kündigen. Als Frau durfte sie ohne die Erlaubnis ihres väterlichen oder ehelichen Vormunds weder über ein eigenes Bankkonto verfügen noch ihr Erbe allein verwalten oder ihre in die Ehe eingebrachte Mitgift. Auch die als »elterliche Gewalt« umschriebene Sorge für gemeinsame Kinder war Sache des Vaters. Die Mutter hatte kein Recht, gegen seine Entscheidungen zum Wohle des Kindes zu handeln. Man unterstellte ihr schlicht, nicht zu wissen, was gut für sie selbst oder gut für ihre Kinder sei. Sie galt als geistig minderbemitteltes »töricht Weib«. Dies zeigte sich nicht zuletzt in der politischen Unmündigkeit der Frau.

Erst 1908 gestatteten die »Väter des Bürgerlichen Gesetzbuches« es »preußischen« Frauen, Mitglieder in politischen Parteien und Vereinen zu werden und Hochschulen zu besuchen. Zehn Jahre später, 1918, erlangten Frauen endlich auch das Wahlrecht. Und ein weiteres Jahr später, 1919, nahm sich der Staat erstmals der Gleichberechtigungsfrage an.

In der Weimarer Verfassung, die erstmals von Frauen mitgewählt wurde, wurden Mann und Frau für staatsbürgerlich gleichberechtigt erklärt. Das heißt, Frauen durften ebenso wie Männer wählen und gewählt werden. Mit dieser politischen Gleichberechtigung endete die Selbstbestimmung der Frau aber auch schon. Eherechtlich blieb das Bürgerliche Gesetzbuch von 1900 weiterhin gültig, so daß Frau und Kinder nach wie vor der Gewalt des Vaters unterstanden.

Die vier »Mütter des Grundgesetzes« taten sich schwer, nach den Jahren der Frauenentrechtung eine ganzheitliche Gleichberechtigung der Geschlechter durchzusetzen. Aber sie schafften es. Zuletzt mit Hilfe der von ihnen mobilisierten weiblichen Bevölkerung, die waschkörbeweise Protestbriefe gegen die männliche Vorherrschaft und Politik schickten.

Am 23. Mai 1949 war mit Artikel 3 Absatz 2 des Grundgesetzes und der schlichten Formulierung »Männer und Frauen sind gleichberechtigt« die Gleichberechtigung festgeschrieben und Teil des staatlich-politischen Paktes der Gesellschaft.

Freilich war der Prozeß der Gleichberechtigung damit nicht abgeschlossen. Die Neuformulierung des Grundgesetzes zog nicht automatisch die Anpassung aller anderen Gesetze nach sich. Vor allem das Bürgerliche Gesetzbuch lautete in entscheidenden Passagen nicht mehr konform und entsprach somit nicht mehr der Verfassung. Das heißt, es mußte die gesamte auf den Mann zugeschnittene Rechtsordnung umgeschrieben werden.

Jahre gingen darüber hin. Die tatsächliche Gleichberechtigung erreichten Frauen erst 1958 mit dem Inkrafttreten des bürgerlichen Rechts in der Bundesrepublik. Jetzt erst wurde das Recht auf das letzte Wort des Mannes und sein damit verbundenes Recht auf Bevormundung der Frau ersatzlos gestrichen. Doch auch danach blieb viel zu wünschen übrig. Fast 20 Jahre dauerte es, bis 1977 mit der als Jahrhundertreform gefeierten Novelle des Ehe- und Familienrechts die Anpassung der gesamten Rechtsordnung an das Gleichheitsgebot des Artikels 3 Absatz 2 des Grundgesetzes abgeschlossen war. Mit dieser Reform wurde das Leitbild der »Hausfrauenehe« endgültig aufgehoben.

Richtig besehen, ist die Gleichberechtigung der Frauen und ihr persönliches Selbstbestimmungsrecht in der Familie also erst 22 Jahre jung. Dies erklärt, warum sich die Wächterinnen in der Politik immer wieder stark machen und stark machen müssen, um nicht auf den Lorbeeren des Siegerkranzes zu rasten, sondern neue Siege zu erringen. Daß dies nicht nur ein frauenspezifisches Anliegen, sondern ein offizielles von höchster staatlicher Instanz ist, wurde mit der 1994 in Artikel 3 Absatz 2 des Grundgesetzes eingebrachten Erweiterung »Männer und Frauen sind gleichberechtigt. Der Staat fördert die tatsächliche Durchsetzung der Gleichberechtigung von Frauen und Männern und wirkt auf die Beseitigung bestehender Nachteile hin« verbrieft.

Seit eh und je ist die Frauenbewegung überwiegend »rot«. Kein Wunder also, daß die entscheidenden Veränderungen im Ehe- und Familienrecht, welche die Gleichberechtigung der Frau 1977 endgültig absicherte, unter einer maßgeblich SPD-getragenen Regierung zustande kamen. Obwohl 1999 erst wenige Monate in Amt und Würden, setzt die erste rot-grüne Bundesregierung diese Tradition merklich fort.

So wurde unter dem Slogan »Mehr Geld für Frauen, mehr Hausarbeit für Männer« am 21. Mai 1999 eine »Muttertags«-Initiative zur Änderung des Bürgerlichen Gesetzbuches in den Bundestag eingebracht. Anstatt Blumen und Pralinen müsse Frauen zum Muttertag eine Stärkung ihrer Rechte geschenkt werden, heißt es in der zugehörigen Presseerklärung Nr. 0196/99. Es sei skandalös, daß vor allem erwerbstätige Mütter täglich drei Stunden mehr Hausarbeit leisteten als Männer und oftmals weder die Höhe des Einkommens ihrer Männer kennten noch eine Bankvollmacht besäßen. Gesetzliche Reformen seien also überfällig. Diese hätten zu regeln, daß Männer ihren Anteil an der Haushaltsführung übernehmen und die Hausarbeit partnerschaftlich geregelt werde. Vor allem aber müsse der nichterwerbstätigen Frau endlich per Gesetz ein angemessener Teil vom Einkommen ihres Ehemannes zugestanden werden.

In einer breit angelegten Kampagne wurden seit Dezember 1998 von der frischgebackenen SPD-Bundesfamilienministerin Dr. Christine Bergmann, die als »Ost«-Politikerin Berliner Senatorin wurde und Karriere machte, in zunehmendem Maße Mitteilungen an die Presse gegeben, daß Frauen in unzumutbarem Ausmaß Opfer häuslicher Gewalt werden. Das Medienecho wuchs bundesweit mit Schlagzeilen wie »Jede dritte Frau ist von häuslicher Gewalt betroffen« (»Berliner Kurier« 20. 12.

1998), »Jede dritte bis fünfte Frau ist von häuslicher Gewalt betroffen« (»Berliner Morgenpost« 18. 4. 1998), »Jede dritte Frau wird im Lauf ihres Lebens Opfer häuslicher Gewalt, jede siebte Frau wird vergewaltigt« (»Berliner Morgenpost« 27. 5. 1999) oder »Eine von Frau Bergmann in Auftrag gegebene Untersuchung hat ergeben, daß jede siebte Frau in Deutschland mindesten einmal Opfer sexueller Nötigung oder Vergewaltigung wird« (»taz« 12. 5. 1999).

Hintergrund dieser europaweit anlaufenden Kampagne ist der Plan einer vom Bundesfamilienministerium und Bundesjustizministerium gesteuerten Gesetzesreform zur Verbesserung der Lage der Frau, nach dem es künftig ermöglicht werden soll, gewalttätige Männer sofort der ehelichen Wohnung verweisen zu können. Unter dem Motto »Schläger raus aus dem Haus« wurde dieser Plan wochenlang zum Leitartikel sämtlicher Medien.

In die Kritik gerieten beide Reformpläne, weil sie erstens zu dem Zeitpunkt, an dem die Presse massiv eingeschaltet wurde, völlig unausgereift und daher letztlich indiskutabel waren, zweitens einen massiven Eingriff in die Ehe darstellen und drittens den falschen Eindruck erwecken, nur Männer seien als Übeltäter auszumachen.

Was geht es den Gesetzgeber an, fragen sich Bürgerinnen und Bürger, wie mein Ehepartner und ich unser Familienleben regeln? Wieviel durchsichtiger soll der Mensch nach umfassendem Recht des Staates auf Lauschangriff und Bruch des Bankgeheimnisses noch werden? Wo machen Blick und Zugriff des Staates überhaupt noch halt?

Wie, fragen sich Bürgerinnen und Bürger weiter, will der Gesetzgeber denn überhaupt kontrollieren, wer innerhalb der Familie wann welche Hausarbeit erledigt oder nicht? Wie soll der Beweis erbracht werden, oder bedarf es keines Beweises? Etwa per Videospion irgendwo in der Stubenecke, bei Eheschließung oder gemeinsamem Wohnungsbezug nach gesetzlicher Vorschrift zu installieren? Oder genügt es zur Verurteilung, wenn einer der Ehepartner den anderen wegen unterlassener Hilfeleistung im

Haushalt anzeigt? Wie hoch soll das Strafmaß sein? Etwa so: 100 Mark für einen nicht entsorgten Müllsack – 150 Mark für einmal unterlassenes Staubsaugen – 200 Mark für nicht geglättete Ehebetten usw.? Oder gar Haft für den stehengelassenen Abwasch, tageweise verlängert, je dicker die Speisereste auf dem Geschirr haften? Und wie soll die per Gesetz verbriefte Strafandrohung für einen Rechtsbruch durchgesetzt werden? Gilt es, den Täter in Handschellen abzuführen? Anruf genügt?

Und wie steht es, wenn Frauen die Hausarbeit liegen und ihren Ehegatten oder Lebensgefährten überlassen? Wo bleibt die Gleichberechtigung, die der Gesetzgeber beiden Geschlechtern zubilligt, wenn zwar Frauen geschützt werden sollen, Männer hingegen nicht?

Mag man über diesen »Haushaltsplan« noch schmunzelnd den Kopf schütteln und ihn in die allzeit bereite große Ablage entsorgen. Die Anti-Gewalt-Kampagne ist ernst.

Ohne Zweifel ist sie per se sowohl richtig als auch notwendig und überfällig. Niemand kann Gewalt dulden. Und häusliche Gewalt ist kein Kavaliersdelikt, sondern eine Straftat. Wer Gewalt ausübt, ist zur Rechenschaft zu ziehen. Dennoch müssen sich die streitbaren Ministerinnen als Strippenzieherinnen der Aktion fragen lassen, woher sie denn das veröffentlichte Zahlenmaterial haben und warum sie ausklammern, daß häusliche Gewalt nicht nur von Männern gegen Frauen, sondern umgekehrt auch von Frauen gegen Männer ausgeübt wird? Fragen lassen müssen sie sich zudem, was mit den Tätern und Täterinnen geschehen soll, wenn sie denn der ehelichen Wohnung verwiesen werden.

In einem mir vorliegenden Schreiben vom 28. Mai 1999 räumte Frau Dr. Bergmann ein, daß die von ihr in Umlauf gesetzten Zahlen lediglich durch eine »repräsentative Untersuchung des Kriminologischen Forschungsinstitutes Niedersachsen zur ›Sexuellen Gewalt gegen Frauen im öffentlichen und privaten Raum‹« ermittelt wurden und ansonsten auf »Schätzungen/Erfahrungen aus dem Bereich der Nichtregierungsorganisationen fußen«. Exakte »neuere bundesweite wissenschaftliche Untersuchungen zum Ausmaß sexueller Gewalt und häuslicher Gewalt gegen Frauen liegen nicht vor. Auch die Polizeilichen Kriminalstatistiken weisen keine nach Geschlecht spezifizierten Zahlen aus.« Ferner sei eine »rechtstatsächliche Untersuchung zur Wohnungszuweisung bei Getrenntlebenden« zwar in Auftrag gegeben worden. »Der Abschlußbericht liegt jedoch noch nicht in seiner endgültigen Fassung vor«, so daß es »noch keine Daten über die Wohnungszuweisung geben« könne. Weiter sei derzeit erst geplant, »in Zusammenarbeit mit anderen Staaten der Europäischen Union eine Untersuchung in Auftrag zu geben, die es ermöglichen soll, Ausmaß und Umfang von Gewalt gegen Frauen europaweit vergleichen zu können.«

In der Presse stellte Frau Bergmann dies alles anders dar. Hier ließ sie keinerlei Zweifel an der Seriosität und Beweisbarkeit der Zahlenangaben, obwohl sie als Bundesfamilienministerin nicht nur wußte, daß ihre Angaben der materiellen Basis entbehren, sondern auch angesichts der Polizeilichen Kriminalstatistik 1997 (Abschnitt 2.1.5) insofern falsch sind, daß nicht nur Frauen zu Gewaltopfern werden und geschützt werden müssen.

Dies ist an einem Auszug der Veröffentlichung durch das Bundeskriminalamt ersichtlich, das hinsichtlich der Straftaten gegen Leib und Leben geschlechtsdifferenziert folgendermaßen aussieht:

Straftatbestand	**Angaben** in Prozent/absolute Zahlen	
	Männer	**Frauen**
Mord und Totschlag	66,8% (2478)	33,2% (1231)
Sexuelle Selbstbestimmung	6,9% (985)	93,1% (13 298)
Raub, räuberische Erpressung	69,2% (53 759)	30,8% (23 847)
Körperverletzung	67,4% (254 633)	32,6% (123 160)
Persönliche Freiheit	60,8% (85 383)	39,2% (55 049)
OPFERZAHLEN gesamt	**64,7% (397 058)**	**35,3% (216 585)**

Als weltoffenen Politikerinnen, die sich europaweit auf eine Gewalt-Studie einlassen, müßten Frau Dr. Bergmann als Bundesfamilienministerin und Frau Dr. Däubler-Gmelin als Justizministerin auch die 1999 in Dänemark veröffentlichte Studie des Männerforschers Hans Bonde von der Universität Odense über prügelnde Frauen, ratsuchende Männer und die Kehrseite der Emanzipation bekannt sein, welche eindeutig ergab, daß 30 Prozent der Männer schon mindestens einmal von ihrer Ehefrau oder Lebensgefährtin geschlagen wurde. »Frauen schlagen heute so oft wie Männer«, stellte Bonde fest und ermittelte ferner, daß sie nicht nur ihr Opfer mit Füßen und Fäusten traktieren, sondern die eigene Gewalttätigkeit auch noch als »progressiv« empfinden, während sie gleichzeitig Gewalt bei Männern als »reaktionär« abwerten (»DER SPIEGEL«, 7/1999).

Wer sich mit der Problematik des sexuellen Kindesmißbrauchs und der damit zusammenhängenden Art, die Öffentlichkeit aufzuklären, befaßt hat, kennt die bedenkenlose Hochrechnung ungesicherter Zahlenangaben nach dem Motto »der Zweck heiligt die Mittel« schon. Auch die zu Beginn der Aufklärungskampagne gegen das Verbrechen des sexuellen Kindesmißbrauchs veröffentlichte Hochrechnung, es würden allein in Deutschland alljährlich mindestens 300 000 Kinder zu Opfern, blieb bis heute unbewiesen. Ebenso die zu Anfang der 90er Jahre von vielen feministischen Beratungsstellen erhobene Behauptung, mindestens jedes 4. Kind werde sexuell mißbraucht. Keine rechtsstaatliche bundesweite Studie sichert diese Zahlen ab. Dennoch wurden sie so oft zitiert, daß sie heute in den Köpfen der Bürgerschaft verankert sind und zu einer beispiellosen Verunsicherung von Eltern sowie zu der bitterbösen Verleumdung geführt haben, jeder Vater sei ein potentieller Täter.

Letztlich mußte der Präsident des Deutschen Famliengerichtstages, Herr Professsor Willutzki, im Jahr 1994 verkünden, daß in mindestens 40 Prozent der strittigen Umgangs- und Sorgerechtsverfahren im Zusammenhang der Ehescheidung und elterlichen Trennung der Vorwurf des sexuellen Mißbrauchs gegen den Vater erhoben und in ca. 90 Prozent der Fälle als frei erfunden erkannt werde.

So wichtig es ist, Menschen vor Gewalt zu schützen, so entschieden ist eine manipulierende Information der Öffentlichkeit und Diffamierung der Männer abzulehnen. Auch dann, wenn dies den Zielen der Feministinnen nützen könnte, Männer auszugrenzen und Familien in der traditionellen Form zugunsten der Unabhängigkeit von erwerbstätigen und/oder alleinerziehenden Müttern aufzulösen. Wer Gleichberechtigung fordert und zu schützen behauptet, kann dies jedoch nicht durch das Erzeugen eines Ungleichgewichts und die Anwendung unlauterer Mittel.

Ein weiteres Indiz dafür, daß diese Anti-Gewaltkampagne ein voreiliger Schnellschuß und absolut unausgegoren war, mag darin erkannt werden, daß selbst »die Mutter des Kindschaftsrechts«, Margot von Renesse (SPD), die vorhandenen Gesetze als absolut ausreichend ansah und keinen Handlungsbedarf zur Verschärfung erkannte.

Damit nicht genug, müssen sich Frau Dr. Bergmann als Bundesfamilienministerin und Frau Dr. Däubler-Gmelin als Bundesjustizministerin der Frage stellen, wie sie denn mit denjenigen verfahren wollen, die wegen vorgeblicher oder erwiesener Gewalttätigkeit gegen Frau und Kinder aus dem Haus gewiesen werden. Wo sollen diese Menschen hin? Werden sie inhaftiert? Auf die Straße geschmissen? Und wenn sie kein Geld haben, sich eine Bleibe zu beschaffen? Keine Freunde, bei denen sie von jetzt auf nachher unterkommen können? Männerhäuser analog zu Frauenhäusern gibt es nicht. Diese lehnte Frau Dr. Bergmann bereits als Berliner Senatorin heftig und entschieden als überflüssig ab, als sie aufgefordert wurde, diese zur Entlastung von Frauen zu bewilligen. Also ab unter die Brücke oder auf die Parkbank? Und wie, wenn ein potentieller Gewalttäter nach der Vernehmung auf der Polizeiwache wieder auf freien Fuß gesetzt wird und geradewegs nach Hause eilt, um die abgebrochene Gewaltaktion zu beenden? Wie sollen die im Haus verbliebenen

Opfer geschützt werden? Durch Polizeibewachung? Personenschutz? Und wer stellt dafür die öffentlichen Mittel zur Verfügung?

Festzustellen bleibt, daß mit einer so oberflächlichen, propagandistischen Politik möglicherweise bei der Presse und sowohl parteipolitisch als auch für die eigene Eitelkeit der zuständigen Entscheidungsträgerinnen ein Imagegewinn zu erzielen ist. Der »Frau an seiner Seite« – sei sie nun erwerbstätig oder nicht – hilft sie leider nicht.

Neue Mütter braucht das Land?

Mit dem zusehends massiveren Bestreben der Frau, erwerbstätig zu sein, mußte konsequenterweise eine Veränderung in der Einstellung zur Mutterschaft erfolgen. In der einen Waagschale des sozialen Ansehens mußte die Mutterschaft der Erwerbstätigen steigen, in der anderen die Mutterschaft der »Nur-Hausfrau« hingegen fallen. Dies gelang leicht, indem man die Art des Kindergroßziehens durch eine nicht erwerbstätige Mutter mit dem Beigeschmack des Klammerns und Überbehütens im Sinne absurder Affenliebe versah. Dem Trend der Zeit entsprechend, wurde die »bessere« Mutter unter Erwerbstätigen ausgekundschaftet.

Es heißt, diese habe eine größere Distanz zum Kind und lasse ihm daher mehr Entwicklungsspielraum. Vor allem von Interessenverbänden Alleinerziehender wird die Qualität, nicht die Quantität der mütterlichen Nähe als entscheidend für das Wohl des Kindes gepriesen. Dies soll den wegen ihrer Erwerbstätigkeit aushäusigen Müttern die Sorge nehmen, ihrem Kind aus zeitlichen Gründen nicht gerecht werden zu können. Im gleichen Atemzug wird diejenige Mutter als erstrebenswertes Ideal bejubelt, die ihre Kinder von Anfang an gut »loslassen« kann.

Angebahnt hatte sich dies schon in den Jahren des deutschen Wirtschaftswunders. Am nachhaltigsten aber wandelte sich das Mutterbild in Zusammenhang mit den rapide gestiegenen Erwartungen an Konsum und Freizeitgestaltung. Diese schlugen sich in einem verstärkten Druck auf das Einkommen nieder. Man brauchte schlicht immer mehr Geld. Die außerfamiliäre Erwerbstätigkeit der Frau wurde immer selbstverständlicher oder unter dem Druck des gestiegenen Bedarfs und Verbrauchs zwingender. Alle Faktoren zusammen ergaben eine bezüglich Elternschaft zunehmende Unsicherheit und Hilfsbedürftigkeit.

Die »modernen« Mütter haben nunmehr aufgrund ihrer aushäusigen Erwerbstätigkeit ebensowenig Zeit für ihre Kinder wie die Väter. Beide von ihrem Erwerbsleben »gestreßten« Eltern haben nach Feierabend auch keine große Lust mehr, sich Nachwuchs, Haushalt und ähnlich »nervenden« Angelegenheiten zu widmen. Die Kinder scheinen immer »schwieriger« zu werden. Mutter und Vater werden kaum noch mit ihnen »fertig«. Nur zu gern wird die so anstrengende, zeitaufwendige und nicht zu schnellem Erfolg führende Kindererziehung immer mehr professionellen Händen überantwortet.

Erziehungsstile wie derjenige der antiautoritären Erziehung wurden hochgelobt und in der breiten Bevölkerung dahingehend gründlich mißverstanden, daß richtige Erziehung als »ganzheitliche Selbstfindung« und »Kindheit ohne Grenzen« stattfinden müsse. Das Nennen von Vater und Mutter beim Vornamen bürgerte sich zeitweilig zum Beweis autoritätsfreier Freundschaft statt autoritärer Elternschaft ein. Konsequenzen als Mittel zur Strukturierung des kindlichen Tatendrangs und Erfahrungsammelns wurden verpönt. Selbst das informative Gespräch zwischen Eltern und Kindern geriet in den Ruch des Kontrollanspruchs, wurde zurückhaltender, unsicherer, seltener.

Automatische »Babysitter« wie Cassettenrecorder und Fernsehen ersetzen mehr und mehr die persönliche Nähe. Geld in Form von Spielzeugbergen, Designerklamotten, Markenfahrrädern in dreistelligen Preisklassen sowie ein dem gestiegenen Einkommen beider erwerbstätiger Eltern angepaßtes Taschengeld geraten zum meßbaren Beweis der Zuwendung. Um Zuneigung und Liebe zu zeigen, müßte man statt dessen etwas Zeit aufbringen.

Gerade die aber haben erwerbstätige Eltern nun einmal nicht mehr. Nun, man kann ja auch nicht alles haben. Kinder müssen schließlich einsehen, daß von nichts nichts kommt. Da Eltern aber ebenso wie ihre Kinder spüren, daß hier irgend etwas nicht stimmt und zumindest den Kindern etwas fehlt, suchen beide Seiten nach dem Schuldigen. Eltern schieben sich die Verantwortung für das Defizit natürlich nicht in die eigenen Schuhe. Anstatt zu realisieren, daß Kinder zuallererst einmal familiäre Geborgenheit und vor allem Eltern brauchen, die für sie da sind und Zeit, Geduld, stabile Nerven und Aufmerksamkeit aufbringen, klagen sie diejenigen an, denen man die Kinder zur Erziehung anvertraut hat. Schließlich zahlt man Steuern und Sozialabgaben en masse, da soll der Staat gefälligst dafür sorgen, daß etwas geschieht fürs viele Geld. Lautstark erschallt bis heute der Ruf nach mehr und besser ausgestatteten »Klein- und »Schulkinderverwahranstalten«, nach mehr Erziehungspflichten für Erzieher/innen und Lehrer/innen, nach mehr und vielfältigeren Freizeitangeboten und damit verbundener sozialpädagogischer Betreuung sowie nach mehr therapeutischen Einrichtungen für Kinder und Jugendliche.

Einzig der Ruf nach mehr Familie, nach mehr Mutter und Vater, verhallt weitestgehend ungehört. Wohl deshalb, weil er aus Kindermund kommt. Aus dem Mund von Kindern nämlich, die erstens vergeblich bei allerlei Umfragen angeben, daß das, was sie sich am meisten ersehnen, mehr Zeit von Mama und Papa ist. Und die zweitens die Schuld dafür, daß dieser Wunsch nicht erfüllt wird, bei sich selbst und ihrem eigenen, den Eltern nicht gefälligen Verhalten suchen.

Gefragt, wann ihre Mutti denn wohl öfter und ausgiebiger mit ihr spielen würde, meinte zum Beispiel die sechsjährige Nina: »Ich müßte halt braver sein und die Mutti nicht so viel nerven.«

Der gleichaltrige Toni dachte sich: »Wenn ich mein Zimmer besser aufräumen würde, wäre meine Mama nicht so sauer auf mich und würde mir vorlesen.« Sabrina, gerade acht geworden, meinte: »Es ist, weil die Mama immer so viel Liebeskummer hat, weil ich halt da bin und sie deshalb keinen Mann mehr kriegt, weil einer ja keine Frau will, die schon ein Kind hat, das immer überall mit dabei ist.«

Ich habe diese drei und viele andere Kinder aus Kindergärten, Vorschulen, Grundschulen und den beiden ersten Klassen der sogenannten Orientierungsstufen befragt. Ihre Antworten haben mir oft weh getan, manchmal auch den Spiegel vorgehalten und mich mit der tiefen Weisheit erstaunt, die ihnen innewohnt. Immer haben sie mich zum Nachdenken gebracht.

Jugendliche haben auf der Suche nach Schuldigen andere Erklärungen, aber ebenfalls Erklärungen, die ihre Eltern in Schutz nehmen. Sie begründen das »Loch in ihrer Seele« und den Verlust des sicheren Gefühls, bei allem, was sie tun, letztlich aufgefangen zu werden, mit der Leistungsgesellschaft. Von der Wiege bis zur Bahre Spitzenleistungen bringen zu müssen, um sich davon etwas leisten zu können, ist in ihren Augen »ätzend«. Viele von ihnen versuchen auf ihre Weise dagegen anzukämpfen, indem sie Leistung verweigern, zerstören, was durch Leistung hervorgebracht wurde, Aggressionen gegen Leistungsträger freisetzen, im schlimmsten Fall die Obdachlosigkeit oder den Suizid wählen.

Alarmierende Zahlen vom Anstieg der Kinder- und Jugendkriminalität füllen fast täglich die Zeitungen. Doch nur ganz allmählich dämmert die Erkenntnis, daß es sich hier nicht so sehr um sinnlose Zerstörungswut handelt, sondern vielmehr um einen Hilfeschrei. Um die nonverbal, mit ganzer Seele und ganzem Leib herausgeschriene Sehnsucht nach mehr Mutter und mehr Vater, nach Liebe und Geborgenheit.

Mutter sein – bloß nicht?

In Österreich haben im Frühjahr 1997 fast 650 000 Wählerinnen und Wähler das sogenannte »Frauenvolksbegehren« unterzeichnet, welches gleichen Lohn für gleiche Arbeit ebenso verlangt wie mehr Teilzeitarbeitsmöglichkeiten, das Anrechnen von Erziehungszeiten auf die Pensionsberechtigung und anderes mehr. In der Sache eine »normale«, feministisch gesteuerte Volksmobilmachung mit den bekannten, durchaus sinnvollen Zielen.

Besorgniserregend wird es erst, wenn als Zielsetzung bekannt wird: »Es geht um die Verteilung von Privilegien, um die Neuverteilung von gesellschaftlichen Positionen, von Arbeitsplätzen ... Und es geht natürlich um Macht.« In fast demselben Atemzug, aber in bewußter oder unbewußter Verkennung der Tatsachen wird deklariert, die Vertreterinnen des Volksbegehrens stünden stellvertretend für alle Frauen auf den Barrikaden. Vergessen oder verkannt wird, daß es hier wieder einmal ausschließlich um die erwerbstätige Frau geht. Um die nichterwerbstätige »Frau an seiner Seite«, um die nichterwerbstätige Mutter geht es nicht. Überhaupt »Mutter« – als dreifache glückliche Mutter las ich unlängst mit fassungslosem Staunen und wachsender Empörung in der Endfassung eines UNO-Textes, der auf der Weltfrauenkonferenz in Peking entstand, daß das Wort »Mutter« durch die Umschreibung »Frauen während der Zeit der Kindererziehung« ersetzt worden war. Dies allein deshalb, weil die Delegierten der Konferenz die Auffassung vertraten, die moderne, fortschrittliche Frau müsse sich als diskriminiert ansehen, wenn man sie als »Mutter« kennzeichne.

Fortschritt hin oder her – ich denke, wer eine solche Ersatzformel nötig zu haben glaubt und sich durch das Wort »Mutter« im weitesten Sinne entehrt fühlt, hat die eigene Mutter nie geliebt. In jedem Fall aber sehe ich ihn als einen Menschen an, der schwerwiegende Probleme mit der eigenen Indentität als Frau und entweder keine Kinder hat oder diese nicht liebt. Auch wer Mutterschaft in einer der Schwangerschaft vergleichbaren temporären Begrenzung wahrnimmt und sie loslöst von ihrer immerwährenden emotionalen Bindung an das Kind, weiß offenbar nicht, wovon die Rede ist. Wieder einmal drängt sich mir an dieser Stelle der Vergleich mit Aldous Huxleys voll kollektivierter, voll entindividualisierter, voll roboterisierter »Schönen neuen Welt« auf, in der es verboten ist, das Wort »Mutter« zu verwenden, weil es seinen Sinn verloren hat und schlechte Gefühle erwecken könnte.

Sind wir schon so weit? Paradies Erwerbstätigkeit, unerträglich lästiger, diskriminierender Frondienst Mutterschaft?

Ist Mutterschaft tatsächlich nur mehr »Kinderaufzucht«, wie die (selbst kinderlose) Journalistin Christiane Grefe in der Berliner »taz« im Mai 1997 formulierte? »Kinderaufzucht« – es klingt hart an »Ferkelaufzucht«, »Kälberaufzucht« und ähnliche Einrichtungen zur Schlachtviehproduktion an. Und genau wie im professionellen Aufzuchtsbetrieb nichts ohne Rund-um-die-Uhr-Versorgung und Fachpersonal geht, brauchen Mütter, laut Grefe, Helfer, Helfer und nochmals Helfer. Weinerlich wird da geschimpft, daß die »Familienpolitik alle Anstrengungen der Kinderaufzucht privatisiert« und Frauen »mutterseelenallein« lasse.

Frauen haben heute, so Grefe, nur die Wahl, »unzulängliche Mütter« zu sein, die bei der »Kinderaufzucht alles falsch« machen und »auch im Job nur ein bißchen gut« sind, oder »langweilige Hausfrauenmütter«. Oder, nicht zu vergessen, »eiskalte oder schrullig verklemmte, kinderlose Karriereziegen«.

Kein Wunder also, daß Frauen sich abreagieren müssen, indem sie »im Kinderkriegen aufeinander los« gehen. »Da suchen«, meint Grefe, »die Nur-Mütter bei den Sprößlingen der berufstätigen akribisch nach psychischen Auffälligkeiten. Die Doppelbelasteten schießen triumphierend mit Studien zurück, denen zufolge ihre Kinder seltener fernsehen ... Und beide Mütter-Arten gemeinsam gehen auf uns egoistische Kinderlose los, weil sie uns, die wir die Entscheidung aus lauter Angst vor der Zerreißprobe ständig aufgeschoben haben, um unsere Freiheit beneiden.«

Mir kommen die Tränen! Allerdings Tränen des Zorns, wenn ich dies lese. Welche Bilder von Frauen werden da entworfen? Wird eine Mutter da nicht auf eine Kinderwerfmaschine reduziert, die für den Staat den Stoff produziert, aus dem künftige Steuerzahler sind? Ein Kuckuck, der Eier in das gemachte Nest eines anonymen Versorgerstaates legt und sich dann davonmacht, der roten Sonne entgegen?

Kinder – und das schreibe ich mit absoluter Gewißheit – brauchen weder eine Rund-um-die-Uhr-Versorgung durch eine »Kinderaufzuchtanstalt«, damit sie dort »intensivere Beziehungen zu anderen Erwachsenen als immer nur den Eltern« aufbauen, noch eine verstaatlichte Ganzheitsversorgung in »vitalen, neuen Ganztagsschulkonzepten«, sondern Liebe und ihre beiden Eltern und davon in reichem Maße.

Haben wir Frauen und Mütter – die wir unser Frausein ebenso genießen wie die Freude der Mutterschaft und die Liebe zu und Wiederliebe von unseren Kindern und deren Vater – es heute tatsächlich nötig, uns als jämmerlich unfähige Klageweiber karikieren zu lassen? Müssen wir uns von Frauen, die selbst keinen Mut, keine Kraft oder schlicht keine Lust haben, ihr Frausein auch als Mutter auszuleben, in dieser Weise schmähen lassen?

Worauf, bitte, sollte eine glückliche »Frau an seiner Seite« und Mutter denn überhaupt neidisch und eifersüchtig sein? Auf die »Freiheit der kinderlosen Erwerbstätigen«, meint Grefe vollmundig. Auf die Freiheit eines Tarifvertrages also und die Freiheit eines abhängigen Beschäftigungsverhältnisses? Welch armselige Freiheit!

Wer so denkt und spricht, steckt den Kopf in den Sand, um die Folgen der Entmutterung, der Abwertung des Hausfrauendaseins und der Auflösung von traditionellen Familienstrukturen nicht zu sehen. Folgen wie die, daß zum Beispiel die Abtreibungszahlen Jahr um Jahr in die Höhe schnellen. Daß durchschnittlich nur noch 1,3 Kinder pro Familie überleben. Daß die dünn gewordene Gruppe der Jugendlichen von immer mehr psychisch bedingten Krankheiten heimgesucht wird und ihre Verlassenheit, ihre Lebens- und Zukunftsangst in Aggressionen nach außen und innen in Form von Kriminalität sowie Eßstörungen, Drogen und Selbstmord hinausschreit. Oder die Folge, daß immer mehr Familien an Gefühlskälte, Egoismus, Selbstverwirklichungswahn und Finanzmiseren zerbrechen, die vornehmlich deshalb entstehen, weil Männer und Frauen (aber zusehends mehr Frauen) nicht mehr bereit oder fähig sind, ihr Ego zurückzunehmen, um einem Wir-Gefühl Raum zur Entfaltung zu bieten.

Richtig, jetzt tauchen in der feministischen Argumentation garantiert wieder die abwesenden Väter auf, die doch längst als unfähige Frauenausbeuter enttarnt und abgeschoben sind. Die sind es, die es sich hinter die Ohren schreiben müssen, daß Deutschland ein kinderfeindliches Land ist, welches die Konditionen der Kinderrechtskonvention immer noch nicht erfüllt hat. Die Männer und nur sie sind es, die ihre Kinder der beruflichen und privaten Egomanie zum Opfer bringen.

In völliger Verdrehung der Tatsachen versuchen Feministinnen ihre Wahrnehmung der Wahrheit zur ganzen Wahrheit zu erklären, indem sie behaupten, daß Mütter als die einzigen Opfer einer »Lichtjahre hinter der gesellschaftlichen Entwicklung« (Zitat Grefe) herhinkenden Politik mit ihren Kindern dastehen und sich krummrackern an Leib und Seele. Sie haben nicht einmal ein »soziales Verwandtschafts-, Geschwister- und Nachbarschaftsnetz«.

Falls Sie sich wundern, daß Hardlinerfeministinnen sich plötzlich für Mütter in die Bresche schlagen sollen, obwohl ich noch vor wenigen Seiten die These ausgearbeitet habe, daß sie sich ausschließlich den Interessen der erwerbstätigen Frau widmen, so ist dies nur scheinbar ein Widerspruch. In Wahrheit geht es Feministinnen ja nicht um Mütter generell, so wie es ihnen auch nicht um Frauen generell geht. Ihre Perspektive umfaßt liniengetreu die erwerbstätigen und unter diesen wieder ganz besonders die alleinerziehenden Mütter, die als Prototypen der modernen, jungen Frau von heute nach dem Motto leben »Kind ja, Ehe nein«.

Über diese Mütter zu reden, ist, wie »EMMA«-Autorin Uta König es im »SPIEGEL« formulierte, die Argumentation der Hardlinerfeministinnen, die Mutterschaft als Machtmittel gegen den Mann entdeckt haben und sich seitdem intensiv der Stärkung jener Mütter verschreiben, welche trotz Mutterschaft einer anständigen Arbeit nachgehen und Geld verdienen, wenn nicht sofort, dann doch spätestens nach Ablauf des gesetzlichen Mutterschutzes. Mütter als »Frauen an seiner Seite« sind nicht gemeint.

Erinnern Sie sich zum Beweis an das bereits an anderer Stelle aufgegriffene Zitat der Berliner Ex-Senatorin Heide Pfarr aus dem »Wiesbadener Kurier« vom 23. 8. 97, in dem es heißt: »Wenn sie sagt: Ich bin aber so gern die Frau an seiner Seite, dies ist mein weiblicher Lebensentwurf. Diesen weiblichen Lebensentwurf unterstütze ich nicht, sondern bekämpfe ihn, wo ich ihn treffe. Einem anderen Menschen durchs Leben zu helfen, der deshalb sechzehn Stunden arbeitet, um den Frauen, die da auch arbeiten, unerträgliche Konkurrenzbedingungen zu schaffen, weil er immer ›ick bin all do‹ ruft – nix! Diesen weiblichen Lebensentwurf kennen wir. Den werde ich nicht achten, nicht unterstützen.« Oder denken Sie an die Worte von Christiane Grefe (»taz«, 5/97). Wenn Mütter Fehler machen, argumentiert sie, dann allenfalls dergestalt, daß sie in die andere Richtung entarten. Dann nämlich, wenn aus ehemals cleveren Erfolgsfrauen plötzlich »Mittelschichts-Ganztagsmütter« werden, die »mein Kind ist jetzt mein Beruf« denken und dieses »kurz und klein lieben«, indem sie es zu einem »professionell betriebenen Objekt« machen.

Längst hat die internationale Forschung in zahlreichen Dokumentationen beispielsweise von Wassilios Fthenakis, Uwe Jörg Jopt, Penelope Leach, Anneke Napp-Peters und vielen anderen nachgewiesen, was jede Mutter seit jeher weiß: daß nämlich die

Erziehung der Kinder zu lebenstüchtigen, verantwortungsbewußten, mündigen Erwachsenen nur dann gelingen kann, wenn eine enge, liebevolle Mutter-Vater-Kind-Beziehung existiert. Längst liegen auch gesicherte Erkenntnisse darüber vor, daß Männer nicht die besseren Mütter sein können, selbst wenn sie es sein wollten. Sie sind weniger empfindsam, weniger geduldig, reden weniger und wenn, dann seltener über Gefühle als Frauen. Nicht, daß sie deshalb schlechter wären als Frauen. Nein, nicht schlechter, aber anders.

Und Menschen sind nun einmal keine Kunstprodukte, die jederzeit ad hoc nach Belieben wandelbar wären. Menschen sind das Ergebnis einer unvorstellbar langen Evolution, nach deren Gesetzen ein Kind ohne die zärtliche Fürsorge und Pflege einer Mutter und ohne den zuverlässigen Schutz eines Vaters an Verlassenheit und Vernachlässigung sterben muß. Und so sehnt sich jedes Kind aus den Urtiefen der Seele mit aller Macht danach, diese Mutter und diesen Vater für sich zu haben, um sicher und geborgen zu sein. Ohne die Liebe, Fürsorge und, ja, auch eine gute Portion Opferbereitschaft von Mutter und Vater geht es nicht.

Wer immer uns Frauen vorgaukelt, alles haben zu müssen und zu können, und zwar auf einmal, baut uns den Turm zu Babylon ein weiteres Mal einsturzbereit auf. Eine steile Karriere in einem sinnerfüllten Beruf, ein Mann, der unserer Selbstverwirklichung Flügel verleiht, indem er selbst zum Bodenpersonal wird, sich in jeder Weise glücklich entwickelnde Kinder mit der Fahrkarte zum Erfolg schon in der Tasche, ein Haus in den Bergen und eines am Meer, Urlaub zu jeder Jahreszeit, Freunde und den Regen aus roten Rosen ganz allein für uns mitten im Winter – das wäre der berühmte Topf aus so vielen Märchen am Ende des Regenbogens.

Wenn Feministinnen auf die Straße gehen, um sich zu Vorkämpferinnen für die Interessen tatsächlich aller Frauen zu machen, sollten sie endlich aufhören, Frauen in die Erwerbsarbeit drängen zu wollen, nach mehr staatlichen Muttersatzleistungen, nach mehr »Männer an den Herd« zu verlangen. Sie sollten aufhören, männlicher als Männer sein zu wollen, und sich darauf besinnen, daß die Macht der Frau eine andere, aber keine schlechtere als die der Männer ist und nicht ersetzt werden darf. Es gilt auch nicht, die Gesellschaft zu entmuttern, indem die Wörter »Mutter« und »Mutterschaft« ausgemerzt und durch lächerliche Worthülsen ersetzt werden.

Andererseits ist es auch keine Lösung, Frauen in die Erwerbslosigkeit zurückzuschieben und Zustände wie zu Kaisers Zeiten heraufzubeschwören. Niemand kann dies wollen. Der berechtigte Widerstand von Frauen und Männern, welche die ursprünglichen Ziele der Frauenbewegung auf Gleichberechtigung der Geschlechter, freies politisches Wahlrecht und persönliche Entscheidungsfreiheit für alle mittragen, wäre jedem gewiß, der alte Zöpfe neu wachsen lassen wollte.

Eine Lösung aber wäre es, wenn Politiker/innen aller Couleur und mit ihnen auch die Hardlinerfeministinnen die alte Weisheit von der Familie als Keimzelle des Staates neu verinnerlichen und diese nicht wie bisher in immer groteskeren Varianten der wirtschaftlichen Benachteiligung an den Rand der Gesellschaft drükken würden. Vergessen wir doch nicht, daß die klassische Familie noch lange nicht zum alten Eisen gehört und Beziehungen ohne Trauschein nach wie vor eher Testballons als Dauerlösungen sind. Trotz der knapp fünf Prozent von allen deutschen Haushalten mit Kindern, die in nichtehelichen Lebensgemeinschaften zusammenleben und der auf rund 14 Prozent angestiegenen Anzahl der Alleinerziehenden, sogar trotz der gut 40 Prozent unehelich geborener Ostkinder geben die Ehepaare mit über 80 Prozent in der Gesellschaft den Ton an. Trend steigend! Und wenn Beziehungen zerbrechen, sind die nichtehelichen mit 80 Prozent immer noch stärker gefährdet als diejenigen mit Trauschein mit nur 20 Prozent.

Der ehemaligen Bundesfamilienministerin Claudia Nolte (CDU) blieb 1998 angesichts dieser anläßlich einer Studie des Deutschen Jugendinstituts ermittelten Zahlen nur die verwunderte Feststellung, bei näherer Betrachtung komme ihr »der vielbehauptete Trend weg von der Familie« lediglich »wie eine Seifenblase« vor.

Jeder Staat, auch der deutsche, löst sich ohne Frauen und Männer, die bereit sind, Eltern zu werden und ihre Kinder miteinander in dauerhafter häuslicher Familiengemeinschaft großzuziehen, in Nichts auf. Familienarbeit und Kindererziehung bedeuten höchste Beanspruchung. Vor ihr in die Erwerbstätigkeit und damit die überschaubareren Anforderungen zu fliehen wirkt sich nachhaltig negativ aus. Die grassierende Jugendkriminalität und -vernachlässigung legt beredtes Zeugnis dafür ab. Nicht zuletzt aber ist die Familienarbeit gesellschaftlich von höchster Relevanz, denn wir leben in einem Sozialstaat, in dem die nachwachsende Generation die vorhergehende versorgt und absichert.

Familienpolitik im Hinblick auf Familienentlastung ist in jedem Wahlkampf ein heißes Thema. Fatal nur, wie schnell es nach der Wahl wieder erkaltet und in der großen Ablage vergessen wird – bis zum nächsten Mal, wenn es erneut gilt, die Wähler/innenstimmen mit der Leimrute fauler Versprechungen zur Wahlurne zu locken. Einhellig wurde von Rot-Grün beteuert, endlich die staatliche Subvention von kinderlosen Ehepaaren abschaffen zu wollen und statt dessen ausdrücklich Familien mit Kindern zu fördern und zu entlasten. Immerhin wüchsen in ihnen die Rentenzahler von morgen heran, welche in absehbarer Zeit eine immer breiter werdende Schicht von (immer mehr selbst kinderlosen) Rentnern versorgen müssen. Nach dem Wahlsieg 1998 blutet auch der rot-grüne Staat Familien mit Kindern permanent aus. Das als Almosengabe wirkende Kindergeld bzw. der Kinderfreibetrag legen allenfalls ein Notpflästerchen auf, welches nicht einmal die erheblichen Ausbildungskosten für Kinder auch nur annäherungsweise mitträgt. Wer argumentiert, daß Kinder nun mal Elternsache sind, übersieht, daß nur ausgebildete Erwachsene zu Erwerbstätigen werden, deren Einkünfte dem Staat und somit der Allgemeinheit über den Umweg von Abgaben zugute kommen. Jeder Steuerberater muß mit bedauerndem Schulterzucken einräumen, daß Familien mit dem Löwenanteil von 87 Prozent der Kinderkosten völlig alleingelassen werden und somit im Vergleich zu kinderlosen Ehepaaren ganz eindeutig auf der Strecke bleiben.

Kinderlose gegen Eltern mit Kindern, schrieb der Freiburger Soziologe Günter Burkhart am 26. Januar 1996 in der »ZEIT«, genau das sei der soziale Konflikt der Zukunft. Während die einen in egomanischer Unabhängigkeit schwelgten und Lebensstil pflegten, erlebten die anderen aufgrund ihrer Elternschaft berufliche und finanzielle Nachteile. Daß sich angesichts einer so ungleichen Lastenverteilung innerhalb einer sozialen Gesellschaft, deren Zielsetzung unter dem Leitgedanken »einer trage des anderen Last« steht, öffentlicher Handlungsbedarf abzeichnet, wurde von Burkhart angedacht, indem er formulierte: »Vielleicht ist es langfristig unumgänglich, Elternschaft als Beruf anzusehen.« Auch Claudia Nolte als ehemalige CDU-Familienministerin sprach es zwar zaghaft, aber immerhin an, als sie 1997 die abermalige Reduzierung ihres ministerialen Budgets in Kauf nehmen mußte und angesichts der leeren Familienkassen ein »Bündnis für Familien« forderte.

Wenn es den so lautstark nach Frauenmacht verlangenden Feministinnen ernst damit wäre, sich für *alle* Frauen einzusetzen, müßten sie auf diesen Zug aufspringen, anstatt Separatismus zu betreiben, indem sie die erwerbstätigen Frauen ins Töpfchen der Förderungswürdigen werfen, die »Frauen an seiner Seite« aber den Wölfen zum Fraß vorwerfen.

Sehr bald schon könnte geschehen, daß die grassierende Arbeitslosigkeit unter wild entschlossen um die spärlicher werdenden Jobs gegen weibliche Konkurrenz antretenden Männermassen zu dem Ruf provoziert: »Frauen zurück an den Herd!« Die Anzeichen mehren sich, wie politisch interessierte Bürger/innen unschwer aus der Presse entnehmen können. Schon mischen die Republikaner heftig mit, indem sie sich demonstrativ auf die Seite von Vätern stellen, gegen die Bevorzugung von Müttern in Jugendämtern anwettern und hier ihre Klientel zur Machtergreifung anwerben. Spätestens jetzt wäre es also an der Zeit, Mutterschaft zu einem staatlich anerkannten Beruf zu erheben, der mit einem Rentenanspruch abgesichert ist und Frauen zusätzlich Möglichkeiten der Weiterbildung mit dem Ziel einer Erwerbstätigkeit in entsprechenden Berufen gibt.

Dienstleistungen werden heute schon als die Berufe der Zukunft propagiert. Wer anders als eine »gestandene Mutter« könnte dafür besser vorbereitet und gerüstet sein? Ein Bundesverdienstkreuz oder ähnliche Auszeichnungen brauchen Mütter nicht. Aber ein Diplom zum Beispiel oder ein Staatsexamen als Sprungbrett für einen Start ins Berufsleben, wenn die Kinder großgezogen und die Hände frei für neue Aufgaben sind, wäre nur recht und billig. Die Frauenfrage wäre damit jedenfalls ebenso sinnvoll gelöst wie das lächerliche und entwürdigende Gerangel um den Vater als Ersatzmutter oder den staatlich bezahlten »Leih-Papi«, der in Großstädten wie Düsseldorf seit 1997 von Fraueninitiativen an alleinerziehende Mütter vermittelt wird, wenn Kinder immer öfter fragen: »Mami, was ist ein Papi?« und sich beispielsweise zum Geburtstag einen Vater wünschen.

»Ihre beste Freundin« (Bea, 32 Jahre)

Bea heißt eigentlich Beatrix. Aber Bea findet sie »irgendwie jünger« und »total flippig«. Für eine Frau mit 32 Jahren ein passender Name, findet sie. Beatrix kann sie noch heißen, wenn sie mal Großmutter sein sollte. Gott bewahre!

Seit vierzehn Jahren lebt Bea glücklich verheiratet als »Frau an der Seite« von Maximilian in der Nähe von München. Maximilian ist Manager, 46 Jahre, beruflich fest im Sattel und finanziell gut situiert. Ihr einziges Kind ist Ellie, die mit knapp 14 das Flüggewerden probt. Weitere Kinder sind nicht erwünscht. Richtig klar wurde sich Bea darüber allerdings erst, als sie mit 30 ungewollt schwanger wurde. Damals entschloß sie sich zur Abtreibung mit anschließender Sterilisierung.

Hochgewachsen, superschlank, der Minirock endet knapp unter dem muskulösen Po, Haare bis auf den untersten Lendenwirbel. Das ist Bea. Ellie, ihre Tochter, ist fast schon so groß wie die Mutter, schmäler noch – zu Beas Ärger.

»Früher war ich auch so«, kommt Bea eventuellen Fragen zuvor, als sie mir Ellie vorstellt. »Genau so: mit zwei Händen um die Taille fassen können und der Busen so hoch.«

»Muß das sein?« stöhnt Ellie und will gehen. »Was ist das hier? Ne Versteigerung oder was?«

»Sei nicht so zimperlich!« mahnt Bea und zieht Ellie auf den Sessel zurück. »Ich bin eben stolz auf dich.« Ellie gibt widerstrebend nach.

»Wir beide haben dieselbe Konfektionsgröße«, erzählt Bea mit Stolz. »Wenn ich mal flippiger ausgehen will, leihe ich mir oft was aus ihrem Schrank. Ist doch so, Ellie, oder?«

»Ja!« Es klingt widerwillig.

»Aber sonst schlägt sie ja mehr dem Vater nach«, meint Bea.

Sie schlage keinem nach, sagt Ellie. Ellie sei Ellie, sonst nichts.

Bea verdreht die Augen, weil Ellie »mal wieder tierisch zickig« ist und »ihren Pubertätsstreß« veranstaltet. In solchen Momenten könne sie Ellie nicht ausstehen, erklärt sie. Sie komme besser mit ihr klar, wenn sie zusammen zum Shopping durch die Münchner Innenstadt bummeln oder sie sich von ihr beim Friseur beraten läßt.

»Die Leute denken meistens, wir sind Schwestern. Das ist echt witzig. Könnten wir ja auch noch gut sein, so vom Alter her, meine ich. Gibt es ja oft, daß Leute so einen Nachzügler kriegen. Außerdem bin ich sowieso keine von diesen typischen Mamis. Irgendwie war ich schon immer eher so wie eine Schwester oder eine Freundin. Oder, Ellie, stimmt's?«

An dieser Stelle verdreht Ellie die Augen. »Scheiß Gesülze!« sagt sie und macht sich endgültig in ihrem Schlabberlook davon, der Bea angeblich noch eines Tages zu einem Attentat verleiten wird.

»Wieso betonen Sie das so?« hake ich nach. »Ist es Ihnen wichtig, keine typische Mami zu sein?«

»Mami – ich? Bloß nicht!« wehrt Bea vehement ab. »Ich hasse es, dieses Getue um Muttersein und Muttertag und Blümchen zum Fest und diesem ›Wie benimmst du dich mir gegenüber? Ich bin deine Mutter, vergiß das nicht! Mehr Respekt!‹ Ich liebe Ellie und bestimmt nicht weniger als diese Mamis mit ihrem süßlichen Gehabe. Aber Mutter, nee.«

Eine kleine, nachdenkliche Pause. Bea schenkt Kaffee ein, bietet ein Gläschen Sherry an. »Mutter – mit dem Begriff kann ich nichts anfangen«, erklärt sie. »Jedenfalls ist es nicht das, was ich sein will. Eine Mutter, das ist für mich eine, die irgendwie keine eigene Person mehr ist – verstehen Sie, was ich meine? Eine, die ständig und zuerst an das Kind denkt und so eine Art Beruf aus dem Kind macht. Ach, ich kann das nicht so genau ausdrücken. Auf jeden Fall eine, die sich in dem Kind verwirklicht und da auch keine Linie ziehen kann, so das ist meins, das ist deins. Bei einer Mutter, da muß das Kind immer angepaßt sein, immer irgendeiner Vorstellung entsprechen und vorzeigbar sein, so eine Art Leistungsnachweis, wie toll man als Mutter ist, weil man so ein tolles Kind hingekriegt hat. Als Mutter mußt du doch ständig an deinem Kind herumerziehen, ständig nörgeln. So eine will ich nicht sein. Das ist nichts für mich.

Ich will für Ellie eine Freundin sein. Sie kann zu mir kommen, und wenn ich Zeit habe, bin ich auch für sie da. Aber so eine, die ständig um sie herumrennt und aufpaßt und sorgt und fragt, ob sie denn auch die Zähne geputzt und das Frühstücksbrot eingesteckt hat, das bin ich nicht. Wenn ich so sein müßte, würde ich mir wahnsinnig alt vorkommen. So gesetzt, so ordentlich – richtig eingemottet. Deshalb wollte ich auch kein zweites Kind.«

Diesen Punkt lasse ich mir näher erklären. Ich verstehe nicht auf Anhieb, was das Gefühl von Älterwerden mit einem zweiten Kind zu tun hat. »Ich bin jetzt 32. Wenn ich mit 30 noch mal ein

Kind bekommen hätte, wäre ich 44, bis das Kind so groß wäre wie Ellie jetzt. Wahrscheinlich laufe ich mit 44 nicht mehr so herum wie heute. Kann sein, daß ich dann ganz andere Ansichten über das Leben habe. Vielleicht bin ich dann auch schon geschieden. Weiß man ja nie. Und in der ganzen Zeit, bis das Kind so groß geworden wäre, wäre ich mir noch angebundener vorgekommen, als ich sowieso schon durch Ellie bin.

Womöglich bin ich mit 44 schon in den Wechseljahren, Gott bewahre! Da sollen Frauen ja oft auch durchknallen, habe ich gehört. Vielleicht bekäme ich sogar plötzlich das Mama-Syndrom und würde auf meine alten Tage doch noch so ein Muttertier und hätte dann auch nichts anderes mehr zu tun als meine Kinder von einem date zum anderen zu kutschieren und auf ihre Schulnoten zu gucken und mir Sorgen zu machen, ob sie auch die Pille nehmen und safer sex haben oder so.

Ich bin da ganz ehrlich, da habe ich keine Lust drauf. Ich brauche meine Freiheit. Ich muß mich mit meinem Mann einfach in den Jet setzen und wegfliegen können. Das ist schon schwierig genug mit einem Kind. Da hatte ich früher oft mit Gewissensbissen zu kämpfen. Das ging teilweise so weit, daß ich mir einbildete, die Ellie würde krank, wenn ich ihr nicht jeden Abend wenigstens noch schnell eine gute Nacht wünsche. Ich habe sie zum Teil mitten in der Nacht noch mal geweckt, weil ich ihr unbedingt wenigstens ein Küßchen geben wollte, oder hab sie von der Nanna ans Telefon bringen lassen, wenn wir irgendwo weg waren und ich erst so spät ins Hotel kam, daß die Ellie eben schon schlief.

In den ersten Jahren, auch noch in der Schule, habe ich ihr deshalb sogar verboten, die Nanna nach Sizilien zu begleiten, wo sie vier Wochen am Meer gewesen wäre und sich auch riesig wohlgefühlt hätte. Bei der Nanna zu Hause gibt es viele Kinder. Die Ellie hätte Luftsprünge gemacht, wenn ich ihr erzählt hätte, daß die Nanna sie mitnehmen will.

Aber ich habe es ihr nie gesagt und auch der Nanna verboten, daß sie der Ellie solche Flöhe ins Ohr setzt. Ich hatte immer

Angst, daß die Ellie dort miterlebt, ja daß sie merkt, daß bei denen die Frau, die Mutter eben, immer da ist, und daß sie das dann schöner findet und vielleicht gar nicht mehr zurück will oder das dann von mir eben auch verlangt. Ja, und außerdem hatte ich die Ellie so schon selten genug. Da wollte ich die Zeit nicht noch länger machen und sie weggeben.«

Ich frage, ob Bea in ihrem Verhalten als Mutter, die unter Verlust- und Versagensängsten leidet, keinen Widerspruch zu ihrer Vorstellung von einer Mutter, die ausschließlich die beste Freundin des Kindes sein will, erkennt?

Die Antwort kommt zögernd. Da sei natürlich schon ein gewisser Widerspruch. Aber der sei ja auch nicht anders zu erwarten. »Mutter zu sein, ist ja irgendwie was Traditionelles. Wenn du da auch nur ein bißchen anders sein willst, ist das wie eine Entdeckungsreise. Da kriegst du dann natürlich schon mal Angst, ob das alles so klappt. Und dann, ja, ich bin irgendwie sowieso ein bißchen ein eifersüchtiger Typ. Ich will schon die Kontrolle behalten und nicht in der zweiten, dritten Reihe stehen. Das wollte ich auch bei der Ellie nicht. Und natürlich habe ich gesehen, wie sie sich als Kind so an die Nanna geschmiegt hat und die ja auch geliebt hat. Damit hatte ich schon zu kämpfen, manchmal. Und dann macht man natürlich so seine Fehler und denkt, daß man eben doch unersetzlich ist und alles.«

Ich frage, welche Art Kind Ellie war. Lebhaft oder eher ruhig?

»Ellie ist mir ziemlich nachgeschlagen. Sie hatte schon immer einen eigenen Kopf. Sie wußte eigentlich immer ziemlich genau, was sie will. Und das hat sie dann auch versucht zu kriegen. Bei der Nanna war sie anders. Da war sie eigentlich immer sehr lieb. Aber die Nanna war ja auch strenger als ich. Bei der durfte sie nicht mit den Kleidern in die Badewanne und nicht mit Schokoladenfingern an der Tapete langfahren. So was hat sie immer nur bei mir gemacht, wenn die Nanna nicht da war.

Manchmal hätte ich sie dann schon packen und schütteln können. Sie konnte so ein Biest sein. Den Stoff an den Stereoboxen mit einem Stift durchbohren zum Beispiel. Oder solche

Sachen machen wie Schubladen ausräumen. Da konnte sie dasitzen und mich starr angucken, und wenn ich nein sagte, nein, das sollst du nicht, starrte sie mich bloß an und tat es doch. Ich wußte oft nicht mehr, was ich mit ihr machen sollte. Ich hatte ja auch keine Lust, sie zu bestrafen oder groß wütend mit ihr zu sein.

Wenn ich dann so fertig mit den Nerven war, hat mein Mann oft gesagt, daß die Elli bloß eine ordentliche Tracht Prügel bräuchte, und schon wäre die Sache geritzt. Aber das konnte ich nicht, wollte ich auch nicht. Ich bin oft geschlagen worden in meiner Kindheit. Das war für mich immer demütigend, und ich habe meine Mutter oder die Oma gehaßt, wenn sie mir das angetan haben. Ich habe sie manchmal so gehaßt, daß ich mir gewünscht habe, sie wären tot, auch wenn ich nachher erschrokken war, daß ich das gedacht hatte, und es ja eigentlich auch nicht wollte. Und daß die Elli mich vielleicht auch so haßt, wollte ich nicht. Ich war ja sowieso nur selten mit ihr zusammen. Meistens war ich froh, wenn die Nanna kam und sie mir wieder abnahm.«

Bea blättert dicke Fotoalben vor mir auf, in denen es so viele Klein-Ellie-Bilder gibt, daß sie mir vor den Augen zu flimmern beginnen. Irgendwann will ich wissen, ob Bea eine Beziehung zwischen ihrer eigenen belasteten Kindheit und ihrer inneren Weigerung sieht, sich als Mutter zu fühlen.

»Doch, ja, schon«, gibt Bea spontan zu. »Wenn du so eine Mutter hattest wie ich, dann kannst du das einfach nicht mehr, dieses Puppenspielen und Mutter-Vater-Kind-Geschwätz. Ich habe das damals so tief in mir drinnen gespürt, daß meine Mutter nur so eklig zu mir war, weil sie eigentlich nicht meine Mutter sein wollte. Am liebsten hätte sie mich vermutlich hergegeben oder überfahren lassen oder was weiß ich. Und genau das wollte ich bei meinem Kind nicht. Ich wollte dieses Gefühl nicht haben, Ellies Mutter zu sein und sie dann vielleicht irgendwann zu hassen, weil ich an sie gefesselt bin. Ich wollte, daß es zwischen uns anders ist, freier eben und deshalb eben auch freiwilliger. Als

Freundin muß ich nicht bleiben, da kann ich bleiben, wenn ich will. Und das ist viel wertvoller, als wenn ich müßte. Eben weil es immer wieder ein Ja zu unserer Beziehung ist und kein Zwang. Ja, ich denke schon, daß das mit meiner Mutter zusammenhängt. Ich wollte eben nicht so werden wie sie.«

Als Ellie in ein Gymnasium überwechselte, das an ein Internat angeschlossen ist, erübrigte sich die Beschäftigung eines Kindermädchens. Die langjährige Nanna mußte gehen.

»Mit zehn ist die Kindheit einfach vorbei«, meint Bea und zeigt mir Fotos von Ellie mit der neuen Schultasche fürs Gymnasium und Zahnlücken oben rechts und links. »Mit zehn kannst du auf eigenen Füßen stehen und für dich selbst sorgen, wenn es sein muß. Die Nanna, dafür war die Ellie jetzt einfach zu groß. Das mußte sie einsehen. Klar gab's da Tränen. Klar ging mir das auch nach. Aber da mußte sie durch. Und jetzt ist es ja auch gut. Jetzt will sie es gar nicht mehr anders. Wir haben uns ganz gut voneinander abgenabelt, die Ellie und ich. Wir sind gute Freundinnen, doch, da bin ich ganz sicher..Das macht mich auch wirklich glücklich.«

»Nicht ohne Kindermädchen« (Corinna, 28 Jahre)

Corinna ist im Schwarzwald geboren und in Berlin aufgewachsen. Sie hat die Mittlere Reife absolviert sowie eine Ausbildung als medizinisch-technische Assistentin. Sie ist 28 Jahre alt und seit fünf Jahren die »Frau an der Seite« von Johannes, einem 41jährigen Bäderarzt. Gemeinsam haben sie zwei Kinder: Suse, 4, und Heiko, 2 Jahre.

Obwohl Corinnas Ausbildung eine Mitarbeit in der Praxis ihres Mannes logisch erscheinen ließe, hat sie in Absprache mit ihrem Ehepartner bewußt darauf verzichtet, um ganz für ihre Familie dazusein. Wäre Johannes in den Augen der einschlägigen

Behörden nicht schon zu alt, hätte das Paar in ein paar Jahren gern ein bis zwei Kinder zusätzlich zu den leiblichen adoptiert. Weitere eigene Kinder kommen nicht in Frage.

Corinna wirkt entspannt und selbstbewußt. Sie verwendet viel Zeit und Konsequenz darauf, jede Woche mehrmals gezielt Sport zu treiben. Tennis, Jazz-Tanz und ein Fitness-Programm in einer renommierten, medizinisch betreuten Fitness-Einrichtung sind ihr wichtig. Ebenso ernst nimmt sie alle drei Tage ihre abonnierten Termine bei ihrer Kosmetikerin und ihrem Masseur wahr.

»Wenn es nötig wird, gehe ich sicher auch zu einem Schönheitschirurgen«, meint sie. »Mein Mann ist Internist und jetzt Bäderarzt in leitender Position. Durch seine Kurklinik gehen Tausende Patienten, denen er ständig predigen muß, daß Ernährungsgewohnheiten und Sportlichkeit ganz eng mit Gesundheit und Schlankheit zusammenhängen. Da kann er selber nicht mit einem dicken Bauch herumlaufen und seine Frau wie eine dumme Schlampe. Da wäre er schnell unglaubwürdig, und die Patienten würden sich einen anderen Arzt bzw. ein anderes Klinikum suchen.«

Die Kinder Suse und Heiko sind Corinnas Lieblinge, aber auch ihre Streßfaktoren. »Ich liebe sie natürlich. Im Grunde weiß ich gar nicht mehr, wie ich ohne sie gelebt habe. Trotzdem wage ich es nicht mehr, mit den beiden oder auch mit nur einem von ihnen einkaufen zu gehen. Dieser Terror! Schmeißen sich auf den Boden, brüllen, wollen alles haben, schrecklich! Auch beim Friseur – nie mehr, sage ich da nur! Dieses Theater! In den Boden könnte ich mich hinein schämen. Aber was soll ich denn machen? Ich bemühe mich wirklich, freundlich zu sein und auch Verständnis zu haben. Doch alles für die Katz! Und was mich am meisten ärgert: Anderswo sind sie die reinsten Engelchen.

Im Kindergarten, zum Beispiel, da ist die Suse wie ein Lämmchen. Die Erzieherinnen lieben sie! Die schwärmen mir jeden Tag vor, was für ein goldiges Kind sie ist. Und kaum habe ich das goldige Kind dann daheim, spuckt sie beim Essen über den

Tisch, stampft mit den Füßen, bemalt die Wände und schnippelt meine beste Tischdecke kaputt oder Löcher in den Teppichboden. Oder – der absolute Gipfel – sie kackt mir irgendwo Häufchen hin wie ein Hund, am liebsten dann, wenn Besuch kommt. Also, was ich da schon erlebt habe. Das glaubt mir keiner! Ich weiß mir keinen Rat mehr. Ich habe schon überlegt, ob es an unserem Babysitter liegen kann. Aber bei ihr sind die Kinder ja auch ganz süß. Nur eben bei mir nicht. Ich bin schon richtiggehend verunsichert mit den beiden.

Ich bin jetzt dabei, ein richtiges Kindermädchen anzuschaffen, damit ich den Ärger los bin. Meine Nerven sind mir für diesen Streß einfach zu schade. Es hat ja keiner etwas davon, wenn ich wegen der Kinder zur Furie werde und mit Strafmaßnahmen hantieren muß. Also, wirklich, das halte ich für absolut unwürdig. Ich will mich doch nicht vor mir selbst erniedrigen, nur weil ich Kinder habe, die sich nicht benehmen können und denen ich mit Zwangsmaßnahmen kommen muß, als wäre ich ein Hundedompteur.

Ehe es so weit mit mir kommt – das habe ich auch meinem Mann gesagt –, ehe es so weit kommt, gebe ich die beiden lieber zur Erziehung ab, bis sie alt genug sind zu wissen, wie sie sich benehmen müssen. Ich glaube, das ist besser und gesünder für alle Seiten. Auch wenn es mir natürlich leid tut, ja, doch, auch weh tut. Aber so ist es eben. Mit manchen Dingen muß man sich eben abfinden.«

Ich frage Corinna, warum sie glaubt, daß ihre Kinder von einer fremden Person besser erzogen werden könnten als von ihr selbst.

Sie meint, darüber habe sie lange nachgedacht und sich intensiv mit ihrem Mann beraten. Gemeinsam seien sie zu dem Schluß gekommen, daß die heutige Art, Kinder zu haben und großzuziehen, den inneren Instinkten der Menschen widerspräche. »Früher hatten Kinder auch nicht bloß die eigenen Eltern. Eine Amme für die Kinder zu haben war lange Zeit völlig normal. Diese Klammerbeziehung zwischen Mutter und Kind, wie sie heute praktiziert wird, gab es schon allein deshalb nicht. Außerdem hatten Kinder Großeltern und Onkel und Tanten in unmittelbarer Nähe und viele, wirklich viele Kinder zum Herumtollen und Spielen. Sie konnten mehr oder weniger wild aufwachsen, weil sie noch Platz zum Spielen hatten und nicht alles, was Kindern Spaß macht, eingeschränkt war.

Heute werden Kinder sozusagen aus der Konserve erzogen. Sie kriegen Anweisungen, die sie befolgen sollen. Das, was ihnen früher von der Großfamilie beigebracht wurde, lernen sie heute vielleicht aus dem Fernsehen oder von Cassetten. Und Spiele spielen sie meistens am PC. Selbst ausprobieren dürfen sie kaum noch etwas. Außerdem sind sie mehr oder weniger Einzelgänger, weil es zu wenige Kinder gibt. In unserer Straße hier gibt es außer unseren noch ein einziges Kind in ihrem Alter. Und wenn sie sich mal sehen wollen, muß das richtig organisiert werden, mit Verabredung und Hinbringen, Abholen, festen Terminen eben. Mein Mann und ich möchten unseren Kindern ganz einfach so ein Stück Großfamilie zurückgeben, indem wir ihnen ein Kindermädchen schenken. Die Frau wird wirklich ständig für die Kids da sein, sich um sie kümmern, bei ihnen im Zimmer schlafen, wenn es nötig ist, sie bekochen und versorgen und mit ihnen stundenlang auf dem Spielplatz sitzen, wenn es sein muß. Sie hat keine anderen Aufgaben als nur die eine, für die Kids da zu sein.

Selbstverständlich erwarten wir eine Frau, die von Kindererziehung professionell Ahnung hat, lieb zu Kindern ist und mit uns als Eltern an einem Strick ziehen wird. Schließlich soll sie zur Familie gehören und wird entsprechend eine enge Vertrauensperson für uns alle sein. Ja, daß ich zuerst eifersüchtig sein werde, kann ich mir schon vorstellen. Aber ich denke, daß diese Lösung für uns alle das Optimale ist. Ich bin einfach keine von diesen geborenen Müttern, die ihr Kind gebären und sofort wissen, was jetzt zu tun ist. Ich bin da eher untalentiert und kann das auch zugeben. Wenn die Kinder mal älter sind und so den Grundschliff haben, werde ich ihnen sicher eine prima Mutter sein können.«

Was denn eine »prima Mutter« in Corinnas Augen sei, wollte ich gern wissen. Es dauerte einige Tage, ehe sie darauf eine Antwort geben konnte, die sie auch nach einigem Abstand bestätigen und für gut befinden konnte. »Eine Mutter ist eine, die ihr Kind liebt und es aus der Liebe heraus auch jemandem überantworten kann, der eine bessere Mutter ist. Eine Mutter muß mit ihrem Kind in Würde umgehen und es auch dann akzeptieren, wenn es Fehler macht oder einfach nervt. Eine Mutter ist ein Mensch, der das Kind sowohl aus der Außensicht als auch aus der Innensicht kennt und annimmt. Eine Mutter ist aber nicht dazu da, ihr Kind in jeder Lebenslage gewähren zu lassen, alles zu verzeihen und wieder ausbügeln zu wollen. Eine Mutter muß ihrem Kind ein Recht auf das eigene Leben lassen. Aber sie muß auch ihr eigenes Leben leben und ihre eigenen Ideen verwirklichen können. Für mich ist die die beste Mutter, die beide Interessen unter einen Hut bringen kann, die des Kindes und die eigenen und natürlich auch die des Vaters und weiterer Kinder.

Eine solche Mutter bin ich leider nicht. Ich bin impulsiv und leicht reizbar, oft auch ziemlich egoistisch. Ich hasse es, wenn kleine Kinder mich durch ihr Verhalten provozieren, auch wenn ich im Kopf natürlich weiß, daß das keine echte Provokation ist sondern eben ganz normale Kinderart. Aber ich kann diese Kinderart ganz einfach nicht aushalten, ohne die Nerven zu verlieren. Und weil ich das so genau weiß, will ich ein Kindermädchen, das zusätzlich zu meinen ja durchaus in gewissen Teilen vorhandenen echten Mutterqualitäten seine eigenen Ersatzmutterqualitäten einbringt, so daß das Leben unserer Kinder dadurch angenehmer wird. Das Kindermädchen ist eine Bereicherung für alle. Daß es mich entlasten wird, ist natürlich wahr. Aber das ist eigentlich eher ein Nebengedanke.

Schade finde ich, daß es einem niemand beibringt, wie das ist, Mutter zu sein, daß man damit heute so allein auf weiter Flur steht und dann auch so schrecklich versagen kann. Wenn ich – wie ich mir manchmal vorstelle – einen Mann hätte, der mich überhaupt nicht versteht und eine Frau als minderwertig ansieht, weil sie keine geborene Supermutter ist, ja, da kann ich nur dankbar sein, es besser getroffen zu haben. Mein Mann ist ein wunderbarer Ehemann und Vater. Ich könnte mir keinen besseren vorstellen. Ohne ihn oder mit einem, der diese innere Einstellung eben nicht mitträgt, vielleicht wäre ich da auch eine von den Müttern geworden, die ihr Kind aus dem Fenster schmeißen oder ertränken, weil sie einfach diesen Instinkt nicht so richtig haben. Ich weiß es ja nicht. Aber ich kann es mir vorstellen. Diese Frauen tun mir eigentlich alle entsetzlich leid. Ja, die Kinder auch. Aber die Frauen noch mehr, weil sie eben nie gelernt haben, Mutter zu sein, und plötzlich Instinkte haben sollen, die bei ihnen nicht funktionieren. Vielleicht hatten sie selbst ja nie eine Mutter, von der sie automatisch mitbekommen haben, wie das ist. Denken Sie doch bloß an die Affen. Wie viele Affenfrauen lehnen ihre Kinder ab und wollen sie nicht großziehen und schmeißen sie sogar an die Wand, bis sie tot sind. Affen sind unsere nächsten Verwandten. Warum sollten nicht auch Menschenfrauen derartige Fehlleistungen bringen und falsch programmierte Instinkte haben? Und warum sollen sie dann schlechter oder weniger wert sein als andere, die diese Instinkte haben? Ich glaube, mit dem Muttersein, das ist wie mit jeder Norm. Wenn du so bist wie alle, bist du richtig. Bist du anders, bist du schnell falsch.«

»Wie war Ihre Beziehung zu Ihrer eigenen Mutter?« fragte ich.

Corinna lachte. Das habe ja kommen müssen. Mit dieser Frage habe sie gerechnet. Ihre eigene Mutterbindung sei sozusagen doppelgleisig. »Ich habe eine leibliche Mutter, die kurz nach meiner Geburt starb. Sie war krebskrank und hätte eigentlich kein Kind bekommen dürfen. Sie wollte mich aber nicht abtreiben und brachte mich in dem Bewußtsein zur Welt, daß ich ihr Tod bin. Meine Stiefmutter war herzensgut, und ich habe sie sehr lieb. Aber sie ist eben doch eine andere, nach der ich immer so ein Verlangen hatte, nein, eigentlich habe. Wenn ich beide hätte haben können, wäre ich sicher glücklich gewesen als Kind.«

Ob Corinna in dieser Doppelgleisigkeit ihrer Mutterbeziehung und ihrer Doppelgleisigkeit im Hinblick auf die Erziehung ihrer Kinder einen Zusammenhang erkenne, hakte ich nach.

Dies könne durchaus sein, stimmte sie zu. Der Gedanke liege nahe. Aber so genau wolle sie darüber im Grunde nicht nachdenken. »Wichtiger ist mir, daß mein Mann und ich uns in dieser Frage so wunderbar einig sind und einander nichts vorwerfen. Dieses Kramen in der eigenen Vergangenheit mag ich weniger. Es bringt nur trübe Gedanken und hilft nichts. Was ich weiß, ist, daß meine Stiefmutter eine gute Mutter für mich war und mir alles gegeben hat, was sie zu geben hatte. Daß dies für mich nicht ausreichte, ist nicht ihre Schuld. Ich für meinen Teil will mehr Mutter sein, verstehen Sie. Ich will mehr bieten als mich selbst, mehr Bedürfnisse abdecken, mehr sein als das, was ich allein als Person so zu bieten habe. Aber ich will auch ich selbst bleiben. Und wenn ich mehr bieten soll, als ich spontan geben kann, muß ich auf mich verzichten. Davon hätte dann keiner etwas.

Ach, im Grunde ist das alles viel zuviel Gerede um nichts. Mutter zu sein wird in unserer Gesellschaft einfach überschätzt. Das ist ein Idealisierungsvorgang, der schon viel Böses nach sich gezogen hat und Frauen richtiggehend versklavt hat. Da, wo die Sache für mich unästhetisch und irgendwie unwürdig wird, zum Beispiel im Supermarkt, spätestens da ist für mich der Punkt erreicht, an dem ich nicht mehr Mutter sein will, und dann gebe ich das auch auf. Das Recht habe ich, das nehme ich mir. Zuallererst bin ich mal Mensch und dann Ehefrau und dann erst Mutter.

Und für mich steht der Verstand vor dem Instinkt oder dem Trieb oder wie man das nennt, was einen zum Muttertier macht. Das ist für mich eine Frage der Emanzipation von der Evolution. Und ich bin emanzipiert, und zwar rundherum.«

Wenn Mutterschaft von Ängsten begleitet ist

Wenn immer mehr Frauen Mutterschaft nicht als lebenslang unauflösliche und prinzipiell beglückende Bindung, sondern als temporäre und überdies reichlich lästige Verpflichtung empfinden, so ist dies ein alarmierendes gesellschaftliches Phänomen. Es läßt auf eine grundlegende Verunsicherung der Frauen hinsichtlich ihrer Geschlechtlichkeit, ihrer naturgegebenen Bestimmung zur Mutterschaft sowie auf eine nachhaltige Störung der Bindungsfähigkeit und -bereitschaft schließen.

Zahlreiche Mütter, mit denen ich dieses Phänomen diskutierte, erklärten mir, ihre innere Einstellung zur Mutterschaft sei von Ängsten geprägt. Leonie, die mir aufgrund eines meiner Bücher über die Sicherheit bzw. Gefährdung von Kindern im Alltagsleben schrieb, nannte es »Versagensangst«. »Ich hatte Angst, keine gute Mutter sein zu können. Ich, als Einzelkind aufgewachsen, hatte nie die Chance, bei irgend jemandem Babysitter zu sein. Ich wußte von Kindern praktisch nichts. Ich war zur Schule und an die Uni gegangen, hatte lernen und wissenschaftlich arbeiten gelernt. Wie man Kinder kriegt und großzieht, hatte ich nicht studiert. Das war alles tabula rasa in mir. Ich hatte absolut keinen Schimmer, wie ich als Mutter sein würde. Ob ich überhaupt den Nerv hätte, es auszuhalten, wenn das Kind brüllt und in die Windeln gekackt hat und nicht essen will oder krank ist. Ich fand den Gedanken an die Windeln ziemlich eklig, muß ich sagen. Ich bin auch nicht der Typ, der gern Kranke pflegt. Außerdem dachte ich an meine Figur. Ob ich hinterher wie ein Honigkuchen aus den Nähten ginge und einen Hängebusen und Schwangerschaftsstreifen bekäme und mich jedesmal schämen müßte, wenn ich mich vor einem Mann auszog.

Es war einfach alles total bedrückend und neu, weil ich nichts in mir fand, worauf ich aufbauen konnte. Ich hatte einfach keinen Mutterinstinkt. Wenn ich mit Kindern anderer Leute zusammen sein sollte, war ich schnell absolut unfreundlich und ungeduldig. Die kleinen Schmierfinger und Plapperschnuten gingen mir unglaublich auf den Nerv. Ich hatte da oft den Drang, einfach auf dem Absatz kehrtzumachen und mich bloß ja nicht anlangen zu lassen. Und da sollte ich Mutter werden? Ich hatte absolut die Panik und traute mir nichts auf diesem Gebiet zu. Wenn mein Mann mir nicht ständig Mut gemacht und mir versprochen hätte, daß wir es zu zweit schaffen und er mich nicht im Stich läßt – ich hätte bestimmt irgendwann abtreiben lassen. Und bloß wegen dieser Angst. Weil ich kein Zeugnis mit einer Eins oder Zwei im Fach Muttersein hatte.

Ich war dann übrigens tatsächlich hoffnungslos überfordert. Schon bei der Geburt. Da dachte ich, daß ich gleich platze wie ein Frosch, den man als Kind mit dem Strohhalm aufgeblasen hat. Und daß das Kind behindert zur Welt käme. Ich hatte so eine Angst, daß es ein Kaiserschnitt wurde. Dann, nach der Geburt, ja, da fand ich das Kind richtig häßlich. Und ich schämte mich so, weil ich das dachte, und haßte mich dafür und bekam noch mehr Angst, wie das zwischen dem Kind und mir denn bloß werden sollte, wenn ich es schon nach der Geburt so ablehnte. Dann die Stillerei, die nicht klappte. Die wunden Brustwarzen und das Hungergebrüll vom Kind, das nie satt wurde bei mir. Es war grauenhaft.

Anders und allmählich auch gut wurde es, als mir die Hebamme zeigte, wie das mit dem Stillen funktioniert, und es tatsächlich endlich klappte. Als das Kind dann so selig und zufrieden bei mir lag und dieses erste unbewußte Lächeln aufgesetzt hatte. Da überlief mich so ein Gefühl. Das war wie ein inneres Wiedererkennen. Da hatte ich eigentlich zum ersten Mal das Gefühl, daß es doch werden könnte. Und es wurde ja auch.

Aber die Angst, die überfällt mich trotzdem immer mal wieder. Vor allem jetzt, wenn ich denke, daß das Kind bald in die Pubertät kommt und alles schwieriger wird. Man kann soviel falsch und kaputt machen als Eltern, wenn man es noch so gut meint. Und es bringt einem ja wirklich keiner bei, wie man es richtig machen soll. Alles lernst du. Nur das nicht. Das sollst du von selbst können. Obwohl jeder weiß, daß der Mensch keine optimal funktionierenden Instinkte mehr hat.«

Auch Kathrin, die ich in einer Mutter-Kind-Gruppe in Mannheim traf, wußte von Ängsten zu berichten. »Ich hatte große Angst, überhaupt ein Kind in diese Welt zu setzen. Die Welt ist doch so unsicher geworden wie nur was. Umweltverschmutzung, Skandale über Skandale bei den Lebensmitteln, Atommüll überall, Kriege, dann die ganze Einwanderungsgeschichte, die Massenarbeitslosigkeit, die Kriminalität, Kindesmißbrauch überall und immer mehr Gewalt von Kindern gegen Kinder. Du weißt doch gar nicht mehr, was dein Kind erwartet, wenn du es erst mal geboren hast. Und wenn du dann ein Kind hast, das dir auch noch ständig Sorgen macht, oder wenn du Schwierigkeiten bei der Erziehung hast und so – ja, dann kriegst du doch die Krise, weil du denkst, jetzt ist es so weit, jetzt kriegst du das nicht mehr in den Griff, jetzt ist das der Anfang vom Ende für dein Kind und für dich selbst dadurch ja irgendwie auch.«

Henny aus Heidelberg fügte einen weiteren angstmachenden Aspekt hinzu: »Und dann ist da ja auch die Scheidungsgefahr. Man kann noch so gut planen und sich noch so sicher sein – auf einmal passiert etwas, und man geht zum Anwalt. Heute kann man doch nicht mehr davon ausgehen, daß eine Ehe etwas Lebenslanges ist. Viele meiner Freundinnen reden schon gar nicht mehr von Ehe, vor allem dann nicht, wenn sie schon mal geschieden sind. Ich finde das zwar immer noch irgendwie komisch, aber für die meisten ist das schon ziemlich normal, daß sie von ›Lebensabschnittspartnerschaft‹ und von ›Lebensabschnittspartnern‹ reden. Ich glaube, für viele ist es einfach überschaubarer und damit auch sicherer, wenn sie ihr Leben in kürzeren Abschnitten planen. Und dazu paßt dann auch der Eindruck, man könnte bloß für einen bestimmten Lebensabschnitt Mutter sein.«

Constanze Engelbrecht, von Beruf Psychotherapeutin a. D.,

wie sie es nennt, seit sie 1996 ihre Praxis zugunsten ihrer nach Scheidung und Wiederverheiratung auf neun Köpfe angewachsenen Familie aufgab, sieht in der Verweigerung der Mutterrolle vor allem ein individuelles, aus der eigenen Kindheit stammendes Problem. »Als ich noch praktizierte, kamen oftmals Frauen in die Beratungsstelle, die sich mit ihrer Mutterrolle nicht identifizieren konnten. Meistens waren es Frauen, deren Beziehung zu ihren Eltern ebenfalls problematisch gewesen, aber nie aufgearbeitet oder bewältigt worden war. Sie hatten als Töchter Gewalterfahrungen gemacht oder waren vernachlässigt worden, kamen aus Scheidungsfamilien oder waren selbst unerwünschte Kinder. Umgekehrt gab es aber auch eine ganze Reihe von Müttern, die als Kind zuviel Liebe erfahren hatten, also übermäßig bewundert und verhätschelt worden waren und nie Kritik hatten hinnehmen müssen. Einzelkinder zum Beispiel, wobei ich mit Einzelkindern auch die meine, die als einziges Mädchen unter Brüdern aufgewachsen sind oder bei denen ein extrem großer Altersunterschied zu ihren Geschwistern bestand.

Viele dieser Frauen, die – wie ich das nenne – unter einem ›Liebesdefekt‹ leiden, verstecken ihr Problem unter dem Mäntelchen der Emanzipation. Sie stellen sich dann gern und glaubhaft als besonders emanzipiert dar und behaupten, besonders gute Mütter zu sein, weil sie ihre Kinder bewußt mit Erwachsenen gleichberechtigt erziehen würden. Sie engagieren sich häufig in Frauenfragen und organisieren sich in entsprechenden Gruppen. Dabei schnappen viele Frauen Informationen auf, die sie nicht richtig verstehen. Zum Beispiel, daß alles typisch Weibliche nur patriarchale Manipulation sei, also den Frauen von den Männern aufgezwungen wurde, und so weiter. Das sind dann so Schlagworte, die kann man gut in Diskussionen einbringen, weil sie so gebildet und wissend klingen. In Wirklichkeit ist das nur leeres Gerede. Wenn man ein bißchen dahintergucken und mehr Fragen stellen würde, wäre das schnell erkannt. Aber das will man als Frau in einer solchen Gruppe ja gar nicht, weil man sonst die Gruppe verlieren würde. Und dieses Gruppengefühl ist ja oft gerade das, was Frauen so dringend brauchen, weil sie von der Evolution her eher Rudeltiere sind als Männer.

In Wirklichkeit rühren weibliche Aversionen gegen bestimmte Rollenklischees nicht aus der Emanzipiertheit der Frau her. Vielmehr haben Frauen, die lieber Freundinnen oder Schwestern für ihre Kinder sein wollen, eine starke Angst vor dauerhafter Verantwortung und Zuständigkeit. Sie sind konfliktscheu und haben Angst davor, Fehler zu machen oder zu versagen, und sie haben oftmals eine Riesenangst, so zu werden wie ihre eigenen Mütter. Im Grunde sind Frauen mit solchen Ängsten in ihrem Innersten nie erwachsen geworden, sie sind unreif und kindisch geblieben und spielen jetzt eigentlich nur Erwachsene.

Ich habe oft erlebt, daß Frauen sich ganz plötzlich ein Kind wünschten, weil ihre beste Freundin schwanger geworden war oder gerade ein Kind bekommen hatte. Das wollten sie dann auf einmal für sich selbst auch. ›Mein Bauch wollte schwanger sein‹, hieß es dann in Therapiegesprächen oft, als sei der Bauch und nicht die ganze Mutterpersönlichkeit an dieser Entscheidung für ein Kind beteiligt gewesen. Ja, als habe sich der Kopf eine Chance zum Abstand gelassen, indem er sich an dieser Entscheidung bewußt nicht beteiligte.

Solche Frauen wünschen sich oftmals ganz brennend ein Kind, so wie sie sich als kleine Mädchen eine Puppe gewünscht haben. Weil ihre Freundin so etwas Süßes zum Spielen und Schmusen hat, wollen sie es ihr nachtun. Wollen es auch haben. Sie lieben dieses Babypuppen-Gefühl und geben sich ganz unkontrolliert, aus dem Bauch heraus, dem Verlangen hin, ein Kind zu besitzen.

Wenn Frauen, die unreif geblieben sind, dann tatsächlich Mütter werden und plötzlich eine lebende Puppe haben, ist das eine Zeitlang ganz schön und interessant. Meistens ist es ja auch damit verbunden, daß sie zusammen mit diesem Kind im Mittelpunkt stehen. Jeder guckt mal in den Wagen und bewundert das süße Baby und beglückwünscht die strahlende Mutter, die dann von ihrer Entbindung erzählt und im Mitgefühl badet. Und alles ist neu: das Kind und alles, was damit zusammenhängt. Das bringt eine Euphorie mit sich, das Gefühl von absolutem Glück als Mutter.

Aber spätestens, wenn die Puppe einen eigenen Willen entwickelt und ständig mehr Forderungen stellt, Grenzen braucht und Regeln, um sich gesund entwickeln zu können, dann finden diese Mütter in sich selbst kein Depot, wo sie solche Regeln abfragen können oder aus dem sie Kraft für die schwierige Aufgabe der Erziehung schöpfen können. In diesem Moment setzt mit dem Gefühl der Überforderung ein Fluchtreflex ein, und dann überlassen viele Mütter ihr Kind emotional sich selbst. Sie versorgen es, weil es versorgt werden muß und die Leute sagen könnten, das Kind würde verkommen. Aber emotional wird auf Distanz gegangen und nach Fachleuten verlangt, die nun die unbequem gewordenenen Aufgaben übernehmen sollen.

Zur eigenen Entlastung und Gewissenberuhigung legen sich viele Mütter Glaubenssätze zurecht, die sie vielleicht Büchern entnommen haben. Sie suchen sich Frauen- und Müttergruppen, in denen sie Freundinnen finden, die ebenso wie sie denken und handeln. Sie schließen sich Forderungen nach mehr Kinderbetreuungsmöglichkeiten außerhalb der Familie an. Viele treten die Flucht in den Beruf an, wo sie wiederum auf Mütter treffen, die ähnlich denken, oder wo sie merken, daß das Umfeld sie in ihrer Entscheidung bestätigt und den Beruf nebst Geld im Vergleich zum Leben als Mutter aufwertet. Und schon fühlen sie sich in ihrer Auffassung von Mutterschaft und Erziehung bestätigt und in ihrem Tun vollkommen gerechtfertigt.

Man sollte sich nichts vormachen. Mutter zu werden ist gegenüber dem Muttersein vergleichsweise einfach. Der Geburtsvorgang endet. Das Muttersein bleibt. Selbst dann, wenn ich abtreibe, vergesse ich nie, daß ich einmal schwanger war, und es verändert mein Leben. Ob ich das wahrhaben will oder nicht. Eines Tages kommt die Erinnerung hoch und will verarbeitet werden. Oftmals dann, wenn ich mir Kinder wünsche und keine mehr bekomme. Deshalb kann ich gut verstehen, wenn Frauen Angst haben, Mutter zu werden und Kinder großzuziehen. Es ist eine schwere Aufgabe. Und niemand bereitet uns Frauen darauf vor. Das ist sehr, sehr schlimm. Wir Frauen brauchen im Grunde die Großfamilie, um uns beraten und gegenseitig beistehen zu können. Wir sind keine Einzelgängerinnen. Wir sind eigentlich wie Löwinnen, die im Rudel jagen und ihre Jungen im Rudel betreuen. Ohne dieses Rudel, diese Großfamilie, die uns stützt und schützt und auffängt und im Notfall mitversorgt, kriegen wir Angst. Das ist ganz natürlich. Es muß nicht die Angst vor der Angst hinzukommen und alles noch schlimmer machen. Frauen sind stark. Sie schaffen das schon. Sie müssen nur an sich glauben und den Mut aufbringen, auch mal schwach zu sein und um Hilfe zu bitten.«

Wegweiser zu Bündnissen für Familien

Ein »Bündnis für Familie«, wie die ehemalige Familienministerin Claudia Nolte (CDU) es 1997 verlangte, wäre nicht nur dringend notwendig, sondern auch Not wendend, denn bis heute ist die Familie zwar in jedem Politiker/innenmund, doch nicht einmal die Respektierung und Durchsetzung des Grundgesetzes ist in diesem Bereich gewährleistet.

Laut Grundgesetz Artikel 6 Absatz 1 und 4 ist die Höherbewertung von Erwerbsarbeit und Diskriminierung von Familienarbeit widerrechtlich. Eine solche Diskriminierung von Familienarbeit findet jedoch bis heute statt. Und sie wird weiterhin stattfinden, solange die Hausfrau speziell von Feministinnen als »Schmarotzerin« und ihre Arbeitszeit als »wertlos«, weil kein Entgelt einbringend, abqualifiziert wird.

Längst stellen marktwirtschaftliche Berechnungen klar, daß Hausarbeit monatlich 4000 DM wert ist. Dennoch erwächst der kindererziehenden »Frau an seiner Seite« aus ihrer Aufgabenbewältigung nur ein Rechtsanspruch auf Unterhalt und Taschengeld von ihrem Ehepartner – wodurch sie de facto ihren Kindern gleichgestellt ist. Und auch ihre Versorgung im Alter ist nicht vergleichbar abgesichert wie die eines Erwerbstätigen im Ruhestand. Das Splitting der Rentenbeträge nach dem Tod des einst erwerbstätigen Ehegatten benachteiligt den hinterbliebenen Partner, meist die Ehefrau, ganz entschieden.

Kein Wunder also, daß die Geburtenrate seit Jahren rückläufig ist und junge Frauen es sich tausendmal – und immer öfter bis ins späte Gebäralter hinein – überlegen, ob sie es sich unter solchen finanziellen und sozialen Bedingungen überhaupt noch »antun« wollen bzw. leisten können, Mutter zu werden und als »Frau an seiner Seite« zu leben.

Vor dem Hintergrund der bisher so selbstverständlich nach dem Motto »was nichts kostet, ist nichts wert« erfolgten Geringschätzung der Leistungen, die jede nichterwerbstätige »Frau an seiner Seite« und Mutter für die Familie im Haushalt erbringt, verwundert die politische Diskussion um die »neuen Arbeitsplätze« im Haushalt. Seit 1996 sollen plötzlich dort, wo bisher nur »wertlose« Tätigkeiten erledigt werden, zwischen einer halben und einer Million wertvoller »neuer Arbeitsplätze« entstehen, die von Einkommen bis Steuern und Sozialabgaben alle Merkmale »echter Arbeit« erfüllen.

Sind damit die Hausfrauentätigkeit wie auch die Erziehungsarbeit etwa als »echte Arbeit« anerkannt? Sind sie endlich »etwas wert«? Rückt die überraschende Sorge der Politiker/innen um Hausangestellte, die ohne Arbeitsvertrag nach mündlichen Absprachen erwerbstätig sind und mit ihrem Einkommen jenseits der Sozialversicherungspflicht und Rentenabsicherung bleiben, nunmehr auch die finanziell im luftleeren Raum angesiedelte Hausfrau ins rechte Licht?

Oder kommt diese so unversehens erwachte Besorgnis und Fürsorge für Hausarbeitleistende im Schafspelz daher, unter dem sich doch wieder nur der stets abgabenhungrige Staatshaushalt als Wolf verbirgt? Soll hier lediglich eine weitere steuerliche Schröpfkur erfolgen?

Der Verdacht liegt nahe, denn als im März 1996 der »Arbeitsplatz Haushalt« groß ins Gerede kam und führende Frauen aus hauswirtschaftlichen Verbänden wie dem Deutschen Hausfrauenbund und der Frauen-Union in Bonn zusammentrafen, um mit Hilfe des politischen Bündnisses für Arbeit, gesellschaftlicher Kräfte und der Unterstützung durch die Medien private Haushalte als Arbeitgeber der Zukunft anzupreisen, fand sich »die Frau an seiner Seite«, die ihren Kinderhaushalt selbst und gemeinsam mit ihrem Ehepartner führt, einmal mehr in der Außenseiterrolle. Nicht ihr galten die Überlegungen zur Entlastung. Auch der Familienvater, der sich zusätzlich zur Erwerbstätigkeit in die Familienarbeit einzubringen versucht, blieb auf der Strecke. Die »Versorgungsehe« glitt vollends ins Abseits.

Das Interesse galt ausschließlich denjenigen, die ihren Privathaushalt als Arbeitsplatz für Fremde anbieten, bzw. denjenigen, die als Arbeitnehmer/innen in Privathaushalten erwerbstätig sind oder sein werden. Die neue »Superfrau« wurde geschaffen. Sie ist »qualifizierte« Arbeitnehmerin mit eigenem Einkommen und zugleich »qualifizierte« Arbeitgeberin, welche in ihrem »Haushalt als Betrieb« Dienstleistungen an- und verkauft, um – marktwirtschaftlich wertvoll – die eigene »Qualifikation« voll auszuschöpfen, anstatt sie durch »niedere Dienste« zu beeinträchtigen. Zur Belohnung dafür, daß sie als »Superfrau« Arbeitsplätze schafft, beteiligt sich die Allgemeinheit der Steuerzahler an den Kosten für ihre ganz private »Haushaltsperle«. Um selbst in den Genuß derartiger Belohnungen zu kommen, müßten alle Frauen zu »neuen Superfrauen« werden und in die Erwerbstätigkeit strömen.

Wobei anzumerken ist, daß dies dann überwiegend die Arbeitslosigkeit wäre, weil für die Flut der »Superfrauen« keine Arbeitsplätze vorhanden sind. Auch würde unter dem Strich herauskommen, daß die meisten leiblichen Mütter nur erwerbstätig wären, um Ersatzmütter bzw. Ersatzhausfrauen zu finanzieren. Ins Groteske ließe sich der Gedanke fortspinnen, wenn eine Mutter der anderen ihre Kinder zur Fremdbetreuung überließe, um jeweils einen bezahlten Arbeitsplatz zu schaffen. Schließlich müßten alle »Superfrauen« ihre Kinder spätestens nach den obligatorischen Mutterschutzwochen in die Obhut einer privaten »Haushaltsperle« und Ersatzmutter oder allerspätestens nach dem dritten Lebensjahr in betreuende Ganztagsinstitutionen abgeben.

Die deutsche Hausfrauengewerkschaft, deren überparteiliches und unabhängiges Anliegen die Wahrung und Durchsetzung der Interessen von Frauen und Männern ist, die selbst Familienarbeit leisten, schlug jedenfalls Alarm. In einem Protestschreiben an den damaligen Bundessozialminister Norbert Blüm im Januar 1996 hieß es, die Pläne der Regierung zur steuerlichen Absetzbarkeit von Haushaltshilfen seien »eine Ohrfeige für alle Familienhausfrauen«. Entgegen der Behauptungen Blüms entstünden nämlich keine »neuen« Arbeitsplätze, es würden nur die bereits vorhandenen fremdbesetzt. Warum die von Müttern und Vätern bisher kostenlos geleistete Familienarbeit erst in dem Moment einen Geldwert bekomme, sobald sie von Außenstehenden geleistet werde, sei nicht nachvollziehbar. Nicht eigener, wohl aber fremder »Herd Goldes wert« – sei dies hier die Frage? Wichtig und richtig sei es aber doch wohl, mit der Registrierung der Familienarbeit als Lohnarbeit zuallererst einmal diejenigen abzusichern, die diese Arbeit bereits leisten.

Immerhin ergab eine offizielle Studie des ADAC aus dem Jahr 1984, daß Hausfrauen mit zwei Kindern täglich 11 Stunden und 11 Minuten arbeiten, auch sonntags. Zwei Jahre später, 1986, legte eine Studie der Universität Marburg offen, daß Familienfrauen mit zwei Kindern sich jede Woche durschnittlich 60 Stunden abrackern, wobei der Mindestlevel bei ca. 40 Wochenstunden und das Maximum bei 80 Stunden liegt. Abermals zwei Jahre später, 1988, kam man an der Universität Hohenheim zu dem Schluß, daß eine Familienfrau mit zwei bis drei Kindern wöchentlich zwischen 72 und 80 Stunden im Einsatz ist. Grundlage der individuellen Berechnung ist unter anderem die Anzahl der zu betreuenden Familienmitglieder, die Größe der Wohnung, das Vorhandensein eines arbeitsintensiven Gartens und die Versorgung von Haustieren. Rechnet man die anfallenden Wochenstunden pro Jahr auf alle Familien- und Hausarbeit leistenden Bürger/innen Deutschlands um, ergeben sich insgesamt durchschnittlich 53 Milliarden Stunden unbezahlter Leistungen. Im Vergleich dazu: Erwerbsarbeit wird mit 43 Milliarden Stunden pro Jahr angesetzt.

Eine Wertberechnung der Familienarbeit wurde zuerst 1974 durch die Soziologin Helge Pross versucht, die postulierte, daß sie »gegen Kost, Logis und Kleidung« abzuleisten sei. In den achtziger Jahren wurden erneut Berechnungen angestellt, um Haus- und Familienarbeit Leistende versicherungstechnisch besser erfassen und schützen zu können. Wenn eine Hausfrau verunglückt, muß im Falle von Haftpflichtstreitigkeiten eine verbindliche Berechnunggrundlage der Erstattungsbeträge gegeben sein. Diese wurde 1988 an der Universität Hohenheim ermittelt und wie folgt definiert: »Hausfrauen üben bis zu 260 verschiedene Tätigkeiten aus. Ihre Arbeit ist (bei einer 80-Stunden-Woche) monatlich bis zu 3700 DM wert; würde sie nur 40 Stunden arbeiten, wären es 2000 DM.«

Als Ergänzung fügt die Studie eine Information an, die einmal mehr belegt, wie minderwertig der Beruf »Nur-Hausfrau« eingeschätzt wird. »Wenn Hausfrauen tödlich verunglücken, zahlen Versicherungen bis zu 40 Prozent weniger als bei anderen Berufstätigen.« Bei »Berufsmüttern« wie beispielsweise einer SOS-Kinderdorf-Mutter mit einem monatlichen Gehalt von 3500 DM nebst Rechtsanspruch auf bezahlten Urlaub und alle anderen obligatorischen Zusatzleistungen für Erwerbstätige würde keine Versicherung eine solche Leistungskürzung wagen. Ganz zu schweigen davon, daß niemand auf die Idee käme, einer SOS-Kinderdorf-Mutter ein »Schmarotzer«-Dasein nachzusagen oder ihre Leistungsansprüche auf Kost und Logis nebst Taschengeld zu reduzieren.

Ein anderes Beispiel leitet sich aus der Entlohnung für außerfamiliäre Betreuungs- und Pflegedienste ab. Sobald Erziehungs-

und Betreuungsarbeit einem fremden Kind gewährt werden, handelt es sich um Wertarbeit. Für eine solche institutionelle Versorgung wendet der Staat monatlich bis zu 3000 DM pro Kind auf. Es käme keinem in den Sinn, etwa einer Erzieherin für ihre Leistungen im Kindergarten oder einer Fachkraft im Behindertenbereich kein Gehalt zahlen zu wollen. Nimmt eine Familienfrau und Mutter das Grundgesetz Artikel 6 Absatz 2 und »das natürliche Recht der Eltern und die ihnen zuvörderst obliegende Pflicht« ernst, indem sie die »Pflege und Erziehung der Kinder« keiner Institution zuschiebt, sondern selbst in die Hand nimmt, hat sie dafür weder eine Entlohnung noch eine angemessene Rente zu erwarten. Und das, obwohl sie durch ihren persönlichen Einsatz dem Steuerzahler erhebliche Summen einspart.

Der Ministerpräsident Baden-Württembergs Erwin Teufel schrieb 1996 beispielsweise: »Der Staat hat die Aufgabe, Familien in ihrer Erziehungsaufgabe zu unterstützen. Er kann und sollte dies aber nicht in der Form eines ›Entgelts für Familienarbeit‹ tun. Sonst wird Mutterschaft und Erziehungsaufgabe zu einer beruflichen Tätigkeit abqualifiziert. Sie ist in Wirklichkeit viel mehr.« Dennoch wird die Einführung eines Gehaltes für Familienarbeit nicht nur, aber besonders von der Deutschen Hausfrauengewerkschaft e. V. immer öfter und zusehends heftiger diskutiert. Sie steht damit in unmittelbarer Folge der Forderungen der Frauenbewegung, die bereits zwischen 1905 und 1919 die Kindererziehung nicht als Privatsache, sondern als gesellschaftliche Aufgabenstellung verstanden wissen wollte. Käthe Schirmacher forderte damals vehement einen Lohn für Mütter. Sie geriet jedoch – wie in den siebziger Jahren die neue Lohn-für-Hausarbeits-Bewegung – in die Mühlen des gegenläufigen Teils der Frauenbewegung, welcher bis heute die Erwerbstätigkeit als einzig wahren Befreiungsschlag der Frau hin zur Unabhängigkeit annimmt.

Auch Modelle zur Finanzierung der Familienarbeit wurden in den vergangenen Jahren immer wieder vorgestellt.

1994 etwa stellte der Deutsche Arbeitskreis für Familienhilfe

e. V. eine Studie von Christian Leipert über die »Aufwertung der Erziehungsarbeit« vor. Die Grundidee besteht darin, einen durch Beiträge aus allen Erwerbseinkommen finanzierten Kinder- und Familienfonds zu schaffen, aus dem ein Erziehungsgehalt bezahlt werden könnte, dessen Höhe von der Kinderzahl abhängig ist. Das Basiseinkommen sollte an einem durchschnittlichen Männergehalt orientiert sein und für die Arbeit als solche, nicht für den Status der ausführenden Person gezahlt werden. Mit anderen Worten, es würde als Hausfrau nicht die ausgebildete Lehrerin mehr Geld erhalten als die ungelernte Fließbandarbeiterin, sondern die Mehrfachmutter mehr als die Einzelkindmutter. Wegfallen würden im Gegenzug alle staatlichen Subventionen für Kinderbetreuung nebst entsprechenden Einrichtungen wie Krippen, Kindergärten und Horte in staatlicher Trägerschaft. Die anfallenden Kosten könnten dann ja aus den erheblich gestiegenen Einkünften der Eltern finanziert werden. Das eingesparte öffentliche Geld käme dem Familienfond und damit wieder den Familien selbst zugute.

1996 wurde auf der 17. Jahreshauptveranstaltung der Deutschen Hausfrauengewerkschaft ein vergleichbares »Positionspapier zum Gehalt für Familienarbeit/Erziehungsarbeit« vorgestellt. Die Forderung eines entsprechenden Gehaltes für Familienhausfrauen/männer wurde damit begründet, daß entgegen der bislang praktizierten »Almosenpolitik« soziale Sicherheit und wirtschaftliche Unabhängigkeit als Basis jeder Erziehungsarbeit gewährleistet sein müssen. Nicht zuletzt aber gehe es um die Menschenwürde, zu deren Unverletzlichkeit das Recht auf eigenständige, finanzielle und soziale Sicherung durch Arbeit gehöre.

Wie ungelegen eine derartige Lösung den angeblich für alle Frauen zuständigen Frauenrechtlerinnen käme, zeigte sich unter anderem anläßlich einer SPD-Veranstaltung am 18. September 1996 in Mainz. Das dort vorgestellte Positionspapier der Hausfrauengewerkschaft rief zum Teil wütenden Protest hervor. So argumentierte zum Beispiel die SPD-Staatsministerin für Kultur, Jugend, Familie und Frauen, Dr. Götte, daß mit einem Gehalt für Familienarbeit und Erziehung ein überholtes Gesellschaftsbild reanimiert werde, welches Frauen an den Herd zurückbefehle. Auch drücke sich in der Haltung der Autoren der Studie und in der inneren Einstellung der Vorsitzenden der Deutschen Hausfrauengewerkschaft eindeutig ein persönliches Vorurteil gegen erwerbstätige Mütter aus.

Zumal gegen diesen letzten Vorwurf verwehrte sich die Hausfrauengewerkschaft vehement. Wiltraud Beckenbach, stellvertretende Bundesvorsitzende, hatte bereits 1994 herausgestrichen, daß es ihr bei einem Erziehungsgehalt um eine Zahlung an Erziehungsleistende gehe, und zwar unabhängig davon, ob diese erwerbstätig oder nichterwerbstätig sind.

Wie Ute Reister in ihrem Kommentar zu dieser Veranstaltung im Landtag Rheinland-Pfalz in der »Rundschau« (4/96), dem Publikationsorgan der Gewerkschaft, vermerkte, wurde anläßlich der bereits zitierten SPD-Veranstaltung in Mainz einmal mehr die politische »Generallinie« eingehalten, bei der es um »Ablehnung des Erziehungsgehalts infolge Unterbewertung häuslicher Erziehungsleistung und Mißachtung ihrer Bedeutung für den Bestand der Altersversorgung und der Gesellschaft überhaupt« gehe.

Schließlich wurde die immer wieder gestellte Frage nach der Finanzierbarkeit eines entsprechenden Gehaltes von Jacqueline Poetschke, der Pressereferentin der Deutschen Hausfrauengewerkschaft, als Spiegelfechterei entlarvt. Sie erklärte ebenfalls in der »Rundschau« (4/96): »Wenn es um das Geld geht, zeigt sich, daß man hierzulande finanzieren kann, was man will (siehe deutsche Einheit), und daß man für andere Probleme spielend leicht Rechenkünste vornimmt (siehe Mehrwertsteuererhöhung. Rein rechnerisch würde ... keine Mehrwertsteuererhöhung von sechs Prozent ein Erziehungsgehalt ermöglichen).«

Ein ausführliches Rechenmodell entwickelte Heidede Morgenbrod, Vorsitzende des Landesverbandes Nordrhein-Westfalen der Deutschen Hausfrauengewerkschaft. Es zeigt auf, wie ein

Monatsentgelt für häusliche Erziehungs- und Pflegearbeit von 3500 DM brutto an Erziehende mit Kindern bis mindestens zu deren sechstem oder achtem Lebensjahr staatlich finanzierbar wäre.

Die Finanzierung ließe sich durch eine Umverteilung der Abgaben aus bereits wirksamen familienpolitischen Maßnahmen wie etwa dem Ehegattensplitting absichern. Tatsache ist, daß diese steuersparende Begünstigung von Verheirateten gegenüber nichtehelichen Paaren nicht an Kindern orientiert ist. Es findet also keine ausschließliche Förderung des »Tatbestands Familie mit Kindern« statt, sondern eine des bloßen »Tatbestands Ehe«. Spitzenverdienern trägt sie auch ohne Kinder eine jährliche Steuerminderung von 23 000 DM ein. Ein Betrag, der nach den Berechnungen von Heidede Morgenbrod exakt dem empfohlenen Jahresnettobetrag des Erziehungsgehaltes für Familienarbeit entspricht. Würde darüber hinaus endlich der leichtfertige Umgang mit – um nicht zu sagen: die Verschwendung von – Steuergeldern gestoppt, die der Bund der Steuerzahler Jahr für Jahr im Umfang von 50 und mehr Milliarden DM aufdeckt, wäre das Geld für ein Erziehungsgehalt schon auf dem Tisch. Es wäre sogar so reichlich vorhanden, daß Erziehende nicht nur bis zum achten Lebensjahr ihrer Kinder ein Erziehungsgehalt erhalten könnten, sondern bis zu deren zehntem und darüber hinaus.

Mit Sicherheit käme auch eine Teilfinanzierung des Gehaltes für Familienarbeit aus den Leistungen in Betracht, die heute mit steigender Tendenz von den Unterhaltsvorschußkassen in dreistelliger Millionenhöhe erbracht werden müssen, um die unter Familien mit Kindern zunehmende Armut zu lindern.

Über die Interessen der nicht erwerbstätigen »Frau an seiner Seite« hinaus setzt sich die Hausfrauengewerkschaft auch mit der Möglichkeit auseinander, in gewissem Umfang die Familienarbeit der erwerbstätigen Mutter in den Bezug eines entsprechenden Gehaltes einzubinden. Der Bezug eines solchen Erziehungsgehaltes könnte von der Familie zum Beispiel dafür verwendet werden, eine dritte Person mit der Kindererziehung und -betreuung zu beauftragen. Auf diese Weise würde der Vernachlässigung von Kindern vorgebeugt und zugleich beiden Eltern weiterhin die Vollerwerbstätigkeit erhalten oder erst ermöglicht. Die solcherart geschaffenen Arbeitsplätze würden die Aufwendungen in dreistelliger Milliardenhöhe mindern, die heute für die Unterstützung von Arbeitslosen aufzuwenden sind, von den Steuereinnahmen für den Bund ganz zu schweigen. Aus den frei werdenden Ressourcen ließe sich wiederum das Erziehungsgeld finanzieren, das allen Familien mit Kindern zugute käme.

Eine interessante Studie zum Thema »Erziehungsgehalt« stellten der Familienforscher Michael Opielka, Geschäftsführer des Bonner Instituts für Sozialökologie (ISÖ) und der Berliner Volkswirt Christian Leipert im Frühjahr 1998 vor. Das vom Deutschen Arbeitskreis für Familienhilfe finanzierte Gutachten »Erziehungsgehalt 2000« plädiert für die Aufwertung der Arbeit von Müttern in Form eines Erziehungsgehaltes, beschreibt dessen Auswirkungen auf Gesellschaft und Wirtschaft und errechnet die mögliche Finanzierung. Demnach sollten Eltern, die seit mindestens fünf Jahren mit erstem Wohnsitz in Deutschland leben, drei Jahre lang monatlich für das erste Kind 2000 DM und für jedes weitere Kind 1000 DM erhalten. Für die Zeit zwischen dem vierten und siebten Lebensjahr des Kindes sollte ein Teil des Geldes als »Erziehungsgutschein« ausgezahlt werden, welcher bei Fremdbetreuung eingelöst werden könnte. Ein einkommensabhängiges »Erziehungsgehalt II« sollte für Eltern von 8- bis 18jährigen Kindern geleistet werden. Dieses Geld müsse selbstverständlich versteuert werden, wodurch Mütter einen Rentenanspruch erwerben könnten.

Um die erste Phase, also ein Erziehungsgehalt bis zum Schulstart eines Kindes, finanzieren zu können, wäre eine Summe von 57 Milliarden DM erforderlich. Das Deutsche Institut für Wirtschaftsforschung (DIW) errechnete, daß diese gigantisch erscheinende Summe in Wirklichkeit locker zu realisieren sei. Aus der Versteuerung des Erziehungsgehaltes und der resultierenden

Lohnsteuer sowie dem nun überflüssigen Anteil des Staates für Wohngeld, Sozial- und Arbeitslosenhilfe bliebe automatisch ein Löwenanteil in der Staatskasse zurück. Der Rest könne durch Streichung des Ehegatten-Splitting bei der steuerlichen Veranlagung eingebracht werden, wodurch der Fiskus allerdings gut verdienenden, verheirateten Familienvätern noch tiefer in die Tasche greifen werde. Zusätzlich könne durch die Schaffung eines einprozentigen »Familien-Soli«, den jeder Bürger statt des Ost-Soli zu begleichen habe, die Finanzierung eines Erziehungsgehaltes voll gesichert werden.

Mit einem solchen Erziehungsgehalt werde entschieden gegen die im Lande grassierende Kinderlosigkeit von Paaren eingeschritten, die Scheidungsflut eingedämmt und die »schwerwiegende soziale Schieflage« korrigiert. Da zudem eine Reihe positiver Impulse für den Arbeitsmarkt gegeben würden, wodurch ein neuer Markt für Kinderbetreuungseinrichtungen und Tagesmütter entstünde und die Kinder betreffenden Teilbereiche der Wirtschaft angekurbelt würden, erwarten die beiden Studienersteller Opielka und Leipert eine positive Resonanz bei den Landtags- und Bundesabgeordneten.

Auch der sächsische CDU-Sozialminister Hans Geisler machte im Frühjahr 1998 mit einem Konzept zum »Erziehungsgehalt« von sich reden, welches auf der Studie »Erziehungsgehalt 2000« basiert. Nach Geislers Plan erhalten Eltern in Sachsen nunmehr künftig bis zum dritten Lebensjahr eines Kindes monatlich 1100 DM und für weitere drei Jahre monatlich 800 DM. Zur Finanzierung werden unter anderem eine Erhöhung der Erbschaftssteuer und eine stärkere Besteuerung der Renten herangezogen.

Wie man am Beispiel dieser Studien sieht, wäre es also keine Hexerei, ein staatliches Erziehungsgehalt einzuführen. Nur müßte bei den Verantwortlichen endlich der Groschen fallen und Tatendrang auslösen. Als Initialzündung, die den Handlungsträgern auf die Sprünge helfen würde, könnte unter anderem die Lektüre einer Studie zur Zeitverwendung der Bevölkerung in

Deutschland wirken, die 1994 vom Bundesministerium für Familie und Senioren herausgegeben wurde.

Diese offenbart bei der Gegenüberstellung der Bruttolöhne und -gehälter der Wirtschaft und der unbezahlten Familienarbeit nicht nur ein eklatantes Mißverhältnis der deutlich größeren fiktiven Summe unbezahlter Arbeitszeit gegenüber der kleineren Summe der bezahlten Arbeitszeit. Nein, sie legt überdies als Berechnungsgrundlage für Hausarbeit lediglich 11 DM als Stundenlohn zugrunde. Wenn man bedenkt, daß jede »schwarz« beschäftigte Haushaltshilfe pro Stunde 13 DM bis 18 DM bar auf die Hand verlangt und erhält (!) und laut einer Hamburger Studie selbst ehrenamtliche Tätigkeiten etwa in Sportvereinen durchschnittlich mit 30 DM pro Stunde angesetzt werden, ist dieser Mini-Stundenlohn für Familienarbeit eine Farce und zugleich ein Affront gegen jede »Frau an seiner Seite«.

Eine so unrealistische finanzielle Bewertung der Familienarbeit zeigt, daß in den Köpfen derer, die sie beurteilen sollen, das erst wenige Jahrzehnte alte Vorurteil über »das bißchen Haushalt« kaum auszurotten ist. Obwohl den meisten Menschen Familie über alles geht und weit mehr Familienarbeit geleistet wird als Lohnarbeit, ist die Familienarbeit selbst allenfalls einen Hungerlohn für ungelernte Hilfskräfte wert. Selbst ehrenamtliche Tätigkeiten scheinen wertvoller, weil schwieriger und verantwortungsvoller.

Daß ohne das Ehrenamt und die damit verbundenen Leistungen jede Gesellschaft ärmer wäre, ist inzwischen ein geflügeltes Politikerwort. Daß eine Gesellschaft ohne Kinder und Eltern, die sie erziehen und großziehen wollen, dem Untergang geweiht ist, wird auch sehr gern betont. Doch wenn den großen Worten Taten folgen sollen, schweigt des Sängers Höflichkeit. Wie dringend notwendig und dann hoffentlich tatsächlich auch Not wendend »Bündnisse für Familien« sind, könnte kaum eindrucksvoller belegt werden.

»Meine Mutter verstehe ich erst, seit ich selber Mutter bin« (Hannelore, 41 Jahre)

Hannelore ist 41 Jahre alt und in der Nähe von Basel, jedoch auf der deutschen Seite aufgewachsen. Ihren recht seltenen und ausgefallenen Beruf möchte sie nicht bekanntgeben, da sie Angst hat, sonst eventuell erkannt zu werden. Sie ist ganztags tätig.

Seit 14 Jahren ist sie mit Rudolf, einem Fliesenleger, verheiratet. Gemeinsam haben sie zwei Kinder, die tagsüber außerhalb der Familie betreut werden.

Hannelores Geschichte erfuhr ich, als sie mir anläßlich meines Buches »Alles Ehe oder was?« Briefe zu schreiben und mich regelmäßig einmal wöchentlich anzurufen begann. Es ist eine Geschichte in der Geschichte, denn sie beschreibt einesteils Hannelores Leben als ganztags erwerbstätige Ehefrau und anderntei1s das Leben ihrer Mutter als nichterwerbstätige »Frau an seiner Seite«. Der ein wenig traurige Vergleich, den Hannelore zwischen ihrer Mutter und sich selbst zieht, zeigt auf eindrucksvolle Weise die Unterschiede eines Kinderlebens in einer Familie von gestern und von heute.

»Ich bin 1956 als erstes von drei Kindern geboren. Mein Bruder ist zwei Jahre jünger als ich, meine Schwester fünf Jahre jünger. Mein Vater arbeitete als Schwellenleger bei der Bahn. Später wurde er Schaffner. Meine Mutter war zu Hause.

Manchmal vergleiche ich ihr Leben und meines und stelle uns in bestimmten Lebensabschnitten nebeneinander. Dabei sehe ich dann sehr genau, daß meine Mutter eigentlich das typische Ehefrau-und-Nur-Hausfrau-Leben geführt hat, während ich eher die Doppelrolle Hausfrau-Berufsfrau habe. Ich weiß nicht, ob ich das bewerten oder beurteilen will. Obwohl – gewaltige Unterschiede sind es schon. Und die verstehe ich eigentlich erst, seit ich so intensiv darüber nachdenke. Es hat mir persönlich ziem-

lich viel gegeben, meine Mutter und mich mal so im Spiegel zu sehen. Ich lasse diese Bilder gern vor mir abrollen.

Ich war, glaube ich, ein ziemlich stark von der Meinung anderer abhängiges Mädchen. Wenn die anderen sagten, ich wäre zu dick oder hätte da und da einen Pickel, bekam ich totale Minderwertigkeitskomplexe und versuchte alles mögliche, um bloß den anderen zu gefallen. Mit meiner Mutter war das auch so ähnlich. Während ich zur Schule ging und auch noch während meiner Lehre als Fotolaborantin schämte ich mich immer ein bißchen – na ja, eigentlich schon ganz ordentlich –, wenn meine Freundinnen sich darüber lustig machten, daß wir als Familie nie in Urlaub fuhren oder nur einen klapprigen VW Käfer hatten. Wenn meine Mutter mitarbeiten würde, behaupteten sie, könnten wir es uns auch leisten, an die Costa Brava zu fahren, statt Urlaub auf Balkonien zu machen.

Ich habe meiner Mutter deshalb oft zum Vorwurf gemacht, daß sie den ganzen Tag nichts anderes tue als kochen, putzen, aufräumen, waschen und so weiter ›Wie läufst du auch bloß immer rum?‹ schimpfte ich dann oft. ›Dauernd diese blöde Kittelschürze und nie was Modisches.‹

Meiner Mutter hat das damals sicher ganz schön weh getan. Ich würde mich heute gern bei ihr entschuldigen, aber das geht nicht. Sie ist schon vor elf Jahren gestorben. Sie hat nie viel darauf geantwortet, wenn ich sie so angegangen bin.

Sie war keine von denen, die viel reden. Sie hat lieber angepackt. Ich hab es selten gesehen, daß sie mal die Hände in den Schoß gelegt hätte. Aber sie hat sich nie groß beschwert. Und wenn wir Kinder kamen mit unserem Kummer, hat sie uns einfach in den Arm genommen und gewiegt und uns ein bißchen über den Kopf gepustet oder uns zugelächelt mit so guten, lieben Augen und hat sich das Loch im Knie oder sonstwo angeschaut und hat getan, was zu tun war. Und wenn der Kummer tiefer saß, dann hat sie zugehört und zugehört, während sie den Kuchenteig rührte oder den Braten übergoß, und immer mal wieder so ein bißchen gelächelt, so daß man gewußt hat, sie hat dich lieb und versteht dich.

Und wenn es ganz dick gekommen ist, dann konnte sie dich auch bei der Hand nehmen und hingehen zu denen, die dir weh getan hatten und streng sein – sie hatte keine Angst und war so unerschrocken wie der Vater. Nur an der Hand, mit der sie dich hielt, hast du dann gemerkt, daß sie wohl doch ein bißchen Angst hatte. Aber das hat sie nicht gezeigt.

Und wenn mein Vater abends heimkam, dann hat er sie so ganz schüchtern in den Arm genommen und immer die Schuhe schon vor der Haustür ausgezogen. Wehe, er hat uns Kinder dabei erwischt, daß wir reinstürmten mit den Schuhen an den Füßen und womöglich noch Matsch an den Sohlen! Da konnte der Vater richtig fuchsig werden. Sonst war er keiner von den ganz Lauten. Aber wenn, dann hat er so richtig auf den Tisch geschlagen mit der Faust. ›Die Mutter hat eben erst sauber gefegt und gewischt! Meint ihr denn, sie soll das gleich wieder machen, bloß weil ihr keine Augen im Kopp habt?‹

Wenn ich meiner Mutter von den anderen Müttern vorschwärmte, die Sekretärinnen waren oder Friseusen, die ihren Töchtern im Friseursalon die Haare dauerwellten und echte Trockenhauben zu Hause hatten, sagte meine Mutter einmal: ›Und wer ist dann zu Hause, wenn die Kinder kommen? Wer redet mit ihnen? Wer ist da?‹

Ja, wer war da? Keiner natürlich. Meine Freundinnen hatten einen Schlüssel und machten sich zum Essen schnell selbst die Reste vom Vortag warm. Aber wenn sie reden wollten, gab's ja ein Telefon. Da hatte man schnell jemanden zum Schwatzen und Kichern.

Wenn ich etwas dergleichen sagte, schüttelte meine Mutter nur den Kopf. ›Das möchten dein Vater und ich für euch nicht.‹

Und ich, ich rollte dann die Augen zum Himmel und träumte von einer sturmfreien Bude und Partys und Petting in einem richtigen Bett statt immer auf dem Autorücksitz.

Erst jetzt, wo ich selbst Kinder habe und jeden Tag arbeite, merke ich, wie schön ich es im Vergleich zu meinen Kindern hatte. Bei mir zu Hause war ja wirklich immer die Mutter da. Das war so eine Sicherheit, so eine Beruhigung. Sie war da, und weil sie da war, konnte man selbst losrennen und Abenteuer erleben. Man konnte ja immer zurück, und sie war dann da und hielt einen, und es war gut.

Und wenn sie mal keine Zeit hatte, was ja vorkam, dann lief ich einfach schnell zur Oma, die wohnte damals bei uns im Haus in ihren eigenen zwei Zimmern. Die Mutter kam ja bald, und bis dahin war die Oma auch gut.

Ich habe zwei Kinder. Das reicht auch. Das kann ich gerade so verkraften. Morgens gegen sechs Uhr bringe ich beide zu einer Freundin, die nicht arbeitet und auch zwei Kinder hat. Die Kinder sind alle im ungefähr passenden Alter und mögen sich ziemlich gern. Bei meiner Freundin können sie die Zeit bis zur Schule verbringen, während ich schon zur Arbeit muß. Dafür zahle ich meiner Freundin entweder mal zehn Mark oder lade sie zum Essen ein oder bring ihr einen Pulli aus der Stadt mit oder so. Wenn sie nicht wäre, könnte ich morgens nicht so ruhig aus dem Haus gehen. Das schätze ich sehr.

Nach der Schule gehen meine zwei zu uns nach Hause. Sie machen sich dann etwas Tiefgekühltes oder Essen vom Vortag in der Mikrowelle warm. Anschließend sollen sie Hausaufgaben machen. Mein Sohn macht sie meistens nicht, deshalb ist er ziemlich schlecht in der Schule und hungert sich so durch. Meine Tochter hatte mal angefangen, Gitarre zu spielen. Aber weil niemand da ist, der sie zum Üben anhält, hat sie es wieder aufgegeben. Meistens spielen sie Nintendo oder zappen durch die Fernsehsender. Manchmal besuchen sie Freunde.

Wenn ich von der Arbeit komme, bin ich meistens ziemlich geschafft, dann brauche ich erst mal ein bißchen Ruhe. Wenn ich die nicht habe, drehe ich schnell durch und lasse mich auch leicht provozieren. Vor allem jetzt, wo meine Tochter langsam in die Pubertät kommt, geht bei uns oft die Post ab.

Wenn mein Mann kommt, will er auch erst mal ein Bier und

ein bißchen fernsehen, einfach abspannen eben. Er ist Fliesenleger, kriecht den ganzen Tag auf den Knien rum. Der ist einfach fertig abends. Verstehe ich ja auch. Da geht aber dann das Gemecker von den Kindern los, daß wir nichts mit ihnen machen und alles total stinklangweilig ist mit uns. Und dann geht's natürlich damit weiter, daß es bei anderen viel toller ist, daß dort die Eltern nicht dauernd bloß müde sind, sondern echt was unternehmen. Spiele machen die mit ihren Kindern, fahren Rad oder gehen ins Schwimmbad. Würde ich schon gern auch mal machen. Aber wenn ich dann frage, ob die Eltern nicht auch mal müde sind, sagen die Kinder oft, daß ein paar Mütter eben nicht den ganzen Tag arbeiten, sondern mehr zu Hause sind. Und warum ich das nicht mache, ich könnte doch auch einen Halbtagsjob annehmen und wäre dann nur vormittags weg und hätte mehr Zeit für sie.

Am Anfang war ich erst mal ziemlich sauer! Da rackert man sich ab und macht sich kaputt und versucht, alles auf die Reihe zu kriegen, und dann so was. Dann sagen die einfach, daß sie die anderen Mütter besser finden, weil die eben nicht arbeiten. Ach, Mensch!

An der Stelle fällt mir dann oft ein, wie ich zu meiner Mutter war. Genau wegen der umgekehrten Sache. Aber eben genauso gemein. Dann versuche ich, meine schlechte Laune in den Griff zu kriegen, und denke daran, wie still meine Mutter bei meinem Gemecker war. Das versuche ich dann auch zu sein. Ich denke auch, daß meine Kinder ja nicht so ganz falsch liegen mit ihrem Schimpfen. Aber ich bin nun mal nicht so eine wie damals meine Mutter, will es auch nicht sein, obwohl ich schon ein schlechtes Gewissen habe.

Wenn zum Beispiel wie neulich die Lehrerin meines Sohnes sagt, daß er mal keine Lehrstelle kriegt, wenn er so weitermacht, dann hab ich schon dran zu knapsen. Dann denke ich, daß ich wirklich mehr zu Hause sein müßte. Aber später denke ich dann wieder, ja, wenn ich zu Hause wäre, wer sagt denn, daß er dann besser lernen würde, weniger faul wäre, weniger vor dem Fern-

seher oder am PC rumhängen würde? Wer garantiert mir das denn? Und vor allem: Wer soll denn alles bezahlen, wenn ich nicht mehr mitverdiene? Das Haus, die Nebenkosten, Benzin, das Auto, Telefon, Rundfunk – was eben so anfällt. Davon verstehen die Kinder doch nichts. Die nehmen doch bloß – woher, ist denen doch egal, Hauptsache, die haben ihr Taschengeld und was sie sonst noch brauchen.

Da denke ich wirklich oft, oft, oft an meine Mutter und wie das bei uns war. Wie sie jede Mark dreimal umgedreht und schließlich doch wieder in die Tasche geschoben hat. Wie sie sich selbst manches vom Mund abgespart hat, damit wir ein Eis kaufen konnten oder mal ins Kino gehen. Ich weiß, daß sie manchmal geweint hat, weil das Geld nicht reichte und sie nicht wußte, wie sie uns alle satt kriegen soll. Und wie sie dann im Frühjahr auf die frischen Wiesen raus ist und Löwenzahn gestochen hat zum Salat. Oder wie sie auf den Streuobstwiesen Fallobst aufgelesen hat, um Kompott daraus zu kochen. Sie hat es immer irgendwie geschafft, daß wir eigentlich alles hatten. Sie war eine Zauberin, denke ich.

Und da fällt mir eben ein, daß ich das damals gar nicht gewürdigt habe. Daß sie einfach so da war, immer, so leise und selbstverständlich, daß dann, wenn sie mal nicht zu Hause war, es wirklich immer zuerst ein Schock war. Ich habe das als Kind gar nicht gewürdigt. Es tut mir heute selber weh. Aber es ist so. Und wahrscheinlich würden meine Kinder das auch nicht würdigen, wenn ich jetzt plötzlich zu Hause bliebe.

Wenn ich nicht ganztags arbeiten würde, könnten wir eben auch nie in Urlaub fahren und müßten auf vieles verzichten. Und immer bloß Balkonien oder kein schönes Auto, kein Fernsehen, kein Video, nicht auch mal zum Essen gehen oder so – also, das kann's dann auch nicht sein. Das hatte ich schon als Kind. Die Erfahrung muß ich nicht mein ganzes Leben lang haben. Die muß ich nicht einmal mehr wiederholen.

Man will doch etwas haben vom Leben. Und die Kinder, die sollen ja auch was sehen von der Welt. Als ich so alt war wie die

Kinder jetzt, da hatte ich vielleicht mal Postkarten vom Ausland gesehen. Meine Kinder waren selbst schon dort. Das ist doch auch was wert, oder nicht? Was hätte ich gegeben als Kind, wenn ich bloß einen Bruchteil des Lebens gehabt hätte von meinen zwei. Ich denke immer, das müßten die Kinder mittlerweile selbst schon merken und anerkennen.

Und daß man im Leben nun mal nicht alles haben kann, einfach so, ja, das sollte ihnen doch auch schon in den Kopf gehen. Ich meine, das bringt man ihnen doch bei oder versucht es zumindest. Das fängt ja schon mit dem Lollie an, den man im Kaufhaus nicht haben kann, weil eben kein Geld mehr da ist.

Aber irgendwie sind Kinder heute anders, als wir früher waren, finde ich. Die verlangen irgendwie einfach viel mehr, sind nie zufrieden. Ich wäre meinen Eltern so dankbar gewesen, wenn wir mal was unternommen hätten. Wenn ich bei meinen Kindern von Dankbarkeit anfange, wissen die anscheinend überhaupt nicht, was das ist. Also, das frustet mich dann schon auch. Und da fragt man sich eben manchmal als Mutter, warum man sich überhaupt so krumm legt und alles macht, damit es ihnen gut geht. Nein, es geht nicht darum, daß sie jetzt jeden Tag sagen sollen, wie dankbar sie sind. Aber so was wie Anerkennung ist ja auch irgendwie Dankbarkeit, und die hätte ich schon sehr gern mal.

Ich hab da so die Hoffnung, daß die Kinder, wenn sie groß sind, vielleicht mal merken, daß man alles für sie getan hat, damit sie's besser haben. Daß sie dann – wie ich jetzt bei meiner Mutter – denken, daß es doch gut war, was ich gemacht hab. Auch wenn ich jetzt, so im Alltag, wenig Zeit hab für sie, und ihr Vater eigentlich auch, und wir eigentlich bloß im Urlaub dann richtig das mit ihnen machen, wovon sie denken, daß es was ist.

Es wäre schön, wenn sie irgendwann auch mal denken, daß sie mich jetzt verstehen, und froh darüber sind, was wir als Eltern für sie geleistet haben. Da ist ja immerhin was zu holen, wenn wir mal nicht mehr sind. Haus, Aktien, Schmuck, Möbel – zur Schule können sie auch gehen und lernen und vielleicht mal studieren. Das ist doch alles was wert. Daß sie das alles nicht haben können, ohne selbst auch zurückzustecken – ja, das ist eben meine Hoffnung, daß sie das mal verstehen und dann eben auch so wie ich bei meiner Mutter sagen, ja, eigentlich war es schon das Beste, was sie zu geben hatte. Denn meine Mutter, ja, das muß ich sagen, verstehe ich erst, seit ich selber Mutter bin und am eigenen Leib erfahre, wie das so ist mit Kindern und Verantwortung und allem.

Ich glaube, meine Mutter war einfach viel bescheidener als ich. Die brauchte nicht soviel Luxus. Der war es auch egal, was die anderen über sie dachten. Sie machte das, was sie machen wollte. Und das mit einer so feinen Art, daß man gar nicht richtig merkte, wieviel Kraft dahinter steckt. Das merke ich jetzt erst. Das ist auch so etwas, was ich ihr gern noch gesagt hätte. Ja, jetzt ist es halt zu spät. Jetzt sitz ich dann manchmal am Friedhof herum und denk so über alles nach und häckel ihr die Erde auf und pflanz ihr die Blumen, die sie immer gemocht hat. Vielleicht merkt sie es ja doch irgendwie noch.«

Showdown der Partnerschaft

Scheidungsboom

Erhebungen des Statistischen Bundesamtes in Wiesbaden zufolge wurden zwischen 1955 und 1962 im Mittel jeweils rund 48 000 Ehen pro Jahr geschieden. Bis Ende der sechziger Jahre stieg die Rate auf 72 300 Scheidungen an. Mitte der siebziger Jahre waren es bereits knapp 100 000. Mit 108 258 geschiedenen Ehen wurde im Jahr 1976 ein bis dahin trauriger Rekord erreicht.

Schon in den Jahren zuvor hatten Politiker aller Couleur aufgehorcht und immer besorgter in den bös geschröpften Staatssäckel geblickt. Immerhin hatte die Allgemeinheit für die nach einer Scheidung anfallenden Lasten des Unterhalts aufzukommen, in der Regel für die der Frau. Kein Wunder, hieß es aus den Reihen der SPD. Schließlich befinde sich die mehrheitlich nicht erwerbstätige Frau wirtschaftlich gesehen in der traditionell schwächeren Position und sei außerdem aufgrund der Scheidungsmodalitäten benachteiligt. Ein neues Scheidungsgesetz müsse her.

1977 setzte sich die SPD schließlich gegen den ebenso erbitterten wie vergeblichen Widerstand der CDU durch und führte in einer Eherechtsreform anstelle des bislang gültigen Schuldprinzips das sogenannte »Zerrüttungsprinzip« ein.

Während es bei einer Scheidung nach dem Schuldprinzip darum ging, den Beweis des Ehebruchs zu erbringen und damit einen Schuldigen zu finden, verzichtet das Zerrüttungsprinzip auf die Suche nach einer einseitigen Schuld. Es erklärt beide Partner für gleichermaßen verantwortlich für das Scheitern der Ehe.

Mit dieser einschneidenden Veränderung erhoffte man sich eine sachlichere und für beide Seiten würdigere Scheidungsverhandlung, weil vor Gericht dann keine schmutzige Wäsche mehr gewaschen werden und kein in flagranti ertappter Liebhaber als leibhaftiger Scheidungsgrund herhalten mußte. Das Hauptanliegen war, die Möglichkeit der Bestrafung des schuldigen Teils per Unterhaltsverweigerung abzuschaffen. Das neue Zerrüttungsprinzip klärte ab, daß der Bessergestellte, im allgemeinen der Mann, dem sozial Schwächeren, im allgemeinen der Frau, sowie gemeinsamen Kindern dauerhaft und verbindlich Unterhaltszahlungen leisten müsse, unter gewissen Bedingungen ein Leben lang.

Als noch im Jahr der Eherechtsreform die Scheidungsquote um über 33 000 Fälle absank, glaubte man in Regierungskreisen die perfekte Lösung gefunden zu haben. Doch nur vier Jahre später, nämlich 1981, hatte die Scheidungsrate den Höchstsatz von 1976 bereits übertrumpft und stieg weiterhin regelmäßig. Im Jahr 1985 registrierte das Statistische Bundesamt in Wiesbaden 130 744 gescheiterte Ehen, über 20 000 mehr als vor der Reform.

Eiligst schob die Bundesregierung eine Reform der Eherechtsreform nach, welche die Scheidungslawine aufhalten sollte, indem die 1977 gestärkten Rechte des nach der Scheidung sozial schlechter gestellten Partners wieder beschnitten wurden. Als Neuerung führte man eine Einschränkung der Unterhaltspflicht ein. Diese kann geltend gemacht werden, wenn dem scheidungswilligen Ehepartner ein grob ehewidriges Verhalten wie etwa wiederholter Ehebruch, tätliche Angriffe gegen den Ehepartner oder Diebstahl von Eigentum desselben nachgewiesen werden können bzw. der geschiedene Partner in einer eheähnlichen Neubeziehung lebt.

Daß mit dieser halbherzigen Rückkehr zu Konditionen des Schuldprinzips die verpönten Wege des Bespitzelns erneut beschritten werden, störte den Gesetzgeber nicht. Ebensowenig wohl auch die Scheidungswilligen, denn die Quoten dezimieren sich keineswegs, sondern steigen rasant an. Den Ermittlungen des Statistischen Bundesamtes in Wiesbaden zufolge wurde im Jahr

1997 mit 187 802 Scheidungen der bisherige Gipfel erreicht. Insgesamt zerbrachen von 1 000 bestehenden Ehen 10; exakt 7 Prozent mehr als im Vorjahr. Von den 1980 geschlossenen Ehen wurden mittlerweile über 30 Prozent wieder aufgelöst. Über die Hälfte davon nach einer Dauer von durchschnittlich 9 Jahren.

Von den Scheidungen ihrer Eltern unfreiwillig mitbetroffen sind alljährlich mehr Kinder. Da die Zunahme der Scheidungen 1997 bei den Ehen mit zwei und mehr Kindern unproportional höher lag als bei denjenigen mit nur einem Kind, wurden 163 112 Kinder und Jugendliche zu Scheidungswaisen, mehr als je zuvor. Ein trauriger Rekord, der angesichts dessen, daß die überwältigende Mehrheit dieser und aller von Scheidung betroffenen Kinder bereits nach spätestens einem Jahr keinen Kontakt mehr zu ihrem Vater hat, noch bedrückender wird.

Mit einer Zweidrittelmehrheit von 61,3 Prozent wurde 1997 die Scheidung nach wie vor von ehemüden Frauen beantragt. Während fast 90 Prozent der Männer dem Scheidungsantrag zunächst zustimmten, wurden nach Ablauf der vom Gesetzgeber vorgeschriebenen einjährigen Trennungszeit nur mehr knapp 70 Prozent der Ehen tatsächlich einvernehmlich geschieden. Dreißig Prozent der Scheidungen verliefen überwiegend aus Protest der Männer und Väter strittig, die sich nicht aus dem Leben ihrer Kinder drängen lassen wollten und um ein gemeinsames Sorgerecht oder eine Änderung der Sorgerechtszuweisung klagten.

Warum Ehen scheitern

Verfolgt man das Scheidungsdesaster der letzten Jahre, zeigt sich, daß oftmals weder Frauen noch Männer so recht wissen, warum ihre Ehe zerbrochen ist. Ein mehr oder minder diffuses Gefühl, daß irgend etwas nicht recht stimmt, verdichtete sich im Lauf der

Ehejahre zu permanenter Unzufriedenheit. Diese entlud sich in Auseinandersetzungen, die nach dem Spiralprinzip der Gewalt immer häufiger und mit der immer böser werdenden Absicht zu verletzen ausgetragen wurden. Da die Zielsetzung der Auseinandersetzungen aufgrund der ungeklärten Ursachen nicht klar war, trat zwar nach einem Streit eine kurzfristige Erleichterung und Entspannung ein – eine echte Auflösung der Unzufriedenheit wurde dadurch jedoch kaum jemals erzielt.

Dennoch fördern intensive Gespräche mit Ehepaaren die tieferen Ursachen dieser Unzufriedenheit zutage.

Die nachfolgenden Begründungsversuche erfassen selbstverständlich nicht alle denkbaren Aspekte. Sie wurden von mir aber als die häufigsten und schwerwiegendsten Auslöser des Gefühls ermittelt, man passe einfach nicht zusammen. Diese Ergebnisse summierten sich im Laufe von rund 15 Jahren, während derer ich mich als Autorin intensiv mit Partnerschaftsproblemen auseinandersetzte und fast täglich mindestens ein entsprechendes Gespräch mit Frauen und Männern in intakten, gefährdeten, gescheiterten und neuen Beziehungen führte.

Von Frauen dominierte Kindheit

Heutige Kinder werden in eine von Frauen dominierte Kindheit hineingeboren. Anders als zur Zeit der unter einem Dach oder in unmittelbarer Nachbarschaft lebenden Großfamilien, erfahren Kinder selbst dann, wenn sie aus intakten Elternhäusern stammen, das Zusammensein überwiegend im Ein-Eltern-Kontakt. Aus vielerlei Gründen sind die Väter meistens abwesend oder ganz verloren, die Erziehungsarbeit liegt also hauptsächlich oder gänzlich in den Händen der Mütter.

Damit nicht genug, ist die vorwiegend weibliche Präsenz auch in dem über die Kernfamilie hinausgehenden Kinderalltag gegeben. Durch durchschnittlich länger als Großväter lebende Großmütter, nahezu ausschließlich Erzieherinnen im Kindergarten und Lehrerinnen während der Grundschulzeit sowie mehrheitlich Pädagoginnen auch an weiterführenden Schulen prägen Frauen jeden Kindertag.

Selbst beim Spielen und Lernen wachsen Kinder immer separatistischer heran. Der Trend zum Einzelkind verhindert das vertraute Miteinander der Geschlechter innerhalb der Familie. Erzieherinnen im Kindergarten berichten immer häufiger, daß kleine Mädchen, die bei ihrer alleinerziehenden Mutter aufwachsen, oftmals panische Angst vor anderen Kindern und speziell vor Jungen haben. Die sinkende Geburtenrate und die immer älter werdende Bevölkerung haben zur Folge, daß es in ganzen Straßenzügen keine oder nur vereinzelte Kinder gibt. Die fehlenden Spielkameraden wirken sich hemmend auf die altersgerechte und geschlechtsspezifische Entwicklung des Kindes aus. Werden die Kinder in der Schule nach Geschlechtern geteilt und in getrennte Klassen gesetzt, bricht eine weitere Chance weg, einander ganz selbstverständlich zu erfahren und respektieren zu lernen, ehe der Sturm und Drang der sexuellen Attraktion losbricht.

Es liegt mir fern, Müttern oder Frauen generell die Befähigung zur Kindererziehung abzusprechen. Auch bin ich nicht der Meinung, daß Väter die besseren Erzieher sind. Im Gegenteil. Trotz der medienwirksamen statistischen Erkenntnis, daß Kinder und Jugendliche immer früher, häufiger und brutaler in die Kriminalität abgleiten, trotz der zunehmenden Verwahrlosung von Kindern und der zu beobachtenden elterlichen Gewalt, trotz der Zunahme des Drogenkonsums und der Therapiebedürftigkeit psychisch geschädigter Kinder, bleibt festzustellen, daß die meisten Kinder sich erfreulich entwickeln. Dies ist mehrheitlich das Verdienst der sie erziehenden Mütter.

Dennoch brauchen Kinder Männer als feste Bezugspersonen, und am besten den eigenen Vater. Mädchen und Jungen lernen an ihm die jeweils eigene Identität, indem sie einesteils den Unterschied zur Mutter wahrnehmen und andernteils das eigene Ich im Spiegel des männlichen Ich vergleichen, akzeptieren, ablehnen, reproduzieren.

Die landläufige Meinung, daß ein Mädchen vor allem am Vorbild der Mutter lerne, Frau zu werden, ist der Behauptung vergleichbar, eine Definition des Tages sei ohne Kenntnis der Nacht möglich. Das Grundprinzip des Lebens ist der Dualismus. Und die naturgegebene Identität als Frau wird von ihr im Spiegel der Andersartigkeit des Mannes realisiert.

Ähnlich wichtig ist der Mann für das gesunde, selbstbewußte Heranwachsen von Jungen. Die Gegenwart der Mutter ermöglicht dem Jungen die Feststellung, daß er anders ist als sie und auch anders sein will. Die Prägung ihrer Erziehung deckt aber nur einen Teil seiner Bedürfnisse ab. Um zu erfahren, wie ein Mann ist, zu dem er aufschauen, den er kritisieren, an dem er sich messen und mit dem er sich vergleichen kann, muß ein Mann erlebt werden. Und zwar nicht nur im Fernsehen, nicht nur in der Familie eines Freundes, sondern hautnah und so oft wie möglich.

Als ich das Buch »... weil mein Vater Priester ist« schrieb, berichtete mir Thomas Forster, der junge Sohn eines katholischen Ordensgeistlichen, von seinen sehnsüchtigen Phantasien über den unbekannten Vater, der laut Aussage der Mutter in Rom vom Papst gefangengehalten werde. Aufgewachsen in einer Familie, in der seit Generationen das »Matriarchat« der Ehefrauen über die Ehemänner dominierte, erlebte Thomas seine Mutter nicht nur als liebevolle Erzieherin, sondern vor allem auch als starke, vorbildgebende Persönlichkeit. Dennoch konnte sie ihm nicht das Gefühl der eigenen Identität vermitteln. Dazu hätte es des Vaters bedurft, nach dem das Kind sich heftig sehnte.

Jahrelang träumte Thomas immer wieder dieselbe Bildsequenz, in der er wie ein Flugzeug auf ein Haus zujagte, in dem der Vater über irgendeiner Arbeit saß und aufblickend den Namen des Sohnes rief. Schön und stark wie Sean Connery malte er ihn sich aus, als berühmten Arzt des Papstes, bis zur absoluten Unabkömmlichkeit wichtig. Und dann der Schock, als der Vater sich als jener eher unscheinbare Priester entlarvte, den Thomas als Arbeitgeber und Freund der Mutter von klein auf kannte. Da war kein Heldenvater mehr, sondern ein zwar gebildeter, beruflich erfolgreicher, doch im letzten ängstlicher Kirchenmann, der seine geistlichen Gelübde gebrochen und verbotene Kinder gezeugt hatte. Ein Vater also, der verheimlicht und beschützt werden mußte, weil die Entdeckung von Sohn und Tochter das Ende des Vaters bedeutet hätte.

Überspitzt ausgedrückt, könnte man sagen, es wurde die Sicherheit des Vaters durch den Sohn und die Sicherheit des Sohnes durch den Vater gefährdet. Die einzige Chance auf Rettung schien in der Auflösung der Existenz eines von beiden zu liegen – in diesem Fall lag sie in der Auflösung des die Beschützerrolle annehmenden Sohnes. Im Verbund mit dem mütterlichen Vorbild der starken Beschützerin nicht nur des Kindes, sondern auch des schwachen Vaters, gab es für Thomas keine andere Wahl, als den Vater zu beschützen.

Indem er sich selbst als Sohn verheimlichte und den Priester nicht als Vater preisgab, entwickelte sich allmählich ein zerstörerischer Auftrag im Kopf des Kindes. Als sei aus dem Unterbewußtsein der Befehl zur Selbstauflösung gekommen, entstand eine lebensbedrohliche Erkrankung, die im Jugendlichenalter ausbrach.

Erst als auf den Rat eines Psychologen hin alle auffindbaren Männerporträts der Familie in einer Ahnengalerie aufgereiht wurden, um Thomas sein Recht auf Leben als Mann unter Männern seiner Familie sichtbar zu machen, begann Thomas, sich von der Mutter loszulösen und seine eigene Identität wahrzunehmen.

Als er zusätzlich in langen Meditationen zu der Gewißheit gelangte, daß sein leiblicher Vater vielleicht sein Feind, aber Gott als Übervater sein bester Freund war, der seine schützende Hand über ihn hielt und allem Geschehen einen Sinn gab, konnte Thomas zwischen sich selbst und seinem Vater Grenzen ziehen. Ihm wurde klar, daß nicht er, das Kind Thomas, die Verantwortung für das Leben und die Sicherheit des Vaters innehatte, sondern daß es einen anderen, größeren gab, der dafür zuständig war. Indem er alles, was passiert war und weiterhin geschehen würde, in die Verantwortung Gottes legte und sich dessen Liebe anvertraute, gelang es ihm erstmals, sich frei und als eigener Mensch zu fühlen. Er verstand, daß er leben wollte und keinen anderen als nur sich selbst ins Leben hinaustragen müßte. Nicht die Ansprüche der Mutter waren zu erfüllen, nicht die Ansprüche des Vaters, sondern nur die eigenen. Endlich konnte die Krankheit als körperlicher Ausdruck der seelischen Identitätskrise überwunden werden.

»Folie à deux« oder Kindheit im Schatten des anerzogenen Feindes

Wachsen Kinder in Scheidungskonflikten ihrer Eltern auf, erleiden sie nur zu oft eine Programmierung durch den alleinerziehenden Elternteil gegen den außerhalb der Familie stehenden. Da Familiengerichte Kinder überwiegend den Müttern zusprechen, findet mehrheitlich eine »Programmierung« gegen den Vater statt. Fachleute streichen heraus, daß in etwa 90 Prozent aller Fälle die betreuende Mutter das Kind »programmiert«. In den verbleibenden etwa 10 Prozent »programmiert« der Vater. Ziel des »programmierenden« Elternteils ist es, die Liebe des Kindes zum anderen Elternteil dauerhaft zu zerstören.

Dieses Phänomen wurde in den USA als »Parental Alienation Syndrome« erforscht und 1998 in der Zeitschrift »Der Amtsvormund« unter dem Kürzel »PAS« von dem Juristen Dr. Peter Köppel und der Psychologin Ursula Ofuatey-Kodjoe in Deutschland bekannt gemacht. Übersetzen ließe es sich sinngemäß als »Reaktive Elternablehnung« oder »Induzierte Eltern-Kind-Entfremdung«. Das Autorenteam schreibt, dadurch, daß Kinder »von einem Elternteil auf dessen eigene destruktive Gefühle eingeschworen sind, werden sie zu Komplizen einer ungerechtfertigten Kampagne von Verleumdungen, Verunglimpfungen und Entwürdigungen gegen den anderen Elternteil. Die Gehirnwäsche ist dabei so umfassend und ›kindgerecht‹, daß die ihr unterzogenen Kinder eigene Energien mobilisieren und die Ablehnung des Zielobjektes zusätzlich ›auf ihre Weise‹ betreiben.«

In zunächst kaum merklicher, doch stets konsequenter Abfolge steigern sich unter dem Einfluß der Manipulation durch den »programmierenden« Elternteil die Umgangskonflikte und die mit ihnen einhergehende Feindbildentwicklung von anfänglich leichten Störungen bis zum Kontaktabbruch und absoluter Ablehnung des ausgegrenzten Elternteils. Irgendwann verweigert sich das betroffene Kind »plötzlich und ohne ersichtlichen, triftigen Grund« dem »Feind« und erklärt, ihn niemals wiedersehen zu wollen. Obwohl ein Umgangsrecht besteht und (meist) der Vater sein Kind weiterhin zu sehen wünscht, »scheint ›nichts zu machen‹ zu sein. Zur bekannten Argumentation ›wenn die Mutter nicht will ...‹ gesellt sich ›wenn das Kind nicht will ...‹. Sozialpädagogen von Jugendamt/ASD, Familienrichter und Sachverständige kapitulieren früher oder später nun auch vor diesen eindrucksvollen Demonstrationen des vermeintlichen Kindeswillens.«

Die Folgen der Traumatisierung der betroffenen Kinder zeigen sich in unmittelbarer Abhängigkeit zu Lebensalter, Beeinflußbarkeit und Entwicklungsstand. Verhaltensstörungen, Leistungsstörungen und Entwicklungsstörungen stehen an erster Stelle. Sie sind als verzweifelte Bewältigungsversuche zu verstehen, die nach Expertenmeinungen mindestens drei bis fünf Jahre andauern werden, oft aber bis weit ins Erwachsenenleben hineinreichen.

Mütter, die ihre Kinder gegen den Vater »programmieren«, handeln überwiegend aus Angst. Sie befürchten einen Verlust des Kindes oder eine Minderung der Liebesbindung. Die Sorge, das Kind könne den Vater »besser« finden als die Mutter, ihn schließlich lieber haben oder gar bei ihm leben wollen, kann sich bis zur Panik steigern.

Zur Vermeidung des gefürchteten Verlustes konstruieren sie eine Koalition, die jeden Dritten ausschließt. Nach außen hin entsteht der Eindruck einer besonders innigen Liebe zwischen Mutter und Kind, welche von Besorgnis und Fürsorge für das Kind bestimmt wird. Unter diesem Mantel der Überbehütung verbirgt sich jedoch ein egoistischer, ausschließlicher Besitzanspruch der Mutter.

Trauer und Zorn, aber auch »unbezähmbarer Ärger und Wut auf den verlorenen Partner«, Haß und Rachsucht, Egoismus oder gar Habgier sowie Mißtrauen bis hin zu paranoiden Wünschen können ein ebenso tragfähiges Motiv zur Programmierung sein. Im Bestreben, dem Ex-Partner die Schuld am Scheitern der Beziehung zu übertragen und das eigene Selbstwertgefühl zu steigern, wird die »Projektion« auf das Kind ausgedehnt und dessen Negativgefühle gegen den Vater als positive Selbstbestätigung der Mutter mißdeutet.

Als besondere Komponente der Beziehung kann sich eine »folie à deux« ergeben, locker übersetzt also eine Zweier-Verrücktheit, in deren Verlauf die Mutter und das Kind sich gegenseitig zu Aversionen gegen den Vater hochschaukeln und das Kind den Konstruktionen der Mutter eigene Konstruktionen aufsetzt.

Der Erfolg der Programmierung ist so nachhaltig, weil Empfindungen ansteckend sind und Kinder noch nicht die geistigen Fähigkeiten zur Prüfung des zugrundeliegenden Wahrheitsgehaltes haben. In einem Mix aus wirklichen, erdachten und rein emotional bewerteten Ereignissen verlieren sie schnell den Überblick und geraten in einen Wirbel aus Aggressionen, Ängsten und Schuldgefühlen, die kaum faßbar sind.

Haben Mütter oder Väter als Kinder selbst PAS-Erfahrungen durchlitten und vielleicht niemals therapeutisch aufgearbeitet, brechen diese vor allem bei Partnerschaftskonflikten wieder auf. Mütter erinnern den eigenen Vater als Feind, Väter die eigene Mutter. In der Übertragung auf die aktuelle Partnerschaftskrise wird plötzlich der eigene Partner als Vater suspekt bzw. als Mutter. In Übersteigerung kann sich daraus der Trugschluß herleiten, alle Väter oder alle Mütter bzw. alle Männer, alle Frauen seien Feinde.

Eltern, die sich die Eigenständigkeit ihrer Kinder nicht bewußtmachen und die Trennung zwischen ihren persönlichen Erfahrungen und dem Leben ihres Kindes nicht vollziehen, programmieren fast automatisch und meist sogar im Irrglauben, damit das Beste für ihr Kind zu erreichen. Bemerkungen wie »Sie soll ein glückliches Leben führen, ohne den Vater. Und nicht so leiden wie ich« oder »Die Erfahrungen, die ich mit meinem Vater gemacht habe, muß sie nicht auch machen« sind typisch für programmierende Eltern.

Alle Väter sind Täter oder die Identitätskrise der Geschlechter

Wie kein anderes Thema wurde der sexuelle Kindesmißbrauch und hier speziell die damit verbundene Opferrolle von Mädchen und Frauen zum Schlachtfeld des feministisch geführten Geschlechterkampfes. Die vor rund zehn Jahren einsetzende Erstsensibilisierung der Bevölkerung für dieses schreckliche und bestgetarnte Verbrechen ist engagierten, mutigen Frauen zu verdanken, welche die eigene Betroffenheit thematisierten. Zahlreiche Mitstreiterinnen und Mitstreiter ließen sich rasch für die Sache der Kinder gewinnen. Eltern schreckten auf. Initiativen schossen wie Pilze aus dem Boden. Heute gibt es kaum ein Kind, das nicht wüßte, worum es sich handelt, wenn von sexuellem Mißbrauch die Rede ist. Das ist gut so, denn nur Öffentlichkeit kann Kinder schützen und Täter/innen an ihrem Verbrechen hindern oder dingfest machen.

Dennoch wurde auch hier im Laufe der Jahre das Kind mit dem Bade ausgeschüttet und zum Schaden des Kindeswohls Sachliches mit Unsachlichem vermengt. Der wohl schwerwiegendste Fehler wurde aus Männerhaß und Frauenliebe begangen und führte dazu, daß bis heute das Ausmaß des sexuellen Kindesmißbrauchs in seinen Zahlen und Folgen für weite Teile der Bevölkerung zweifelhaft ist.

Auslöser des Fehlers waren feministische Rundumschläge wie die Abwandlung des Buchtitels »Väter als Täter« der Hardlinerfeministinnen Kavemann und Lohstöter in die verallgemeinernde Anschuldigung »alle Väter sind Täter«, die Publikation nicht nachvollziehbarer Dunkelzifferzahlen oder Forderungen, daß Männer nur ohne »Tatwaffe« geboren werden dürften.

Der von Feministinnen häufig betriebene Separatismus in hier die guten und dort bösen Männer, bewirkt, daß in Bausch und Bogen vorverurteilt und abgeurteilt wird, keine Zweifel an der Aussage der Opfer zugelassen sind und Frauen prinzipiell als die Unschuldigen oder zumindest unschuldig Verführten und zu Fehlverhalten Gezwungenen gelten müssen.

So schändlich jeder einzelne Fall des Kindesmißbrauchs, so wichtig die Arbeit im präventiven und Opfer schützenden Bereich ist, wie ehrenhaft auch immer die Motivation des einzelnen dazu sein mag – wenn Angst oder Haß oder beides dazu führen, daß in jedem Mann ein Täter verdächtigt wird und schon kleine Jungen als künftige Täter mit Mißtrauen bedacht sowie alle Frauen und Mädchen als potentielle oder bereits leidende Opfer beschützt werden sollen, ist dies nicht gutzuheißen.

Aus der Tatsache, daß die meisten Täter männlichen und die Opfer überwiegend weiblichen Geschlechts sind, darf nicht der Rückschluß gezogen werden, daß Jungen im Vergleich zu Mädchen weniger schutzbedürftig oder schützenswert und jungentypische Verhaltensmuster schlechter und daher verurteilenswerter sind. Bedauerlicherweise sind Rückschlüsse und Vorurteile dieser Art an der Tagesordnung. Und die Auswirkungen der einseitig mädchenlastigen Stärkungsprogramme auf die Beziehungsfähigkeit der Geschlechter werden immer krasser.

Obwohl der seit den siebziger Jahren unters Volk gestreute feministische Leitsatz, daß Mädchen prinzipiell liebenswürdiger, schwächer und schutzloser seien als Jungen, gegenwärtig von den Mädchen selbst überzeugend widerlegt wird, wollen die

Fakten kaum in die Köpfe der Erwachsenen. Wie nie zuvor geraten immer öfter junge Mädchen in die Schlagzeilen, weil sie aus niedrigen Beweggründen wie Eifersüchteleien, Neid, Geldgier, sadistischer Neugier oder dummer Kraftmeierei zu brutalsten Foltermethoden greifen, weil sie ohne die geringste Hemmschwelle lebende Menschen als Aschenbecher benutzen, Hilflose mit Fußtritten traktieren und Messerstichen schinden, andere Mädchen sexuell mißbrauchen und ihre Opfer in stundenlangen Gewaltorgien schließlich zu Tode bringen.

Anstatt im Klartext zuzugestehen, daß derartige Aktionen Verbrechen übelster Sorte sind und mit aller Härte des Gesetzes geahndet werden müssen, entlasten Jugendforscher und Hardlinerfeministinnen die Gewalttäterinnen. Härtere Strafen werden abgelehnt. Statt dessen werden Präventivmaßnahmen zur weiteren Stärkung der Mädchen gefordert. Es sei kein Wunder, hieß es zum Beispiel im März 1998 in der Berliner »taz«, daß Mädchen sich endlich wehrten. Sie seien jahrhundertelang unterdrückt worden und es leid, die Opfer zu sein. Das Vorbild der US-Schauspielerin Demi Moore rege sie an, die in ihrem Film »Die Akte Jane« eine kahlrasierte Elite-Soldatin spielt. Anders als in Deutschland sei in Übersee das kämpferische Verhalten einer Frau längst gesellschaftsfähig und bewundernswert. Außerdem, so eine Studie des Instituts für Kindheits- und Jugendforschung in Potsdam, liege es auf der Hand, daß besonders Mädchen aus gutem Hause ohne Aussicht auf eine Lehrstelle und einen sicheren Job in Depressionen und Aggressionen verfallen. Sie seien die »neuen Amazonen« und ihr Verhalten »die Kehrseite der Emanzipation«. »Irgendwann war jeder Verbrecher einmal einer Mutter liebes Kind«, sagte mir vor Jahren eine kluge alte Dame, deren Sohn als RAF-Sympathisant ums Leben gekommen war. Hinter diesen Worten verbirgt sich die Weisheit, daß Kinder nicht böse geboren werden, sondern im Laufe ihres Lebens Erfahrungen, Einsichten und Verletzungen sammeln, deren Summe sich in ihrem Verhalten niederschlägt.

Auch bei gewalttätigen Mädchen und Jungen ist dies nicht anders. Ihr Fehlverhalten ist das Resultat des Versagens ihrer Eltern, der Falschprogrammierung durch feministische Hetzparolen, der Verinnerlichung brutaler Idole aus der Scheinwelt des Films und der Musik, der inneren Verrohung durch Vereinsamung und Vernachlässigung, der Überfrachtung mit Anforderungen aus dem Erwachsenenleben und der verlorenen Einbeziehung des Menschen in die Natur oder die Gesamtheit des Lebens.

Vor allem das öffentlich geschürte Bewußtsein, daß Mädchen verletzlicher und folglich schutzbedürftiger seien als Jungen, führt auf einer breiten Ebene dazu, daß Mädchen entsprechend aufgebaut und gestärkt, Jungen hingegen gedämpft und geschwächt werden. In der unmittelbaren Folge derartiger Lehren wird die elterliche Verunsicherung bei der Erfüllung des staatlichen Erziehungsauftrags immer größer und der Einfluß außerfamiliärer Institutionen stärker.

Obwohl sich beispielsweise die Schule, wie Annette Schavan, Kultusministerin von Baden-Württemberg, 1997 anläßlich einer gymnasialen Feierstunde betonte, »ausdrücklich nicht als Reparaturwerkstatt für soziale Defizite« versteht, gehen gerade dort Solidaritätsbande zwischen Frauen und Mädchen oftmals so weit, daß kleine Mädchen von Lehrerinnen bei handgreiflichen und verbalen Aggressionen gegen Jungen geradezu bestärkt, zumindest aber verständnisvoll entschuldigt werden, gleichaltrige Jungen hingegen schon für Spielereien wie etwa das »Abballern« mit dem gestreckten Zeigefinger als »Gewalttäter« eingestuft und mit Strafarbeiten oder Arrest belegt werden. Der Gedanke, daß Jungen »gedämpft« und »sozialisiert« werden müssen, geht immer häufiger so weit, daß (Schul-)Psychologen bei geringsten Anlässen zur Beobachtung von Jungen eingeschaltet werden und schließlich Medikamente ins Spiel kommen.

Wie zahlreiche Berichte über das »dämpfende« Medikament Ritalin in »The Province – The Rave« aus Vancouver (4/98) belegen, werden vornehmlich Jungen immer öfter »medikamentöse Zwangsjacken« angelegt, weil ihr Bedürfnis nach Bewegung, Aktionspielen und Selbstbestimmung als krankhafte Hyperaktivität ausgelegt wird. In fast allen Fällen wurde das auffällige Verhalten der Jungen von Lehrkräften moniert, die zu der Auffassung gelangten, daß die betreffenden Jungen den Ablauf des Unterrichts zum Nachteil vor allem der Mädchen störten.

Wie Kurt-Martin Mayer im Magazin »FOCUS« (23/1999) berichtete, verschreiben seit 1995 auch deutsche Ärzte das umstrittene Mittel Ritalin zur Therapie (vermeintlich) hyperaktiver und (angeblich) konzentrationsschwacher Kinder in steiler Zuwachskurve. Während 1995 zu Lasten der gesetzlichen Krankenkassen 188 300 Packungen überwiegend an Jungen mit dem sogenannten »Zappelphilipp-Syndrom« verabreicht wurden, waren es 1997 bereits 586 000, also die dreifache Menge. Diese Werte reichen noch nicht an die USA heran, wo bis zu 40 Prozent der ebenfalls vornehmlich männlichen Schulkinder die Pille schlukken müssen. Es gibt jedoch auch hierzulande mittlerweile Schulen, an denen 8 von 20 Sechs- und Siebenjährigen das Medikament erhalten bzw. denen höhere Dosierungen verordnet werden als die maximal empfohlenen 60 Milligramm pro Tag.

Während sich in den USA immer lautstärker protestierende Müttergruppen zusammenschließen, um ihre Söhne vor Ritalin und der damit einhergehenden Dämpfung ihrer natürlichen Lebhaftigkeit zu schützen, setzt in Deutschland der Trend zur »Leistungsdroge« erst richtig ein. Warner, die auf die Gefahr der Fehldiagnose und darauf verweisen, daß Hyperaktivität Anzeichen einer Depression sein könne, welche etwa auf Streß in Elternhaus oder Schule zurückzuführen sei, sind eher selten. Auch die als Nebenwirkungen auftretenden Halluzinationen und Verhaltensstereotypien, besser als »Tic« bekannt, sowie Schlaf- und Appetitlosigkeit, ja, selbst die nicht auszuschließende Gefahr einer Suchtabhängigkeit werden verharmlost. Obwohl eine Pille Ritalin maximal 2,5 Stunden lang »beruhigt« und nachweislich nicht heilt, wird das Mittel immer mehr Jungen zur Förderung von Disziplin, Konzentration und Leistung verabreicht.

Markus Reitzner aus Hannover ist ein solcher Junge. Er erhielt Ritalin erstmals mit 12 Jahren, weil er als einziger Sohn in der Reihe von drei Töchtern schlechtere Schulnoten erbrachte und, wie seine Mutter ausführte, »einfach kein Sitzleder hatte«. Seit Ritalin ist Markus zur Freude der Mutter »endlich genauso toll wie seine Schwestern«.

Das Ergebnis der unterschiedlichen Manipulationen von Jungen und Mädchen sind einesteils aggressive Mädchen, die einen »Rechtsanspruch« auf ihre Aggressivität und jedwede Unterstützung zu haben glauben, und andernteils verunsicherte Jungen, welche im Laufe ihrer Entwicklung zum Mann die Berechtigung der Emanzipationsansprüche und die Schutzbedürftigkeit der Frau ebenso tief verinnerlichen wie die Verteufelung jeglicher männlicher Aggression und Risikobereitschaft, ja, selbst des Beschützerinstinkts.

Frauen, die als Mädchen ein derartiges erzieherisches Stärkungsprogramm genossen haben, zeichnen sich als Erwachsene häufig durch ein besonders ausgeprägtes Anspruchsdenken aus. Nach meinen Erfahrungen im Austausch mit zahlreichen Frauen und Müttern schlägt dieses sich weniger materiell nieder als vielmehr emotional. Die Bereitschaft und Fähigkeit »gestärkter« Frauen zu Kompromissen oder Rücksichtnahme in der Partnerschaft sind erschreckend schwach entwickelt.

Damit meine ich keinesfalls, daß Frauen zu allem Ja und Amen sagen oder leidende Dulderinnen sein sollen! Aus meiner Sicht kann Partnerschaft nur zwischen selbstbewußten, einander akzeptierenden und respektierenden Paaren gelingen, die einander auch Unangenehmes zu sagen wagen. Doch das seit rund dreißig Jahren Frauen immer kompromißloser anerzogene Denkmuster, als weibliche Wesen besondere Schonung und Förderung zu verdienen, verleitet viele zu der Erwartungshaltung, daß jederzeit menschlich verständnisvoll auf sie eingegangen werden müsse, ohne daß sie selbst dafür einen entsprechend hohen emotionalen

Einsatz zu bringen hätten. Der Irrglaube, daß Frauen von Natur aus, also ohne sich anstrengen zu müssen, bindungsfähiger, kompromißbereiter, verständnisvoller und sozial kompetenter seien als Männer, scheint jede Arbeit an sich selbst überflüssig zu machen. Konsequenterweise kann nur der Mann es sein, »mit dem etwas nicht stimmt«, wenn es in der Partnerschaft schiefgeht.

Jede enttäuschte Erwartung rückt das Bild des »schlechten Kerls«, mit dem sie seit Mädchenjahren berieselt wurde, näher ins Bewußtsein der Frau. Jeder Streit läßt den Glanz der Illusion vom vollkommenen Glück verblassen. Die vorgefaßte Meinung über Männer beginnt zu rumoren. Der Gedanke nagt, daß doch schließlich so viele Frauen sich nicht täuschen können, die seit jeher vor der sozialen Unfähigkeit der Männer warnen und die Fratze des Bösen hinter der schönen Maske des Liebhabers hervorzerren. Mißtrauen schleicht sich ein, breitet sich aus. Vertrauensvolle Gespräche mit Freundinnen, die bereits Erfahrung mit gescheiterten Beziehungen haben, bestätigen den eigenen Frust. Die negativen Gefühle der anderen stecken an. Immer öfter werden Worte auf die Goldwaage gelegt. Tag für Tag kommen Beispiele ins Buch der Erinnerungen, die Beweise dafür liefern, daß man sich im anderen geirrt hat. Und ganz allmählich wird so aus dem Geliebten »der Feind in meinem Bett«, den sich eine emanzipierte Frau natürlich nicht bieten läßt.

Ist die Liebe erst einmal mürbe und brüchig geworden, rücken andere ins Blickfeld, an deren Seite das Glück zu lachen scheint. Der Weg zum Scheidungsanwalt und in die Arme der erfahrenen Freundinnen, die mit Rat und Tat und tausend erprobten Listen im Streit um Unterhalt und Kinder aufzuwarten wissen, steht offen.

Mit entschieden mehr Selbstkritik auf beiden Seiten und dem festen Willen, einander wirklich gleichberechtigt zu begegnen, indem einer den anderen in Ruhe und Respekt ernst nimmt, wäre so manche Beziehung zu retten. Vielleicht ist Hilfe von außen nötig. Manchmal sind Freunde passend. In anderen Fällen bedarf es einer erfahrenen Konfliktberatung durch professionelle Helfer. Sich als Frau allein deshalb im Recht zu fühlen, weil der andere ein Mann ist, ist in jedem Fall die schlechteste Alternative.

Verunsicherte Männer

Verunsicherte Männer suchen in der Frau, die sie lieben, oftmals einen Ersatz für die eigene Mutter. Ebenso oft sind sie aber zu tiefer Liebe unfähig, weil sie in jeder Frau die eigene Mutter wiederzuerkennen glauben und diese abstoßen. In beiden Fällen leiden die Männer an einer Beziehungsschwäche oder sogar -unfähigkeit.

Wenn sie einen Muttersatz suchen, klammern sie in der Partnerschaft und unterdrücken die Frau in deren eigenen Bedürfnissen und Ansprüchen. Sie erwarten bedingungslose Liebe, Hingabe und Fürsorge und die Bereitschaft, »alles geboten« zu bekommen. Wie eine Mutter soll die Frau ihren Mann umhegen und umsorgen, seine Wohnung sauber und die Wäsche in Ordnung halten, mit dem fertigen Essen auf ihn warten und selbst zu nachtschlafender Zeit ein freundlich geneigtes Ohr für seine Wünsche und Bedürfnisse haben. Im Grunde soll sie rund um die Uhr als Helferin, Beraterin, Trösterin in Bereitschaft stehen.

Selbstverständlich soll die Frau als Muttersatz auch jede Laune, jede Bosheit, jeden Fehler und jede Schwäche des Mannes lächelnd und mit Großmut übersehen, zumindest aber sofort verzeihen, ohne darüber auch nur ein böses Wort zu verlieren. Kann sie ein erfahrenes Unrecht nicht vergessen, wird sie als »nachtragend« beschimpft. Nimmt sie einen geschmacklosen Scherz auf ihre Kosten übel, gilt sie als Spielverderberin, die keinen Spaß versteht.

Als besondere Belastung stellt sich oftmals die sexuelle Beziehung des Paares heraus. Während sich der Mann entsprechend seiner generellen Anspruchshaltung an seine Muttersatz-Frau auch in der Sexualität keinerlei Beschränkungen auferlegt und ihre Verfügbarkeit nach seinem Belieben erwartet, setzt er bei der Frau meist eine gewisse Asexualität voraus. Viele Mutterersatz-Frauen haben mir geklagt, daß ihre Männer sie zwar sexuell begehren, sie als Frau aber zugleich auf einen Altar stellen und es ihnen übelnehmen, wenn die geringste sexuelle Initiative von ihnen ausgeht.

Eine typische Eigenart des auf die Mutter fixierten Mannes ist sein Bedürfnis nach schier endlosen Schmusereien, sein verklärtes Busennuckeln und seine Wonneschauer bei zärtlichen, aber leidenschaftslosen Streichelorgien, die alles dürfen, nur ja nie seine Genitalzonen erreichen. Dies könnte ja sofort als Anspruch oder Aufforderung verstanden werden und wäre einer anständigen Frau unwürdig.

In zahlreichen Fällen verweigert sich der Mann, sobald die Frau sexuelle Wünsche an ihn hat, oder verspottet sie als Nymphomanin, die ihn »auslaugen« wolle. Häufig zeigt sich bei diesen Männern auch das Problem der vorzeitigen Ejakulation oder insoweit auch der Potenzschwäche, als die Libido nach einem Akt der Begegnung völlig erschöpft ist. Ist die eigene Lust erloschen, drehen sich Männer dieser Art im allgemeinen zum Schlafen weg und gehen stillschweigend davon aus, daß nun alles bestens sei.

Läßt die Mutterersatz-Frau den Mann wissen, daß sie eigene Bedürfnisse habe, die unerfüllt geblieben seien, neigt der Mann dazu, empört zu sein, daß die Frau nicht »funktioniert«, sucht den Fehler aber keineswegs bei sich selbst, sondern bei ihr. Der Vorwurf, sie müsse wohl frigide sein, fällt ebenso schnell wie der, daß sie den Mann dann ja wohl nicht liebe und die Ehe als gescheitert zu betrachten sei.

Alle diese Forderungen, Erwartungen und Vorwürfe des nach einem Mutterersatz suchenden Mannes werden in unreifer Intoleranz und hartnäckiger Selbstverständlichkeit gestellt. Wagt die Frau, sich dagegen aufzulehnen und berechtigte eigene Wünsche anzumelden, wird dies sofort als Beweis »Du liebst mich nicht« ausgelegt. Im Grunde wird ein Mann, der in jeder Frau die Mutter sucht, niemals erwachsen. In der Familie wird er das älteste Kind bleiben und sowohl seine Frau als auch die eigenen Kinder durch seinen Egoismus und seine eventuell weinerliche, möglicherweise aber auch brutale Erwartungshaltung tyrannisieren. Immer wieder wird er Großzügigkeit und Verzeihung für sich einfordern, selbst aber überempfindlich auf die geringste Kränkung reagieren. Männer dieser Art kennen die eigenen Grenzen nicht und respektieren auch die keines anderen. Frauen sind in ihren Augen dazu da, ihnen zu dienen. Und nur zu oft dehnt sich diese Erwartungshaltung auch auf die leiblichen Töchter aus.

Lehnen Männer in der Frau, die sie zu lieben glauben, die eigene Mutter ab, tritt nicht das Problem der Vereinnahmung der Frau ein, sondern das gegenteilige der Abstoßung. Sie schaffen es nämlich kaum, sich auf eine dauerhaft tiefgehende Beziehung einzulassen. Sie scheuen vor emotionaler und oft auch körperlicher Nähe zurück, weil sie diese als Besitzanspruchshaltung der Mutter erfahren haben. Die Erkenntnis, durch das Gefühl der Liebe erpreßbar und manipulierbar zu sein, führt in ihrem Erwachsenenleben dazu, keiner Frau mehr zu gestatten, eine ähnliche Macht wie die Mutter auszuüben.

Im allgemeinen verweigern Männer, die sich abgrenzen, die Treue, weil sie in jeder engen Bindung die Klammerarme der Mutter zu spüren glauben. Sie wehren sich dagegen, Vertrauen zu schenken, da Vertrauen angreifbar macht und die aus Angriffen resultierende Schwäche dem Gegner neue Angriffspunkte offenbart, welche zu schmerzhaften seelischen Verletzungen führen könnten. Gleichzeitig fühlen diese Männer sich durch Vertrauensbeweise der Partnerin eingeengt oder belastet und neigen deshalb dazu, weder die Partnerin noch deren Aussagen allzu ernst zu nehmen. Oftmals tragen muttergeschädigte Männer dieser Art in Gesellschaft die Maske des unbeschwerten Unterhalters, der alle Herzen im Sturm erobert. Sie flirten auf

Teufel komm raus, haben an jedem Finger zehn Frauen, doch wenn es ernst wird und Verläßlichkeit gefordert wäre, versagen sie kläglich.

Die Angst, sich zu binden und dann für immer gebunden zu sein und keine unabhängigen Entscheidungen mehr treffen zu können, und die Kindheitserfahrung, im Ernstfall immer der Unterlegene zu sein, belasten jede Paarbeziehung nachhaltig bis zum Bruch.

Falls ein solcher Mann sich doch zu einer Ehe entschließt, wird seine Partnerin immer wieder mit seinen Fluchtversuchen konfrontiert sein. Mit ziemlicher Sicherheit muß sie sich darauf einstellen, daß ihr Mann amourösen Abenteuern nicht abgeneigt ist und seine eigenen Freizeitaktivitäten wie vielleicht Fußball oder Tennis rücksichtslos auslebt. Als beliebter Fluchtweg wird die Nüchternheit und Überschaubarkeit des Berufslebens angesehen, in der ehrgeizige Ziele verfolgt und Führungspositionen angestrebt werden. Ihr Motto, lieber selbst kontrollieren und beherrschen zu wollen, als schwach und unterlegen zu sein, macht diese Männer schnell zu verbissenen Kämpfern auf einsamem Posten.

In der sexuellen Begegnung erfahren die Partnerinnen immer wieder, daß sie einen technisch vielleicht versierten, erfahrenen Liebhaber in den Armen halten, der seine Lust gekonnt mit ihnen teilt, mit dem Herzen aber nicht dabei ist. Ausgiebige Zärtlichkeiten duldet er nur in dem Maße, wie sie seine Lust anregen. Wenn sie in weiche Hingabe ausarten und mit dem Wunsch nach Dauer verbunden sind, geraten sie ihm zu nah, und der Rückzug ist vorprogrammiert.

Typische »Softies« sind diejenigen verunsicherten Männer, die um jeden Preis gefallen und mit allen Menschen in Harmonie leben möchten. Der Satz von Marie von Ebner-Eschenbach, »Nichts macht uns feiger und gewissenloser als der Wunsch, von allen Menschen geliebt zu werden«, findet durch diese Männer seinen Wahrheitsnachweis.

Oftmals wurden sie von Müttern erzogen, die sich nichts

sehnlicher als eine Tochter gewünscht hätten. Auf Äußerlichkeiten fixiert und eitel glauben sie, schön wie Adonis daherzukommen und jede Frau in den Schatten stellen zu können. Gleichzeitig aber hat die Verunsicherung ihrer Seele und ihres natürlichen Wesens einen solchen Gordischen Knoten in die eigene Identität als Mann geschlagen, daß sie außerstande sind, das Schwert zum rettenden Streich zu führen. Das Bild von »Muttis Liebling« fest vor Augen, finden sie sich in ihrem eigenen Leben nicht zurecht und zerbrechen an jeder Spur von Kritik.

Die »Frau an seiner Seite« hat häufig unter Eifersuchtsanfällen ihres Mannes zu leiden, die so weit gehen können, daß er sie keinen Schritt allein vor die Tür gehen lassen will, ihre Freundschaftsbeziehungen zensiert oder zerstört und bei jeder Gelegenheit darauf verweist, wie unersetzlich wichtig er selbst für sie ist. Er wird auf sein Einkommen und sein soziales Image pochen und ihr demonstrieren, daß sie ohne ihn nichts darstellt. Er wird ihr versagen, den Führerschein zu machen, um ihr als Chauffeur unverzichtbar zu sein. Er wird ihr ein streng bemessenes Haushaltsgeld zuweisen und das Führen eines Haushaltsbuches verlangen. Kurz, er wird alles in seiner Macht stehende tun, um seiner Frau gegenüber den Anschein des dominanten Herren herauszukehren, dem sie verpflichtet ist. Daß er hinter der Fassade ein ängstliches Hündchen ist, welches in ein Megaphon bellt, damit sich die Katze fürchten soll, darf niemand wissen. Andere »Softies« haben Eltern erlebt, deren Autoritätsgebaren mit Gewalt und Unterdrückung einherging. In vielfältigen Mustern erfuhren diese Jungen als Kinder und Jugendliche die eigene Ohnmacht. Furcht prägte ihre Persönlichkeit, mußte aber um jeden Preis verborgen werden, um nicht den Spott oder noch stärkere Gewalt der Umgebung herauszufordern. Um vor sich selbst Bestand zu haben, mußten diese Jungen sich immer wieder ein Bild auf den eigenen Spiegel kleben. Und zwar das Bild des Kämpfers, der eines Tages stark genug sein würde, sich nichts mehr gefallen, nichts mehr bieten zu lassen.

Im Endergebnis kommen bei einer solchen Erziehung Männer heraus, die gegenüber einer starken, selbstbewußten Frau nicht bestehen können und sich an Schwächeren vergreifen müssen, um die künstliche Selbstachtung nicht zu verlieren. Indem sie die eigene Lebensangst und Kontaktschwäche sowie ihre tiefinnere Verunsicherung in ihrer Identität als Mann hinter einem gewalttätigen Auftreten tarnen, lügen sie sich selbst und anderen den starken Mann vor. Da Stärke immer in Relation zu Schwäche steht, vergreift sich der Schwächste stets am Allerschwächsten, um Sieger zu bleiben.

Aufs grausamste zeigt sich dies an den Beispielen des sexuellen Kindesmißbrauchs, in dessen tiefstem Kern es immer um das Erzeugen von einem Gefühl größtmöglicher Angst und größtmöglicher Unterlegenheit bei einem Schwächeren geht, um dem Aggressor das lustvolle Gefühl von Macht zu vermitteln.

Wie immer es dazu gekommen sein mag, daß ein Junge zum »Softie« erzogen wurde – in jedem Fall wurde sein persönliches Identitätsgefühl und das Bewußtsein des eigenen Wertes nachhaltig gestört. Seine grundlegende Erfahrung war, daß Wohlverhalten Liebe erzeugt und Widerstand oder Protest Liebesentzug bewirkt. Da jedes Kind geliebt werden will, bemühte sich der Knabe, ständig zu gefallen, angepaßt und brav zu sein.

Bis ins Erwachsenenalter hinein machen Konflikte diesen Männern Angst. Sie haben nie gelernt, sie selbstbewußt auszutragen und Niederlagen nicht sofort als persönliches Versagen zu bewerten. Stets erwarten sie Verachtung oder Geringschätzung, sobald sie in sie gesetzte Erwartungen nicht erfüllen können, und geben daher alles, um »brav« zu sein, Anerkennung und Bewunderung zu finden sowie permanent als der Größte und Beste geliebt zu werden.

In der Ehe ist ein solcher Mann schwer zu ertragen, weil sein Ego ständig Streicheleinheiten in Form von Lob bis Bewunderung und Verständnis braucht. Die »Frau an seiner Seite« muß Engelsgeduld aufbringen, um ihn aus immer neuen Seelentiefs herauszuziehen, ihn wieder aufzubauen und gemeinsam mit ihm gegen nur zu oft lediglich imaginäre Feinde anzugehen. Sie muß sich gefallen lassen, daß sie eifersüchtig kontrolliert und von ihrem starken Mann überbeschützt wird. Und sie ist klug beraten, wenn sie jedes ihrer Worte auf die Goldwaage legt und ihren Mann auch dann bewundert, wenn es keinen Grund dafür gibt. Es fällt ihm schwer, konstruktive Kritik zu ertragen, und stets wird er bestrebt sein, die Verantwortung für Fehler anderen in die Schuhe zu schieben.

»Softies« schaffen sich Traumwelten, in denen sie die Helden sind, und verlieren darüber schnell die Wirklichkeit. Kommt es dennoch zu Auseinandersetzungen, rasten diese Männer leicht bis zum Verlust der Selbstkontrolle aus. Die Angst des Verlierers treibt sie, Situationen falsch zu interpretieren und sich angegriffen zu fühlen, wo gar kein Angriff stattfand. Ihre Ohren sind permanent darauf gepolt, Kritik und Tadel aufzufangen, so daß sie selten in der Lage sind, reine Informationsfragen als solche zu verstehen. In Krisenzeiten verfallen diese Männer leicht dem Alkohol oder einer anderen Sucht und neigen dazu, Schwächere für die eigenen Probleme leiden zu lassen.

Die »Frau an seiner Seite« muß stark sein, um die innere Schwäche ihres »Softies« auszuhalten. Gleichzeitig muß sie ertragen können, wegen dieser Stärke ständig als »sein Feind« Nummer Eins angegriffen zu werden. Im Privatbereich kann dies so weit gehen, daß ihr Mann sie bewußt und gezielt dem Spott von Freunden preisgibt, sich bis hin zu Intimitäten über sie lustig macht, sie mit diebischem Vergnügen bloßzustellen versucht und blamiert, nur um endlich einmal die Lust des Siegers zu genießen. Ihren Protest wird er als Beweis dafür werten, daß sie keine Kritik vertragen kann und keinen Spaß versteht. Tränen gelten ihm als verräterisches Zeichen dafür, daß sie ihm ein schlechtes Gewissen verursachen wolle. Und ihre Zornausbrüche sind natürlich immer völlig aus der Luft gegriffene Attacken gegen einen Unschuldsknaben.

Wegen der Unberechenbarkeit seines nie faßbaren Wesens und seiner narzißhaften Selbstverliebtheit erscheint die Ehe mit einem typischen »Softie« den meisten Frauen unerträglicher als die Bindung an einen Macho, der in Wahrheit nichts anderes ist als ein verkleidetes Muttersöhnchen, oder die Beziehung mit einem, der jede Berührung seiner Seele wie den Stich der Tarantel fürchtet.

Die Suche nach Grenzen

Im Höhenrausch des eigenen Kraftbewußtseins und im Schwelgen angesichts aller greifbaren Chancen zur Selbstverwirklichung ging in vielen Frauen das Maß für die eigenen Möglichkeiten verloren. Es kristallisieren sich immer mehr Frauenpersönlichkeiten heraus, die zur Selbstüberschätzung neigen. Ihr Leitsatz scheint zu lauten: »Alles, was ich kriegen kann, steht mir zu.« Diese Einstellung gipfelt in dem Verlust des Bewußtseins, nicht nur persönliche Rechte, sondern auch Pflichten zu haben. Man könnte sagen, das Bewußtsein für die eigenen Grenzen verschwand.

Wer aber die eigenen Grenzen nicht kennt und respektiert, respektiert auch die Grenzen des anderen nicht. Und dennoch (oder gerade deswegen) sind heutige Frauen – vielfach ohne sich dessen bewußt zu sein oder es sich einzugestehen – weitaus verzweifelter als Frauen früherer Generationen auf der Suche nach einem Mann, der ihnen nicht wachsweiche Nachgiebigkeit zeigt, sondern Grenzen setzt und dadurch Reibungsflächen bietet.

Heutige Frauen haben die Demutshauben der Vergangenheit abgestreift. Sie tragen ihr Haar offen und den Kopf hoch. Ihres eigenen Wertes bewußt, sind sie Kämpferinnen geworden und siegerprobt. Der »Mann an ihrer Seite« wird genußvoll vernascht und so manches Mal nach der ersten Kostprobe als zu unreif, zu schwach verworfen. Es langweilt, die eigene Kraft nicht an einem anderen messen zu können. So wie es langweilt, stets unterlegene Gegner zu haben, und gleichermaßen ängstigt wie auch reizt, einem Stärkeren zu begegnen, der einem das Gefühl gibt, gerade die eigene Schwäche sei die wahre Kraft.

Wie so oft erstehen vor meinem inneren Auge die Gestalten der Nibelungensage auf, wenn ich an heutige Frauen denke. Nur dem oberflächlichen Leserblick erscheint diese Geschichte uralt und ohne Bezug zur Gegenwart. In Wirklichkeit ist es die ewig junge Geschichte um Frauenliebe und einen strahlenden Helden. Kriemhild sehe ich, die schöne Sanfte, die von einem Falken träumte, den sie über ein Jahr lang zu zähmen suchte und dann doch verlor. »Blondchen«, könnten witzerprobte Zungen heute sticheln und unterschätzten aber die Kraft der Löwin in ihr, mit der sie ihren Geliebten und den Untergang ihrer Familie rächte. An ihrer Seite Siegfried, der Falke, der Held, furchtlos vor Siegesgewißheit und männlicher Kraft, der nicht nein sagen konnte und aus Eifersucht ermordet wurde. Ein typischer »Macho«. Ihm gegenüber Brunhild, die wilde, stolze Kämpferin, die sich nur dem Mann hingeben wollte, der ihr ebenbürtig war, von Siegfried überlistet wurde und sich so unsterblich in ihn verliebte, daß die verschmähte Liebe schließlich in Haß umschlug. »Emanze« würde man sie heute nennen. Und Gunther, der »Softie«, der sein Herz ausgerechnet an Brunhild verlor, ohne ihr je den Meister zeigen zu können, und deshalb zum Spielball ihrer Launen wurde.

Damals wie heute ging es um brave Mädchen, böse Mädchen, um Softies, die keine so recht will, und um Machos, die an jedem Finger zehn haben können, weil sie vor Selbstbewußtsein und Sorglosigkeit strotzen und den braven wie den bösen Mädchen das wonnige Gefühl vermitteln, sich fallenlassen zu dürfen und an einer breiten Brust in Sicherheit zu sein. Das niemals alte Spiel also um sich anziehende Gegensätze und den Kampf der einander abstoßenden Ebenbürtigen.

Ganz gleich, wie modern und aufgeklärt, wie gebildet und gleichberechtigt die Menschen sein mögen – Liebe ist immer ein Spannungszustand. Und nur im ausgeprägten Kontrast der Geschlechter, der Meinungen, Erwartungen, Wünsche und Phantasien entsteht Spannung. Alle Sinne reagieren auf Reize, die blitzschnell suggerieren, ob man jemanden beispielsweise »gut riechen kann« oder nicht. Ohne diesen Kitzel der Sinne und die im Kopf entstehende Spannung der Erotik verkommt jede leidenschaftliche Liebe alsbald zur faden Langweiligkeit.

Die Zeit der Nibelungen war die Zeit der zugleich verehrenden und leidenschaftlich begehrenden »Minnedienste« des Mannes an seiner Dame, welche die Herrin seines Herzens und die Bestimmerin seiner Wege war. Während jeder rechte Held für seinen König auf dem Feld der Ehre zu sterben bereit war, zog er für die Dame seines Herzens auf »aventûre« aus, um seine sozialen Fähigkeiten zu bilden und ihr die Qualitäten seiner Mitmenschlichkeit und Seelenkraft zu beweisen. Die Kraft des Armes allein zählte nicht. Erst im Verbund mit Seelenstärke zeichnete sie den wirklichen Helden aus. Und Liebe ohne tiefe Achtung voreinander galt als Trieb, auf einer Stufe mit dem Fortpflanzungsdrang des Tieres.

Männer und Frauen von heute haben es ungleich schwerer als frühere Generationen, ihre eigenen unverwechselbaren Positionen zu beziehen und in deren Kontrast den Spannungsbogen der Liebe wahrzunehmen. Die Zeiten der »aventûre« sind allenfalls in virtuellen Computerwelten aufzuspüren. Das Feld der kriegerischen Ehren ist ins Berufsleben und den Kampf um Arbeitsplätze, Geld und Karriere verlegt. Und die Dame des Herzens träumt nicht mehr nur vom Falken, sondern zähmt ihn wahrhaftig, erlebt ihre »aventûre« selbst und setzt ihre Gegner auf allen Feldern schachmatt. Aus der »braven« Kriemhild ist die »böse« Brunhild geworden. Und sie verlangt nach Siegfried, dem starken Partner, passend zur starken Frau. Doch am Ende, wenn die Sonne der Ernüchterung die Tarnkappe der blinden Liebe verbrennt, liegt oft genug nicht der ersehnte Held im Bett, sondern der »Softie« als sein schwacher Abklatsch, den schon die echte Brunhild mit links an einen Kleiderhaken zu baumeln pflegte.

Die Frauenbewegung strebte nach Gleichberechtigung der Geschlechter. Es sollte die Frau erstarken, um dem starken Mann gewachsen und ebenbürtig zu sein. Die feministische Emanzipation ist gerade dabei, diese längst erreichte Gleichberechtigung durch die Produktion von »Softies« erneut in Frage zu stellen oder in Gleichmacherei zu ersticken.

Der einzige echte Unterschied der Geschlechter ist heute nur mehr »der kleine Unterschied«. Folgerichtig ist die gesamte Gesellschaft sexualisiert und Sex zum Maß der Dinge geworden. Körperkult ist angesagt. Vom Kult des Bodybuilding, Bodystyling, Bodypainting bis hin zur entblößenden Alibibekleidung wie Leggins, Wonderbra und kaum Po bedeckende String-Röcke, setzt heutige Mode auf Körperformen und Nacktheit. Als müsse auf dieser letzten Bastion des Unterschieds jedes Detail zu Markte getragen werden, um Interesse zu wecken, präsentieren die knabenhaft erschlankten Mädchen Silhouette und die ebenso schmächtigen Jungen ihre Muskeln in Schulterbreite vortäuschenden XXL-Schlabbermoden. Da »steht sie auf ihn«, und »er fährt auf sie ab«, und zusammen sind sie »cool«.

Erst in der Ehe stellen immer mehr Frauen und Männer fest, daß Sex allein nicht die ganze Liebe ist. In welchem anderen Bereich aber können sie einander jetzt wirklich noch brauchen? Beide können sich allein ernähren. Sie genießen Freiheit und Gleichberechtigung. Beide können ohne Sex Kinder bekommen. Beide können ihre Kinder allein großziehen. Steht dem Resultat der feministisch geprägten Überlegungen einer Frau nicht ein wirklich selbstbewußter Mann gegenüber, mit dem es sich lohnt, zusammenzubleiben, ist die Ehe zum Scheitern verurteilt. Denn nichts ist tödlicher für die Liebe als dem jeweils anderen Narrenfreiheit einzuräumen, stets alles verzeihende Milde zu beweisen und den Partner gleichzeitig in jeder Lebenslage optimal zu ersetzen. Was wirklich verbindet, ist die beiderseitige Ausstrahlung ganzheitlicher Lebensenergie.

Über den Sex hinaus und zusätzlich zu materiellen Sicherheiten muß diese Energie ein geistiges Wechselspiel aus Geben und Nehmen, Anregung und Ergänzung fließen lassen, welche in der Summe aller Faktoren eine Sehnsucht im Kopf und ein Verlangen im Bauch erzeugt, sich diesen Menschen zur eigenen Ergänzung und glücklichen Bereicherung des Lebens dauerhaft »einzuverleiben«.

Leider lassen sich heutige Paare nur selten Zeit, mehr voneinander zu erforschen als den Körper, ehe sie eine auf Dauerhaftigkeit angelegte Beziehung eingehen. Es ist auch aus der Mode gekommen, sich selbst zu prüfen und kennenzulernen, indem man auf »aventûre« geht. Warum auch, wenn alles zu stimmen scheint: Sex, Freundeskreis, Job, Urlaub, Geld? Daß man klüger gewesen wäre, selbstkritischer zu sein und sowohl die eigenen als auch die Kulissen des Partners genauer zu erforschen, weiß man immer erst hinterher.

Unterschiedliche Erwartungshaltungen an die Ehe

Die Ehe wird von Männern und Frauen mit unterschiedlicher Zielsetzung anvisiert. Männer sehen sie als eine Art Hafen, in den sie mit ihrem Lebensschiff eingelaufen sind, um Ruhe vor den Stürmen auf der rauhen See des alltäglichen Selbstbehauptungskampfes zu finden. Die Frau ist in diesem Hafen der Liegeplatz, der unterschiedlichste Anforderungen erfüllen muß. Er soll Trockendock sein sowie Pflege, Verwöhnservice und Reparaturdienst bieten. Sie bleibt feste Anlaufstelle auch dann, wenn das Schiff immer wieder in See sticht und für einige Zeit verschwindet.

Frauen sehen die Ehe ebenfalls als einen Hafen an. Anders als der Mann glaubt, sind Frauen darin jedoch kein Liegeplatz, sondern gut getarnte Freibeuterinnen. Gern ziehen sie ein attraktives Schiff an den Kai und werfen die Haltetaue um einen Poller am Anlegesteg. Aber nur, um mit einem Satz an Bord zu springen und mit diesem Schiff in die See der Abenteuer stechen zu können.

Im Eifer des Abenteuers wird *frau* als echte Piratin natürlich sofort versuchen, selbst der Kapitän zu sein. Gelingt es ihr jedoch, den Kapitän zu bezirzen und schachmatt zu setzen, wird sie den nächsten Hafen anlaufen, abmustern und ein neues Schiff zu kapern versuchen. Kapitäne, die nur deshalb Kapitän sind, weil sie Mütze und Schultertressen tragen, taugen in Frauenaugen nun mal nicht für das »Hochseeabenteuer« Ehe.

Wie so oft kann auch in diesem Punkt nur falschen Hoffnungen und Wünschen vorgebeugt werden, indem das Paar die eigenen Positionen auf der Seekarte des Lebens absteckt und dann versucht, einen gemeinsamen Weg zu finden und indem einer des anderen Lotse ist und beide sich gegenseitig durch die jeweils unbekannten Fahrwasser des fremden Meeres steuern. Die Inseln der ewig Glückseligen suchte freilich schon der Kaiser von China sein Leben lang vergeblich.

Eigentor Scheidungsklage

Zahlreiche Ehen enden nur deshalb vor dem Scheidungsgericht, weil Frauen den Gang zum Scheidungsanwalt als eine letzte, äußerste Provokation unternehmen. Nachdem Küsse nicht den gewünschten Erfolg brachten, wird nun quasi der Fehdehandschuh geworfen und als ultima ratio der Mann aufgefordert, sich endlich aus dem Frosch in den Prinzen zu verwandeln, der in ihm steckt.

Eigene Unreife der Frau oder blinde Verliebtheit in ein dem Traummann entsprechendes äußeres Erscheinungsbild sowie daraus resultierende Fehleinschätzungen der Persönlichkeit des Partners stehen oftmals im Hintergrund dieser Entscheidung. Selbst nach zahlreichen Enttäuschungen, die darüber aufklären müßten, daß sich Wunschbild und Realität nicht decken, mögen viele Frauen sich immer noch nicht damit abfinden, die falsche Wahl getroffen zu haben.

Der Gedanke »So kann ich mich einfach nicht in ihm geirrt haben!« läßt keine wirklich sinnvolle Veränderung zu. Er gestattet der Frau nicht, eigene Fehler einzugestehen und sich selbst in dieser Schwäche anzunehmen. Gleichzeitig erlaubt er dem Mann nicht, so zu sein, wie er tatsächlich ist.

Statt dessen bemüht sich die Frau mit immer neuen Vorstößen, den Partner zu verändern, ihn ihren persönlichen Wünschen entsprechend umzuerziehen und zu beweisen, daß es niemals eine Diskrepanz zwischen Schein und Sein gab. Die Tatsache, daß niemand einen anderen Menschen von Grund auf umkrempeln kann, zieht jedoch notwendigerweise Enttäuschungen nach sich.

Stellen Sie sich das Beispiel eines erzkonservativen Mannes vor, den seine Frau mit aller Kraft dazu bewegen möchte, ein modisch gelbes Sakko zu einer womöglich blaugrundigen kleinkarierten Hose, farblich abgestimmtem Hemd und passender Weste zu tragen, die exakt geglättete Scheitelfrisur in einen lokker-flockigen Popper zu verwandeln und dazu einen Duft von Yves St. Laurent aufzulegen. Möglicherweise würde es einer eloquenten, alle Register der Verführungskunst ziehenden Frau gelingen, ihren Kopf durchzusetzen. Genießen würde freilich weder sie das Ergebnis noch ihr Mann. Sein unglücklich-beklemmtes Gesicht, sein gehemmtes Gebahren und seine unsicheren Seitenblicke wären wie eine Ohrfeige für ihren Verwandlungseifer. Alles Zupfen und Ziehen, alles Drehen und Begutachten würden ja nicht darüber hinwegtäuschen, daß zwar der modische Anzug dem letzten Modeschrei entspricht, der in ihm steckende Mann aber von gestern bleibt.

Eine Quelle zorniger Auseinandersetzungen wäre erschlossen, die um so heftiger sprudelte, je intensiver die Frau bestrebt wäre, ihren Mann zum Auslöser der beiderseitigen Enttäuschung abzustempeln und ihm obendrein sein verknöchertes Erscheinungsbild zum Vorwurf zu machen. Als Gipfel des beiderseitigen Frustes wäre sein Kommentar zu erwarten, daß sie nicht wisse, was sie wolle, schließlich habe er ihr den Gefallen ja getan, und jetzt passe es ihr wieder nicht. Worauf sie im Brustton der Empörung dagegen halten müßte, daß sie es schließlich nur gut gemeint und sein schwarzer Undank wieder einmal alles kaputt gemacht habe. Ein Tränenausbruch ihrerseits, eine wütend-unsichere Flucht in den Garten seinerseits – und die Kleiderfrage hätte wie ein Schneeball auf Lawinenbretter aus hundert vergleichbaren Gelegenheiten gewirkt.

»Du mußt richtiger leben, um glücklicher zu leben«, formulierte Seneca einst. Auf die Frau meines Beispiels angewandt, würde dies bedeuten, richtiger hinzuschauen. Sie müßte aufhören, das Bildnis eines fiktiven Menschen in ihrem Kopf zu hegen und zu pflegen, und beginnen, es durch den lebendigen »Mann an ihrer Seite« zu ersetzen. Gleichzeitig müßte sie bereit sein, sich selbst zu verzeihen, einen Fehler bei der Einschätzung ihres Mannes gemacht zu haben, und auch ihm verzeihen, anders zu sein als das Bild, welches sie sich von ihm gemalt hatte. Damit wäre diese Beziehung freilich noch nicht gerettet. Auch der Mann müßte »richtiger leben«, um glücklicher zu sein. Für ihn wäre damit gemeint, sich selbst als richtig anzunehmen und den ständigen Umerziehungsversuchen seiner Frau nicht mehr nachzugeben.

In langen, vertrauensvollen Gesprächen wäre zu versuchen, einander als echte Menschen näherzukommen und dabei Stück für Stück die Kunstfigur vor dem wirklichen Menschen abzubauen. Ob man danach miteinander glücklicher wird als zuvor, müßte sich zeigen. Eine echtere Chance als eine halbherzig eingereichte und zum Druckmittel verkehrte Scheidungsklage wäre es allemal.

Viele Frauen, die mit einer Scheidung als »Fehdehandschuh« im Grunde auf eine Wandlung zum Positiven gesetzt hatten, erkennen zu spät, daß der Schuß nach hinten losging. Sie bereuen letztlich die erfolgte Scheidung bitter und sehen sie als den größten Fehler ihres Lebens an.

Katja aus Frankfurt berichtete in diesem Zusammenhang: »Das bekam dann irgendwann so eine Eigendynamik. Da kam ich nicht mehr raus. Aber eigentlich gewollt hatte ich nur, daß er erschrickt und Angst kriegt, ich könnte Ernst machen und gehen.

Ich wollte, daß er mal Mumm hat, mal um mich kämpft oder so. Daß er dann einfach abdreht und sich ergibt, das war's eigentlich nicht wirklich, was ich erreichen wollte. Ich habe dann mitgespielt und es schließlich durchgezogen. Ich fand einfach keinen Weg mehr, aus diesem ganzen Scheidungskrieg auszusteigen. Wir hatten uns dann auch gegenseitig zu weh getan. Da konnte manches nicht mehr verziehen werden.«

Im nachhinein erkennen viele der betroffenen Frauen, daß sie von der Erwartung eines Wir-Gefühls in der Ehe geprägt, aber nicht bereit waren, dem Partner ein Mitbestimmungsrecht zuzugestehen, wie dieses Wir denn aussehen solle. Als gemeinsames Merkmal dieser Frauen fiel mir auf, daß sie entweder erstgeborene Kinder waren und an ihren jüngeren Geschwistern beinahe Mutterstelle vertraten, oder aus der eigenen Elternbeziehung eine starke Ausrichtung darauf hatten, wie ein »richtiger« Mann oder eine »richtige« Frau sein müsse.

Die Erstgeborenen unter ihnen hatten ein starkes Anpassungsbedürfnis an die Eltern und neigten dazu, ungebeten oder sogar gegen den ausdrücklichen Willen der betreffenden Personen Verantwortung für andere zu übernehmen und erzieherische Maßnahmen zu ergreifen. Schnell fühlten sie sich schuldig und waren bestrebt, zwischen konträren Positionen vermittelnd einzugreifen. Der Gedanke, besser zu wissen als derjenige, um den es geht, was gut für ihn ist, war diesen Frauen in Fleisch und Blut übergegangen. In der Partnerschaft neigten sie dazu, sich spontan in intellektuell schwächere Männer zu verlieben und diesen dann in bester Absicht Lebenshilfe angedeihen zu lassen.

Anderen Frauen wurde erst in unseren langen Gesprächen bewußt, daß sie Verhaltensweisen der eigenen Mutter nachlebten, indem sie zum Beispiel die Anzugtaschen ihres Partners kontrollierten und ihm abends eine Szene machten, warum er an dem und dem Tag in jenem Café ein Eis gegessen oder sich diese oder jene Telefonnummer notiert habe. Oder daß sie Äußerungen und Handlungsweisen ihres Partners in unmittelbare Beziehung zu Worten und Taten des Vaters setzten. Es wurde ihnen klar, daß sie etwa auf an sich harmlose Gesten ihres Partners allein deshalb aufgebracht reagierten, weil sie Bewegungen des Vaters ähnelten, die ihnen aus der Kindheit in unangenehmer Erinnerung geblieben waren.

Rebekka aus Nürtingen ertrug zum Beispiel nicht, wenn ihr Mann zweideutige Witze erzählte, weil ihr Vater ein »furchtbarer Mucho-Macho« war, der die Inhalte solcher Witze durchaus ernstgemeint auf Frauen und im besonderen auf seine Frau bezog. »Wenn ich wußte, wir waren eingeladen, wurde ich, je näher der Verabredungstermin rückte, immer grantiger«, meinte sie. »Ich hatte ja eigentlich keinen Grund dazu. Aber wenn ich mir vorstellte, wie mein Mann mit den anderen Männern zusammensitzen und Witze erzählen würde, hätte ich alles kurz und klein schlagen können oder am liebsten nicht mitgehen wollen. Das hörte erst auf, als ich mal wieder bei meinen Eltern war und meinen Vater mit seinen blöden Sprüchen hörte und begriff, was da für Zusammenhänge waren. Damals habe ich dann mit meinem Mann reden können. Und danach hat er sich bemüht, solche Zoten zu lassen. Es war eigentlich kein Akt. Aber es hat uns fast auseinandergebracht.«

Einmal mehr zeigte sich in unseren Diskussionen, daß Ehe letztlich nur funktionieren kann, wenn ehrlich ausgesprochen wird, was von einer Beziehung erwartet wird und was erbracht werden kann. Dazu gehört, daß Mann und Frau selbst genau wissen, was sie wollen, was sie unbedingt brauchen, wo es Kompromisse geben könnte, wo sogar ein Verzicht zu verschmerzen wäre, ohne daß daraus eines Tages bittere Vorwürfe erwachsen. Eine Frau, die selbst nicht weiß oder sich nicht konkret äußert, was sie will, sondern insgeheim darauf wartet, daß der Mann, den sie liebt, in ihren Gedanken lesen und geheime Wünsche erfüllen wird, liegt genauso schief wie ein Mann, der dieselben Illusionen hegt. Die klare Aussage hingegen schafft Chancen, denn sie verhindert falsche Hoffnungen ebenso wie enttäuschende Überraschungen.

In jedem von uns steckt das Kind, das wir einst waren. Und die meisten haben als Kind erlebt, daß ihnen Liebe entzogen wurde, weil sie sich in den Augen von Erwachsenen »ungezogen« verhalten hatten. Daß angepaßtes, mustergültiges, unauffälliges, Erwartungen erfüllendes Verhalten belohnt wird, wurde ebenfalls unter Schmerzen erlernt. Als Lehrmeister kamen neben den eigenen Eltern und Geschwistern allerlei Erziehungsversuche aus den Bereichen öffentlicher Institutionen hinzu und nicht zuletzt die Gruppendynamik innerhalb einer Freundesclique.

Sich bewußt der Gefahr eines Liebesentzugs auszusetzen und Grenzen zu ziehen, ganz konkret Nein zu sagen, fällt besonders all jenen Menschen schwer, die von Anfang an um die Liebe ihrer Eltern zu kämpfen hatten. Ein Kind spürt intuitiv, wenn es ungewollt und ungeliebt auf die Welt kam. Es wird mit aller Macht darum kämpfen, zu gefallen und doch noch geliebt zu werden. Auch ein Kind, das mit dem falschen Geschlecht geboren wurde und die daran geknüpften Erwartungen seiner Eltern nicht erfüllen konnte, wird stärkste Ängste entwickeln, die bis zur Selbstzerstörung ausufern können.

Anna, eine junge Frau, deren Lebensgeschichte ich in meinem Buch »Furcht vor dem Leben. Wenn Jugendliche den Tod als einzigen Ausweg sehen« geschildert habe, wurde von ihrem Vater wie der vergeblich ersehnte Sohn erzogen, bis sie in eine so starke Identitätskrise geriet, daß sie ihr Leben nicht mehr ertrug. Sie hatte jeden Anspruch des Vaters zu erfüllen versucht, um ihm ein guter Sohn zu sein. Gleichzeitig hatte sie der Mutter die liebe kleine Tochter vorgespielt. Beide waren enttäuscht von ihr, was wiederum dazu führte, daß auch Anna von sich selbst enttäuscht war. Sie verlor ihr inneres Ich dabei.

Nie sind wir verletzlicher als im kindlichen Alter, wenn wir weniger die Worte als vielmehr die Körpersprache und die Klangfarbe einer Stimme verstehen oder Emotionen von außen empfangen und abspeichern, die uns begreiflich machen, daß wir nicht wert sind, geliebt zu werden. Der daraus resultierende Kampf um die eigene Selbstachtung und um das Bewußtsein, trotz allem liebenswert zu sein, kann lebenslang anhalten und zumal in Krisensituationen immer wieder Verlustängste, Eifersucht und Selbsthaß hervorrufen.

Es erfordert Mut zu sagen: »Ich verstehe dich und akzeptiere deine Bedürfnisse, aber dies und jenes geht einfach nicht mit mir.« Schließlich beruht die Furcht vor Ablehnung auf schmerzhaften Erfahrungen. Möglicherweise verhindern klare Positionen und konsequent geschützte Grenzen auf beiden Seiten sogar das Zustandekommen einer Beziehung. Dennoch ist dies leichter zu verkraften als das Zerbrechen einer auf immer und ewig angelegten Partnerschaft.

»Wenn eine Frau sich unterdrücken läßt, liegt es an ihr und nicht an der Stärke des Mannes«, stellte zum Beispiel der notorische Filmbösewicht Claude-Oliver Rudolph, der im echten Leben »gern an der Seite einer großen, starken Frau miterleben« würde, »wie sie weltberühmt wird«, in »FOCUS« (20/1997) fest. »Eine starke Frau will auch einen starken Partner haben, sonst kann sie mit dem gar nicht kommunizieren.«

Trotz der aus vielfältigen Kindheitserfahrungen geborenen Angst, als starke Frau weniger geliebt und verwöhnt zu werden als eine schwache, anschmiegsame, nehmen immer mehr Frauen ihr Bedürfnis nach echter, also gleichberechtigter und gleichverantwortlicher Partnerschaft ernst. Der Ruf nach starken Männern an der Seite einer starken Frau ist meines Erachtens nicht nur der Beweis dafür, daß Frauen heute tatsächlich stark sind, sondern auch eine wunderbare Botschaft an die Zukunft.

Eine starke Frau kennt ihre ganz spezielle, eigene weibliche Macht und weiß, daß diese zwar absolut gleichwertig, doch andersartig ist als die des Mannes und keinesfalls dadurch gestärkt werden kann, daß die männliche Macht ausgerottet wird.

Als starke Frau muß sie nicht mehr glauben, Männer bekämpfen und besiegen zu müssen, indem sie ihnen mit Hinterlist begegnet, sie so lächerlich wie möglich macht und gemeinsame

Kinder als Machtmittel benutzt, um selbst besser dazustehen. Als starke Frau hat sie es auch nicht mehr nötig, ihre Weiblichkeit auf das Image des tiefgekühlten Vamps mit Attachéköfferchen zu reduzieren. Sie kann vielmehr mit vollem Bewußtsein und Genuß zu sich selbst stehen und die Kunst des Weiblichseins wieder entdecken, ohne diese Kunst mit dem billigen Zurschaustellen ihres Körpers zu verwechseln. Eine starke Frau, die weiß, was sie wert ist, kann mit Lust und Selbstverständnis ganz sie selber sein. Auch und gerade als »Frau an seiner Seite«.

Kaleidoskop der Beziehungen

Nichteheliche Lebensgemeinschaften

Wie die heutige offizielle Ehe mit Staatsvertrag, so fußt auch die nichteheliche Lebensgemeinschaft auf den Gebräuchen der alten Römer und Germanen. Als »Usus«- oder »Friedel«-Ehe war letztere damals die Lebensform der Ehe aus Liebe und ohne gegenseitige finanzielle Absicherung. Sie garantierte Frauen größtmögliche Unabhängigkeit von ihrem Mann und dessen Familie und zugleich den alleinigen Zugriff auf ihren persönlichen Besitz.

Auch heute spielen Unabhängigkeit und Geld eine Rolle, wenn Liebende ohne Trauschein zusammenleben. Einander gesetzlich nicht unterhaltspflichtig zu sein, ja gegenüber einer offiziellen Ehe sogar vom Staat benachteiligt zu werden, als Mutter keine Pflichten gegenüber dem Kindesvater und als Vater keine Pflichten gegenüber der Kindesmutter zu haben und dennoch zusammenleben zu wollen, wird als der Beweis der Liebe und der Freiwilligkeit angesehen.

Der Gedanke, verheiratet zu sein, wenn man sich verheiratet fühlt, wird als mindestens ebenso verbindlich und verpflichtend erachtet wie ein jederzeit vor dem Familiengericht aufzulösender Ehevertrag. Als weiterer Grund, nichtehelich zusammenzuleben, wird die Tatsache ins Feld geführt, daß für den Fall der Trennung kein Scheidungsanwalt bezahlt, kein Familiengericht bemüht werden müsse, sondern alles ganz privat und entsprechend diskreter sowie kostengünstiger abgewickelt werden könne. Auch die beachtlichen Kosten für eine Hochzeitsfeier inklusive Garderobe entfallen. Es ist beliebt unter jungen Paaren, sich anstelle dessen eine Weltreise oder eine andere großzügige Urlaubsreise zu gönnen.

Nur wenige unverheiratete Paare schließen jedoch eine offizielle Ehe prinzipiell und konsequent aus. Mehrheitlich wird das Zusammenleben als Testphase vor der Ehe angesehen.

Während heute unter Unverheirateten die Gruppe der Alleinerziehenden – vornehmlich Mütter – dominiert und in der Tendenz steigend ist, war es 1994 vor allem noch die Gruppe der Paare zwischen 18 und höchstens 25 Jahren, die unverheiratet und kinderlos zusammenlebten. In den sogenannten »Neuen Ländern« des östlichen Deutschlands waren und sind nichteheliche Gemeinschaften mit Kindern traditionell häufiger anzutreffen als im Westen. Eine der DDR-spezifischen Ursachen dafür war der dort herrschende Wohnungsmangel. Da junge Paare selten eine passende Wohnung zugeteilt erhielten, konnten sie nicht zusammenleben, sondern blieben jeweils bei ihren Eltern wohnen. Eine Hochzeit erübrigte sich bei getrennten Wohnverhältnissen. Darüber hinaus begünstigte das reichlich vorhandene staatliche Angebot an außerfamiliärer Kinderbetreuung, welches die Erwerbstätigkeit beider Eltern ohne Rücksicht auf vorhandene Kinder nicht nur ermöglichte, sondern auch staatlich ausdrücklich vorsah, ein Leben als Alleinerziehende.

Mehr oder minder unfreiwillig leben auch viele gleichgeschlechtliche Dauerlebensgefährt/innen in nichtehelichen Lebensgemeinschaften, da sie zwar häufig gern heiraten möchten, aber in Deutschland immer noch nicht getraut werden können.

Als besonders zeitgemäße Lebensform werden nichteheliche Partnerschaften jedoch von Männern und Frauen gepriesen, die bereits mindestens einmal verheiratet waren und geschieden sind oder dauerhaft von ihren weiterhin angetrauten Partnern getrennt wohnen. Die Erfahrungen aus Scheidungsverfahren ermutigen selten zu einer neuen festen Bindung mit Trauschein. Hinzu kommt, daß ein nichteheliches Zusammenleben bei geschickter Planung durchaus Vorteile gegenüber der Ehe bieten kann. Werden zum Schein, aber glaubhaft nachweisbar getrennte Wohnungen beibehalten, ermöglicht dies dem unterhaltsberechtigten Partner zum Beispiel den Bezug der Unterhaltsleistung des Ex-Partners trotz neuer Beziehung. Auch schließt der Verzicht auf eine neue Ehe die Zweitfrau von der materiellen Haftung gegenüber der Erstfrau aus. Während die Erstfrau in ihrem Unterhaltsanspruch voll geschützt ist, sieht der Gesetzgeber in der Zweitfrau befremdlicherweise eine Ehefrau geringerer Rechte und mutet ihr selbstverständlich zu, die Unterhaltsleistungen des Ehepartners an die Erstfamilie mitzufinanzieren. Auch der 1998 mit der Reform des Kindschaftsrechts verwirklichte staatliche Eingriff zugunsten der bis dato kaum geschützten unverheirateten Mutter und zugunsten des bislang an seinem nichtehelichen Kind völlig rechtlosen Vaters konnte mit derartigen Ungereimtheiten nicht aufräumen und sich in punkto Sicherheit und Schutz nicht der offiziellen Ehe gleichsetzen.

Besonders für Kinder sind »Patchworkfamilien« aus den Teilen zerbrochener und zu einem neuen Ganzen zusammengefügter Familiensplitter nicht immer leicht zu durchschauen. Es können sowohl in der eigenen Ursprungsfamilie des Kindes leibliche Vollgeschwister, Halbgeschwister und Stiefgeschwister, Adoptivgeschwister vorhanden sein als auch in der neuen Lebensgemeinschaft als die Kinder des nicht sorgeberechtigten Elternteils. Zusätzlich zu diesen Verwicklungen wachsen neue Verwandte aus den hinzugestoßenen Familienumfeldern zu. Manche Kinder haben auf diese Weise vier Großelternpaare: die Eltern des leiblichen Vaters und der leiblichen Mutter sowie die jeweiligen Eltern der beiden neuen Lebensgefährten der geschiedenen Eltern.

Nicht immer sind derartig verzwickte Familienverhältnisse beglückend. Oftmals fühlen sich vor allem die aus der Erstehe mitgebrachten Kinder in der neuen Beziehung wie Fremdkörper. Häufig gehen diese Empfindungen so weit, daß sich ältere Jugendliche frühzeitig aus der Familie abnabeln und eine eigene Wohnung nehmen oder eine Wohngemeinschaft mit Geschwistern und Freunden gründen. Da die Unterhaltsleistungen vieler

Eltern bereits nach kurzer Zeit eingestellt werden, sind die Jugendlichen oftmals gezwungen, trotz Schule zu jobben oder die Schule aufzugeben. Das Abgleiten in die Kriminalität ist häufig aus Geldnot vorprogrammiert.

Doch auch die in der Familie verbleibenden bzw. sich allmählich integrierenden Kinder und Jugendlichen haben meist Schwierigkeiten, ihre Position innerhalb der neuen Hierarchie zu finden. Eifersuchtsgefühle und Verlustängste machen sich breit, die in Krisensituationen zu Fluchtverhalten führen. So war eine große Anzahl der Kinder und Jugendlichen, die ich als Obdachlose in Berlin und Köln kennenlernte, von zu Hause weggelaufen, weil sie den neuen Lebensgefährten der Mutter oder die neue Partnerin des Vaters nicht ertrugen, unter Gewalt zu leiden hatten oder immer wieder als »Störenfriede« beschimpft wurden. Auf eigenen Füßen zu stehen und die Straße als neues Zuhause anzunehmen erschien vielen ehrlicher und trotz aller Belastungen einfacher. Zum Familienersatz werden Mitglieder einer bestimmten Clique, die sich an einschlägig bekannten Treffpunkten zusammenfinden, Streetworker/innen, Betreuerinnen aus sozialen Wohneinrichtungen, Szene-Cafés oder die Mitarbeiter/innen der verschiedensten Anlaufstellen für Hilfesuchende. Eine eigene Familie zu gründen, bleibt selbst bei den Entwurzelten dieser Gesellschaft der Lebenstraum schlechthin.

Die Ehe oder Totgesagte leben länger

Die Ehe, wie sie in Deutschland juristisch definiert wird, ist ein Relikt aus der Zeit der Römer und Germanen. Als »matrimonium« oder »Mutterrecht« setzte sie sich bis in die Gegenwart durch.

Heute heißt es, die Ehe sei unmodern geworden, einfach nicht mehr zeitgemäß. Als der Dinosaurier unter den Möglichkeiten der Zweisamkeit sei sie längst in der Versteinerung erstarrt und als Fossil zu bestaunen. Für derlei Hausbackenes interessiere sich keiner mehr, der das Zeitgeschehen kritisch mitverfolge. Schließlich wisse jedes Kleinkind schon, was Scheidung ist. Und wer dennoch heirate, dem sei nicht zu helfen. Interessiert man sich für die Quotierung der verschiedenen Formen der modernen Lebensgemeinschaften, vermitteln die Daten des Statistischen Bundesamtes in Wiesbaden eine gute Übersicht. Als erstaunlichstes Ergebnis zeigt sich, daß die Behauptung »Totgesagte leben länger« offenbar tatsächlich zutrifft.

Wie anders erklärt es sich sonst, wenn alle Welt behauptet, die gute, alte Ehe sei ein Auslaufmodell und habe bestenfalls noch Schrottwert, daß gleichzeitig für 96 Prozent der Paare die Hochzeit der schönste Tag im Leben ist und so, statistisch gesehen, den höchsten Erinnerungswert hat? Eindeutig lassen die Wiesbadener Statistiken den Rückschluß zu, daß die Ehe keineswegs »out« ist. Allenfalls junge Leute bis unter 35 Jahren bevorzugen für eine gewisse Übergangszeit ein Zusammenleben ohne Trauschein, ehe sie heiraten und Kinder planen. Trotz des latenten Rückgangs der Eheschließungen seit 1991 ist die absolute Mehrheit aller Paare verheiratet.

Im Jahr 1998 wurden rund 417 000 Ehen geschlossen. Rund 80 Prozent von ihnen gingen aus nichtehelichen Probeehen hervor.

Ehe der Bräutigam den Weg zum Standesamt einschlug, war er durchschnittlich knapp 29 Jahre alt. Bräute ließen sich damit Zeit, bis sie etwas über 26 Jahre alt waren. Alles in allem gingen Männer und Frauen die Ehe langsamer an als in der Generation zuvor. 1970 zum Beispiel befanden sich Bräutigame im allgemeinen mit 25 Jahren für ehereif. Bräute flüsterten zu dieser Zeit ihr Ja, wenn sie süße 22 waren. Der Unterschied von jeweils etwa vier Jahren potenziert sich, wenn man die früher einsetzende sexuelle Reife der Jugendlichen berücksichtigt.

Eine im Auftrag des Bundesfamilienministeriums angefertigte Studie über den Zeitraum von 1988 bis 1994 ermittelt die Ursache dieser später angestrebten Eheschließung. Eindeutig stellte sich dabei heraus, daß heutzutage mehrere Vorbedingungen erfüllt sein müssen, ehe das Jawort gegeben wird. Die wichtigsten sind Liebe, einige Jahre Ehe auf Probe, Erwerbstätigkeit der Frau bis zum geplanten Kindersegen, das gemeinsame Erarbeiten von Sachwerten wie Wohnung oder Haus, Möbel, Auto. Erst wenn die Beziehung als haltbar erprobt und das Nest so optimal bereitet ist, daß Kinder einkalkuliert werden können, traut mann/frau sich wieder.

Schön romantisch soll die Hochzeit dann sein, möglichst im Wonnemonat Mai. Daß jede zweite bis dritte Ehe schon wenige Jahre später wieder auseinandergeht, wird zwar gedanklich, aber nicht vorbeugend einkalkuliert. Der Schritt zum Notar, um einen Ehevertrag aufzusetzen, erfolgt selten. Für einen Menschen, der die Liebe seines Lebens gefunden zu haben glaubt, ist eine solch nüchterne Formalität unter dem nicht zu übersehenden Aspekt des Mißtrauens einfach nicht im Bereich des Denkbaren.

»Wenn ich schon vor der Trauung daran denken soll, daß wir uns scheiden lassen werden, heirate ich gar nicht erst«, meinte Jens aus Bruchsal dazu. »Klar kann es schiefgehen mit uns. Da steckt ja keiner drin. Aber ich denke doch zunächst mal, daß wir es packen, daß es mit uns eben klappt. Und wenn ich so bei unseren Freunden rumfrage, dann denken die meisten doch genauso. Ein Vertrag beim Notar – also, da würde ich mir vorkommen, als hätte ich ein Auto gekauft oder ein Haus. Ja, ein Trauschein ist schon auch ein Vertrag. Aber halt doch einer, der anders ist, eben nichts mit dem Geldbeutel zu tun hat. Und ich will auch nicht, daß das dann so einen Beigeschmack hat.«

»Wenn er mir so einen Vorschlag gemacht hätte, hätte ich doch den Eindruck bekommen, daß er doch gar nicht das richtige Vertrauen zu mir hat«, ergänzte Corinna, seine Braut. »Ich hab mal in der Zeitung gelesen, daß Oskar Lafontaine seiner ersten Frau bei der standesamtlichen Trauung völlig überraschend einen Ehevertrag zur Unterschrift vorgelegt hat, ehe er ihr sein Jawort gab, und daß die Frau durch diesen Vertrag dann später bei der Scheidung auch tatsächlich ganz schön blöd weggekommen ist – also für mich wäre das ein Grund gewesen, alles wieder abzublasen. So einen hätte ich nicht geheiratet, nie! Bei dem hätte ich doch schon gewußt, worauf ich mich einlasse und daß er mich bloß ausbeutet. Also, da wäre es mir ziemlich egal gewesen, ob da hinten die ganze Hochzeitsgesellschaft sitzt und die Feier im Lokal bestellt ist und alles. Geheiratet hätte ich so einen jedenfalls nicht.«

Henner aus Schleswig nannte einen weiteren Grund, keinen Ehevertrag abzuschließen. »Das ist zu teuer. Ich hab mich mal erkundigt. Da blätterst du ja 10 000 Mark und mehr hin. Wer hat denn so einen Haufen Geld übrig, wenn gerade erst geheiratet wird oder ein Kind unterwegs ist oder ein Haus gebaut werden soll? Da mußt du schon reich sein, wenn du das willst. Na ja, die Reichen machen ja auch alle einen. Wahrscheinlich deshalb. Ich als Otto Normalverbraucher kann mir das jedenfalls nicht leisten. Muß eben auf volles Risiko gehen. Ist eben so. Deshalb denk ich gar nicht erst groß drüber nach. Wenn ich damit anfang, ja, dann heirate ich erst gar nicht. Ist doch so.«

Der juristische Einwand, daß eine Scheidung weit teurer kommt als ein Ehevertrag, wird im allgemeinen ignoriert.

»Wenn es bei uns tatsächlich mal knallen sollte, bin ich sicher, daß wir das dann ganz vernünftig über die Bühne bringen«, meinte Ina aus Ismaning bei München dazu. »Daß die Ehe vielleicht nicht ewig hält, na gut, damit mußt du irgendwie leben. Du denkst natürlich, daß es gutgeht und daß er der Richtige ist. Aber das denken die anderen auch, und trotzdem … Aber wenn es passiert, dann ist das doch immer noch der Mann, den ich mal geliebt habe. Der ist doch inzwischen kein Schwein geworden, auch wenn ich mit dem vielleicht nicht mehr zusammenleben will, weil wir eben doch zu verschieden sind oder warum auch immer. Also wegen Geld und was man dann noch so hat in der Ehe – also deswegen zerstreite ich mich doch nicht. Das teilt man auf, und fertig. Das ist doch nun wirklich kein Problem.

Und Kinder, ja, Gott, das ist dann schon schwieriger. Aber da muß man dann auch sehen, daß man die beste Lösung findet. Da gibt's ja zum Glück auch Gesetze, so daß alles irgendwie seinen Gang geht, und damit muß man sich dann eben abfinden. Das weiß man ja auch vorher, meine ich, daß es hart wird, wenn eine Scheidung kommt. Und die kommt ja auch nicht über Nacht, denke ich mal. Da kann man sich dann ja auch langsam daran gewöhnen. Ein Jahr muß man doch wenigstens warten. Da klärt sich vieles. Und mit einem Ehevertrag – ach je, alles kannst du doch sowieso nicht vorher festlegen. Du weißt doch am Anfang nicht, wie es wird. Und deshalb ist so ein Vertrag für mich auch keine Lösung.«

So oder ganz ähnlich klingt es bei den meisten jungen Paaren, wenn man mit ihnen über Ehe, Scheidung und vertragliche Vorabregelungen spricht. Daß die Wirklichkeit eine andere ist, wie Scheidungsanwälte und Familienrichter landauf, landab wissen, registrieren Heiratskandidaten durchaus. Selbstverständlich haben sie all die »Schauergeschichten« gehört und gelesen, in denen es bei der Scheidung immer bloß um Geld und Haß und Rache geht. Diejenigen, die es trifft, sind jedoch immer die anderen. Und die haben natürlich irgend etwas falsch gemacht, was man selbst nie und nimmer falsch machen würde. Schließlich liebt man sich und könnte ohne den anderen nicht mehr leben.

Und wie gut, daß es so ist! Wie gut, daß die Liebe gegen das »Medikament Statistik«, wie Ex-Bundesinnenminister Manfred Kanther (CDU) seine Zahlenspiele nennt, resistent bleibt.

Wie die Ehe für beide Partner am schönsten oder sinnvollsten gestaltet werden kann, wie die Arbeitsverteilung erfolgen soll und ob Kinder gewünscht werden, wird jedes Paar letztlich ganz für sich allein entscheiden. Dennoch macht die Statistik auch vor diesen Fragen nicht Halt. Schließlich muß man im Land doch wissen – oder glaubt zumindest, wissen zu müssen –, auf welche Weise die fördernde und schützende Staatspflicht gegenüber Ehepaaren und Familien am wirksamsten wahrzunehmen ist.

Als die Auswertung der zusammengetragenen Daten und Fakten des Datenreports des Statistischen Bundesamtes Wiesbaden über Haushalte, Familien und Erwerbstätigkeit im Mai 1997 veröffentlicht wurde, zeigten sich selbst männliche Umfrageexperten verblüfft. Kaum jemand hätte geglaubt, daß deutsche Bürger/innen die Maximen der Emanzipation und den Aufschrei nach Erwerbstätigkeit für alle Frauen noch immer nicht mit begeisterter Mehrheit verinnerlicht haben.

Das Umfrageergebnis des Mannheimer Zentrums für Umfragen, Methoden und Analysen erbrachte den Beweis: Die Hälfte aller Frauen und Männer im Westen (47 Prozent Frauen und 53 Prozent Männer) sowie ein reichliches Viertel im Osten (26 Prozent und 27 Prozent) sind sich sowohl untereinander als auch in der Sache ganz altmodisch darin einig, daß die Frau nicht ins Erwerbsleben hinaus, sondern zu Kindern und Mann nach Haus gehöre. Vor allem dann, wenn ihr Mann die Familie allein ernähren könne, soll die Frau in Zeiten der Massenarbeitslosigkeit ihren Arbeitsplatz besser jemand anderem überlassen.

Von staunend-stummem Kopfschütteln zum Raunen durch den Saal und lautstarker Fassungslosigkeit war jede Äußerung der Überraschung im Plenum vorhanden, als der Mannheimer Datenforscher Heinz-Herbert Noll dieses Umfrageergebnis bekanntgab. »Die meisten Sozialwissenschaftler hätten vermutet, daß sich das ostdeutsche Rollenverständnis durchsetzt«, kommentierte er.

Diese Anspielung zielte darauf ab, daß sich die bereits aus Umfrageergebnissen von 1991 deutlich sichtbare »emanzipatorische« Neigung der Bevölkerung in den neuen deutschen Ländern des Ostens mit nur 33 Prozent Stimmen für die Frau im Haus weiter verstärkt hat. Angesichts der gängigen DDR-Lebensweise der voll berufsintegriert ganztags erwerbstätigen Frau, die ihre Kinder vom Säuglingsalter an ganz selbstverständlich in altersabhängig gestaffelten staatlichen Versorgungseinrichtungen verschwinden ließ, war dieser Trend für den Osten zu erwarten. Und zwar obwohl sich die Frauenerwerbstätigkeit im Osten in einem logisch erklärbaren Abwärtstrend befindet, da heute nicht mehr jede Frau die zu DDR-Zeiten staatlich oktroyierte Vollzeitbeschäftigung ergreifen will oder aus Gründen der allgemeinen Arbeitslosigkeit keine Chance auf dem Arbeitsmarkt hat.

Trotz der Tatsache, daß die Frauenerwerbstätigkeit West in den letzten zwanzig Jahren um rund 30 Prozent im Aufwärtstrend liegt, blieb sich der Westen jedoch überraschenderweise treu und erneuerte völlig konträr zu der in Fachkreisen prognostizierten Trendwende die Quote derer, die sich für eine Zuständigkeit der Frau und Mutter für Kinder und Heim aussprechen. Basis dieser Erkenntnis war die auf den entsprechenden Fragebögen mit Zustimmung oder Ablehnung zu bewertende Behauptung: »Es ist besser für alle Beteiligten, wenn der Mann voll im Berufsleben steht und die Frau zu Haus bleibt und sich um den Haushalt und die Kinder kümmert.«

Auch das Umfrageergebnis hinsichtlich der Karriereplanung löste im »emanzipatorischen« Lager ungläubigen Schrecken aus, sprachen sich doch ein Drittel der West-Bürger/innen und ein Viertel der Ost-Bürger/innen klar dafür aus, daß Frauen eher die Karriere ihres voll im Berufsleben aktiven Mannes unterstützen und fördern sollten, als selbst im Erwerbsleben die Karriereleiter hochzuklettern. Begünstigt wird diese Entscheidung höchstwahrscheinlich durch zwei wirtschaftliche Faktoren. Erstens durch die Tatsache, daß Frauen in ihren traditionellen Neigungsberufen im allgemeinen weniger verdienen als Männer und in traditionell männlichen Neigungsberufen im allgemeinen weniger steil Karriere machen – also wiederum weniger als Männer erreichen. Meist trauen Frauen sich lediglich eine untergeordnetere Position zu. Oft wollen sie keine weitreichenderen Belastungen auf sich nehmen oder aus familienbedingten Gründen gar nicht erst mit Aufstiegschancen belastet werden. Für den Fall der Elternschaft stellt sich also kaum die Frage, wer von beiden Partnern künftig beruflich kürzertreten oder aussteigen will. Das Zünglein an der Waage ist neben dem Einkommen die Imagefrage. Wo hier das Plus liegt, dahin geht auch der Zuschlag.

Als zweiter Grund für den starken Wunsch nach dem Verbleiben der Frau in der Familienarbeit quotiert die Angst der Männer vor dem Verlust des Arbeitsplatzes, welche angesichts der bereits vorhandenen Millionen Arbeitslosen und weiteren angekündigten Massenentlassungen nur zu berechtigt ist. Die Tatsache, daß Männer in allen traditionell männlichen Neigungsberufen eineinhalbmal so häufig entlassen werden wie Frauen, hat da die Angst, selbst einmal betroffen zu sein, von 8 auf 10 Prozent im Westen gesteigert, im »Aufbaugebiet« Osten hingegen von 38 Prozent auf 24 Prozent gesenkt.

Entsprechend der Angst steigt logischerweise die Einsatzbereitschaft des einzelnen wie auch seine Erpreßbarkeit durch den Arbeitgeber, der diese Machtposition nur zu oft ausnutzt. Speziell von Ehefrauen, die mit Führungskräften verheiratet sind, wird von Arbeitgebern fast obligatorisch erwartet, daß sie als »Frau an seiner Seite« jederzeit für Termine verfügbar oder umzugsbereit sind und auch berufliche Verpflichtungen ihres Gatten, die in die Freizeit fallen, aktiv mittragen. Ein Nein der Frau könnte hier das Karriere-Aus für den Mann bedeuten und einen eklatanten sozialen Abstieg der ganzen Familie nach sich ziehen.

Alles in allem zeigt die aus 1996 datierende Statistik, daß – anders als öffentliche Diskussionen und frauenbewegte Machtkämpfe vermuten ließen – das herbeigeredete und allein auf Erwerbstätigkeit der Frau ausgerichtete Emanzipationsfieber den Wunsch von Frauen und Männern nach einer traditionellen Aufgabenverteilung der Geschlechter noch immer nicht dahingerafft hat. Immer noch lehnt die Hälfte der Frauen eine Erwerbstätigkeit aus freien Stücken und voller Überzeugung spätestens für den Zeitpunkt ab, wenn eine Mutterschaft eintritt. Und dies ist keineswegs die dümmere oder faulere oder wie auch immer minderwertigere Hälfte! Eine Erkenntnis, die sich vor allem all jenen endlich ins Bewußtsein brennen sollte, die sich ausdrücklich als Interessenvertreter/innen *aller* Frauen verstehen und die Rechte oder Ansprüche auch tatsächlich *aller* Frauen zu berücksichtigen und vor allem ernst zu nehmen haben!

Anhang

Adresssen der Deutschen Hausfrauengewerkschaft e. V.

Die Deutsche Hausfrauengewerkschaft e. V. wurde am 9. Februar 1979 in Kiel gegründet. Sie ist unabhängig, überparteilich und keine Untergliederung des DGB. Die dhg ist ein Zusammenschluß von Familienhausfrauen und -männern bzw. deren Partner/innen und anderen Interessierten. Ihr gehören Mitglieder aller demokratischen Richtungen an. Der gemeinnützige Verein dhg gliedert sich in Bundesverband, Landesverbände und Ortsgruppen. Öffentliche Gelder stehen der Organisation nicht zur Verfügung. Daher bilden die Beiträge sowie Spenden der rund 4000 Mitglieder (10 Prozent Männer) die finanzielle Grundlage der dhg-Arbeit.

Deutsche Hausfrauengewerkschaft e. V.
Postfach 14 62
53004 Bonn

Bundesvorsitz
Wiltraud Beckenbach
Berliner Straße 11
67269 Grünstadt
Tel./Fax: 06359/8 65 21

Landesverband Baden-Württemberg
Ursula Metz
Widdersteinstraße 14
88400 Biberach
Tel.: 07351/7 65 42
Fax: 07351/82 81 40

Landesverband Bayern
Christine Ehrhardt
Holzmähderweg 13
86860 Jengen-Weinhausen
Tel.: 08241/56 53

Landesverband Berlin
Christine Klecha
Breitensteinweg 17 a
14165 Berlin
Tel.: 030/8 18 30 74

Landesverband Bremen
Ilse Zipper
Karkmeyerstraße 29
28277 Bremen
Tel.: 0421/82 19 37

Landesverband Hamburg
Marianne Köhne
Hasenhöhe 119
22587 Hamburg
Tel.: 040/8 70 29 65

Landesverband Hessen
Jutta Miller
Breslauer Straße 20
65779 Kelkheim
Tel.: 06195/7 47 55
Fax: 06195/88 40

Landesverband Niedersachsen
Gerda Becker
Triftstraße 18
31137 Hildesheim
Tel./Fax: 05121/6 48 58

Landesverband Nordrhein-Westfalen
Heidede Morgenbrod
Gneisenaustraße 21
40477 Düsseldorf
Tel./Fax: 0211/4 91 15 83

Landesverband Rheinland-Pfalz
Wiltraud Beckenbach
Berliner Straße 11
67269 Grünstadt
Tel./Fax: 06359/8 65 21

Landesverband Sachsen
Birgit Jira-Dietz
Ebereschenweg 24
01474 Schönfeld-Weißig
Tel.: 0351/2 69 14 81

Landesverband Schleswig-Holstein
Marianne Grimm
Masurenring 61
24149 Kiel
Tel.: 0431/20 32 45

Adresse von W.O.M.A.N.

Die W.O.M.A.N. (Weltorganisation der Mütter aller Nationen, Deutscher Frauenrat e. V., World Organisation of Mothers of all Nations) wurde 1946 unter dem Eindruck des Zweiten Weltkrieges in Amerika gegründet, nachdem die Journalistin Dorothy Thompson mit einem aufrüttelnden Appell an die Vereinten Nationen die Mächtigen der Welt an ihre Verantwortung für einen dauerhaften Frieden gemahnt hatte. Die Idee, durch eine weltweite Verständigung der Frauen und Mütter zu diesem Frieden beizutragen, fand in vielen Ländern aller Erdteile großen Widerhall.

Die deutsche Sektion der W.O.M.A.N. nahm ihre Arbeit am 15. Juni 1948 auf und blieb bis heute als überparteilich, überkonfessionell, gemeinnützig und förderungswürdig arbeitender Deutscher Frauenverband erhalten.

Einer der Arbeitsschwerpunkte liegt traditionellerweise auf der Begegnung mit Frauen und Frauengruppen in aller Welt sowie dem Bestreben, über politische Grenzen hinweg Mißtrauen abzubauen und zur Völkerverständigung beizutragen. So entstanden weltweit freundschaftliche Kontakte zu Mütterbewegungen etwa in den USA, Rußland, Asien und ganz Europa. Neben der Gründung des ersten deutschen SOS-Kinderdorfes geht der Studentenaustausch zwischen Deutschland und den USA ebenso auf die W.O.M.A.N. zurück wie Patenschaften für Kinder der Dritten Welt, Hilfe für die Peace-People in Nordirland und die jüdisch-arabische Frauengruppe »The Bridge« in Haifa.

Seit 1970 gehört W.O.M.A.N. dem Deutschen Frauenrat an und ist etwa ebenso lange Mitglied der für die Arbeitskreise und Landesverbände zuständigen Landesfrauenräte.

Als Mütterorganisation fühlt sich die W.O.M.A.N. in besonderem Maße zuständig für alle Fragen, die Leben und Stellung der Frauen in der Gesellschaft anbelangen. Ihre Ziele sucht sie durch Vorträge und Ansprachen, aktive Stellungnahme zu Tagesfragen, Arbeit in internationalen Verbänden sowie Arbeitsgemeinschaften und Seminaren zu verwirklichen.

Die Mitgliedschaft bei W.O.M.A.N. steht jeder Frau, allen Frauenorganisationen sowie Männern als Einzelmitgliedern und gemischten Organisationen offen, die die Gedanken und Ziele des Verbandes vertreten.

Die Deutschlandzentrale hat ihren Sitz jeweils am Wohnort der Präsidentin. Arbeitskreise, die je nach Interesse und Engagement ihrer Mitglieder eigene Akzente für ihre Aktivitäten setzen, gibt es bundesweit. Ihre Anschriften sind in der Landeszentrale zu erfragen.

W.O.M.A.N.
Weltorganisation der Mütter aller Nationen
Präsidentin Ingrid Kaluza
Raabestr. 6
26386 Wilhelmshaven
Tel. 04421/6 06 33

Literaturverzeichnis

1. Bücher, Fachzeitschriften

Antwort der Bundesregierung auf die Kleine Anfrage der Abgeordneten Dr. Marlies Dobberthien, Margot v. Renesse, Hanna Wolf, weiterer Abgeordneter und der Fraktion der SPD. In: Drucksache 12/5052 vom 28. 5. 1993 in einem Schreiben des Bundesministeriums der Justiz vom 17. 5. 1993.

Balloff, Rainer: Kinder vor Gericht. München: Beck 1992.

Baumann, Peter: Scheidung – ein Finanzproblem? Regensburg: Walhalla und Praetoria 1994.

Beelmann, Wolfgang: Streßbelastung und Bewältigungsreaktionen bei der Auseinandersetzung mit einer Trennung von einem Ehepartner. Regensburg: Roderer 1994.

Benard, Cheryl und Edit Schlaffer: Sagt uns, wo die Väter sind. Reinbek: Rowohlt 1991.

–: Männer. Eine Gebrauchsanweisung für Frauen. Reinbek: rororo 1993.

–: Gewalt in guter Gesellschaft. In: Psychologie heute, 5/1993.

–: Mütter machen Männer. München: Heyne 1994.

Bergmann, A. und M. Ferid: Internationales Ehe- und Kindschaftsrecht. Frankfurt/Main: Verlag für Standesamtswesen 1990.

Berman, Claire: Eine Wunde im Herzen. Erwachsene Kinder geschiedener Eltern berichten. Düsseldorf: Econ 1993.

Bernstein, Anne C.: Deine, meine und unsere Kinder. Freiburg i. Brsg.: Herder 1990.

Betram, Hans: Die Familie in Westdeutschland. Leverkusen: Leske + Budrich 1991.

Bienemann, Georg, Marianne Hasebrink und Bruno W. Nikles: Handbuch des Kinder- und Jugendschutzes. Münster: Votum 1995.

Bitterman, Joan: Rettet die Männer. München: Nymphenburger 1991.

Bleibtreu-Ehrenberg, Gisela: Vaterschaft im Kulturvergleich. In: Psychosozial, IV/1994.

Bly, Robert: Eisenhans. Ein Buch über Männer. München: Kindler 1991.

Bode, Michael und Christian Wolf: Still-Leben mit Vater. Reinbek: rororo 1995.

Bohleber, Werner: Autorität und Freiheit heute. Sind die 68er Schuld am Rechtsextremismus? In: Psychosozial, II/1994.

Brauns-Hermann, Christa, Bernd M. Busch und Hartmut Dinse: Verlorene Liebe – gemeinsame Kinder. Reinbek: rororo 1994.

Bundesverfassungsgericht zur elterlichen Verantwortung. In: Entscheidungssammlung, Bd. 24; FamRZ, 1982, 1182 f.; FamRZ, 1983, 873; NJW, 1981, 218.

Busch, G., D. Hess-Diebäcker und M. Stein-Hilbers: Den Männern die Hälfte der Familie, den Frauen mehr Chancen im Beruf. Weinheim: Deutscher Studien Verlag 1988.

Chomiak, J. und G. Schumacher: Tötung des Ehepartners. Medizinische Dissertation. Düsseldorf 1975.

Deutsche Frauenforschungsgemeinschaft: Sozialwissenschaftliche Frauenforschung in der Bundesrepublik Deutschland. Berlin 1994.

Dialog. Neues Forum zum Wohle des Kindes. Tätigkeitsbericht des Vorstandes 1992/93. Aachen 1993.

Dickmeis, F.: Verfehlt § 33 II FGG seinen Zweck? Kindeswohlorientierte Entscheidungen des Familiengerichts und ihr Vollzug. In: Neue Juristische Wochenschrift, 1992.

Dopffel, Peter: Kindschaftsrecht im Wandel. Tübingen: Mohr 1994.

Drewes, Theo: Alles, was man über Scheidung und Unterhalt wissen muß. Niedernhausen: Falken 1992.

Eckardt, Jörg: Gebrauchte Junggesellen. Scheidungserleben und biographische Verläufe. Leverkusen: Leske + Budrich 1993.

Edelman, Hope: Töchter ohne Mütter. Vom Verlust der Geborgenheit. München: Heyne 1995.

Eder, Renate: Meine Tochter will zu ihrem Vater. In: prisma, 8/1995.

Ehrhardt, Ute: Gute Mädchen kommen in den Himmel, böse überall hin. München: Krüger 1994 f.

Ein Kind hat ein Recht auf beide Eltern. Erklärung des Zentralkomitees der deutschen Katholiken. ZdK-Dokumentation. 1993.

Ell, Ernst: Kinder als Opfer bei Polizei und vor Gericht (I). In: Zentralblatt für Jugendrecht, 1992.

Ernst, Heiko und Michael L. Moeller: Die große Einsamkeit zu zweit. In: Psychologie heute, 7/1989.

Estés, Clarissa P.: Die Wolfsfrau. Die Kraft der weiblichen Urinstinkte. München: Heyne 1993.

Felbinger, Helga: Nimm dir Zeit, nicht gleich den Nächsten. Ratgeber für Geschiedene. München: Piper 1994.

Fensterheim, Herbert und Jean Baer: Sag nicht Ja, wenn Du Nein sagen willst. München: Goldmann 1977.

Finger, P.: Staatlich legalisierte Kindesmißhandlung im Familienrecht. Erwiderung auf die Arbeit von Uwe Jörg Jopt im »Zentralblatt für Jugendrecht« 1991. In: Zentralblatt für Jugendrecht, 1991.

Fischkurt, Eva Julia: Wenn Frauen nicht mehr lieben. Düsseldorf: Patmos 1998.

Flanigan, Beverly: Nicht vergessen und doch vertrauen. Heilung für seelische Wunden. Reinbek: rororo 1994.

Frauen in der Bundesrepublik Deutschland. Herausgegeben vom Bundesministerium für Familie, Senioren, Frauen und Jugend. Bonn 1998.

Friedl, Ingrid und Regine Maier-Aichen: Leben in Stieffamilien. Weinheim: Juventa 1991.

Fthenakis, Wassilios, R. Niesel und H.-R. Kunze: Ehescheidung. Konsequenzen für Eltern und Kinder. München: Urban und Schwarzenberg 1982.

Fthenakis, Wassilios: Kindliche Reaktionen auf Trennung und Scheidung. In: Familiendynamik, 2/1995.

Gilmore, David D.: Mythos Mann. Rollen, Rituale, Leitbilder. München: dtv 1993.

Glass, Georg: Vorwurf Kindesmißbrauch. Düsseldorf: Patmos 1994.

Gnann, Thomas: Scheidungsrecht. Köln: Bund-Verlag 1995.

Guggenbühl, Allan: Die unheimliche Faszination der Gewalt. München: dtv 1995.

Gutschmidt, Gunhild: Alleinerziehende Frauen zwischen Defizit und Chance? In: Alleinerziehende im Aufbruch – Wir sind mehr, als ihr glaubt. Dokumentation des Kongresses »Alleinerziehende im Aufbruch«. Hessische Landeszentrale für politische Bildung 1990.

–: So schaffe ich es allein. Bonn: Verband alleinstehender Mütter und Väter, Bundesverband e. V. 1993.

–: Alleinerziehende Mütter: Vom Vater Staat zur Ordnung gerufen? In: Psychologie heute, 5/1995.

Hellinger, Bernd: Ordnungen der Liebe. Ein Kursbuch. Heidelberg: Carl Auer [4]1997.

Hering, Sabine und Christian Rietschel: Weil ich ein Mädchen bin … Weiblichkeit und Männlichkeit aus Sicht der Kinder. In: Psychologie heute, 7/1995.

Hirblinger, Heiner: Pubertät und Schülerrevolte. Mainz: Matthias-Grünewald-Verlag 1992.

Hornstein, Harvey A.: Die Kümmerer. Von Männern, die Frauen retten wollen. Reinbek: Rowohlt 1993.

Jäckel, Karin: Monika B. Ich bin nicht mehr eure Tochter. Bern, München, Wien: Scherz 1994. Bergisch-Gladbach: Bastei-Lübbe 1995.

–: Alles Ehe oder was? Bern, München, Wien: Scherz 1995. Bergisch Gladbach: Bastei-Lübbe 1996.

–: Trauen wir uns wieder? Beziehungskisten. München: Meisinger 1995.

–: Betrug in der Partnerschaft – Aus, Neubeginn oder Todsünde? München: Heyne 1989 (vergriffen).

–: Es kann jede Frau treffen. Vergewaltigung. München: Heyne 1988 (vergriffen).

–: Du bist doch mein Vater. München: Heyne 1988 (vergriffen).

–: Komm, mein liebes Rotkäppchen ... Kindesmißbrauch – Wer sind die Täter? Berlin, Frankfurt/Main: Argon 1994.

–: Wer sind die Täter? Die andere Seite des Kindesmißbrauchs. München: dtv 1996 (inhaltlich identisch mit »Komm, mein liebes Rotkäppchen«).

–: Sag keinem, wer dein Vater ist. Das Schicksal von Priesterkindern. Bergisch Gladbach: Bastei-Lübbe 1998.

–: ... weil mein Vater Priester ist. Bergisch Gladbach: Bastei-Lübbe 1997.

–: Furcht vor dem Leben. Wenn Jugendliche den Tod als einzigen Ausweg sehen. Bergisch Gladbach: Bastei-Lübbe 1998.

–: Im Stich gelassen? Warum Mütter sich von ihren Kindern lossagen. Bergisch Gladbach: Bastei-Lübbe 1999.

–: Mein Kind gehört auch zu mir. Handbuch für Väter nach der Trennung. Frankfurt: Campus 1999.

–: Der gebrauchte Mann. Abgeliebt und abgezockt – Väter nach der Trennung. München: dtv 1997.

Janda, Louis und Ellen MacCormack: Der zweite Versuch. Chancen und Fallen einer neuen Ehe. Frankfurt/Main: Fischer 1994.

Jopt, Uwe Jörg: Schlechte Schüler – faule Schüler? München: Kösel 1981.

–: Staatliches Wächteramt und Kindeswohl? In: Zentralblatt für Jugendrecht, 1990.

–: Staatlich legalisierte Kindesmißhandlung im Familienrecht. Wenn Elternrecht Kindeswohl bricht. In: Zentralblatt für Jugendrecht, 1991.

–: Im Namen des Kindes. Hamburg: Rasch und Röhring 1992.

–: Täter Staat. Gewalt gegen Kinder. In: ex, 7/1995.

Keen, Sam: Feuer im Bauch. Über das Mann-Sein. Hamburg: Kabel 1992.

Koeppel, Peter: Das deutsche Kindschaftsrecht kennt das Wort »Liebe« nicht. In: Zeitschrift für das gesamte Familienrecht, 1992.

–: Die gemeinsame elterliche Sorge bei Scheidung im Lichte der EMRK und des UN-Zivilpaketes. In: Der Amtsvormund, 7/1993.
Kooiman Hosier, Helen: Kein Pardon für Geschiedene und Wiederverheiratete?! Kehl: Editions Trobisch 1990.
Krajc, Arthur: Rechtsbrecher als Richter. Veröffentlichung des Bürgerbunds gegen Scheidungsrecht e. V. 1988.
–: Zum Problem der psychologischen Begutachtung sexuellen Mißbrauchs von Kindern in Familienrechts- und Strafverfahren und seiner Behandlung durch Justiz und Gesetzgeber. Veröffentlichung des AK Elterliche Sorge und Kindeswohl, Hannover.
Krüll, Marianne: Frauenzeit – Männerzeit. In: Psychologie heute, 9/1995.
Kunigk, Fritz: Die Lebensgemeinschaft. Stuttgart: Kohlhammer 1978.
Kunz, Gabriele: Es gibt Momente, in denen ich verzweifelt bin. In: Psychologie heute, 5/1995.
Lange, Jürgen: Der Streit um das gemeinsame Sorgerecht ist eine Falle. In: PAPS, 1/1996.
Leach, Penelope: Die ersten Jahre deines Kindes. München: dtv 1995.
Lebensformen der Bevölkerung 1993. In: Wirtschaft und Statistik, 6/1995.
Lehmann, E.: Tötungsdelikte als irrationale Antworten auf existentielle Krisen am Beispiel von Trennungsdaten. In: Zeitschrift für Klinische Pathologie, 1995.
Leinhofer, Gerhard: Glückliche Kinder – trotz Trennung der Eltern. Landsberg: verlag moderne industrie 1987.
Lermer, Stephan und Hans Christian Meiser: Der verlassene Mann. München: Krüger 1993.
Levend, Helga: Den Vätern das Recht, den Müttern die Sorge? In: Psychologie heute, 3/1995.
Linsler, Josef: UN-Kinderkonvention. Impuls für eine Reform des Kindschaftsrechts. Schriftenreihe des ISUV/VDU, Bd. 4. Nürnberg o. J.
Männer – das faule Geschlecht? In: PAPS, 1/1996.
Maltzahn, Brigitt v.: Die Chancen der offenen Familie. München: Piper 1994.
Matussek, Matthias: Die vaterlose Gesellschaft. Überfällige Bemerkungen zum Geschlechterkampf. Reinbek: Rowohlt 1998
–: Die vaterlose Gesellschaft. Briefe, Berichte, Essays. Reinbek: Rowohlt 1999.
Müller, Christine: Männerprotokolle. Buchverlag der Morgen 1985.
Napp-Peters, Anneke: Familien nach der Scheidung. München: Kunstmann 1995.
Ofuatey-Kodjoe, Ursula und Simone Wiestler: Die psychosoziale Situation

nichtsorgeberechtigter Väter. Diplomarbeit an der Abteilung für Klinische Psychologie und Entwicklungspsychologie der Universität Freiburg. April 1994. Im Internet unter: http://www.paPPa.com

Olivier, Christiane: Jokastes Kinder. München: dtv 1994.

–: Die Söhne des Orest. Ein Plädoyer für Väter. Düsseldorf: Econ 1994. München: dtv 1997.

Paritätisches Bildungswerk, Bundesverband e. V.: Mediation – Ein Weg zur Gestaltung eines positiven Verhältnisses zwischen Müttern, Vätern und Kindern nach der Scheidung? 1995.

Permien, Hanna und Kerstin Frank: Schöne Mädchen – starke Jungen? Freiburg: Lambertus-Verlag 1995.

Pinl, Claudia: Das faule Geschlecht. Wie Männer es schaffen, Frauen für sich arbeiten zu lassen. München: dtv 1995.

Prelle, Wolfgang: Väter bei der Geburt unverzichtbar. In: PAPS, 8–9/1995.

Rentmeister, Cillie: Frauenwelten – Männerwelten. Leverkusen: Leske + Budrich 1985.

Rönn, C.: Das geschiedene Kind. Bergisch Gladbach: Lübbe 1987.

Rösner, Sigrid und Burkhard Schade: Der Verdacht auf sexuellen Mißbrauch von Kindern in familiengerichtlichen Verfahren. In: Zeitschrift für das gesamte Familienrecht, 10/1993.

Rottmann, Verena S. und Holger Strohm: Scheidungsopfer Mann. München: Goldmann 1993.

Sauerborn, Werner: Vater Morgana? In: WSI-Mitteilungen, 11/1992. Sonderdruck.

–: Lamento oder Vorwärts? Vereinbarkeit als Männerthema. Die Frauenfrage als Männerfrage. In: Ausrufezeichen, 2/1993.

–: Väteraufbruch 2/94. Stuttgart: Väteraufbruch für Kinder e. V. 1994.

Scarpatetti-Lohr, Ilse: Scarpatettis Scheidungsratgeber. Berlin: Quintessenz 1995.

Schade, Burkhard und Anita Schmidt: Position und Verhalten von Rechtsanwälten in strittigen Sorgerechtsverfahren. In: FamRZ, 1991, S. 650 ff.

Scheidungsratgeber von Frauen für Frauen. Reinbek: rororo 1994.

Schewe, Claudia: Warum wir dagegen sind. Verband Alleinstehender Mütter und Väter (VAMV). In: PAPS, 1/1996.

Schlegel, Dietrich: Gemeinsame elterliche Sorge nach der Ehescheidung. Rechtstatsachenstudie – Bundesstatistik. Braunschweig: 1997. Erhältlich beim Autor.

Schlessinger, Laura C.: 10 Dummheiten, mit denen Frauen ihr Leben ruinieren. Hamburg: Kabel 1994.

Schmidt, Andreas: Väter ohne Kinder. Reinbek: rororo 1994.

Schmidt, Renate, Sabine Berghahn und Andrea Fritzsche: Nach der Vereinigung Deutschlands: Frauen fordern ihr Recht. Vorträge über »Rechtspolitische Entwicklungsprozesse von Frauenrechten in Deutschland« auf der Fachtagung der Friedrich-Ebert-Stiftung über »Frauenforschung in West und Ost« 1990.

Schreiner, Claudia: Wenn Frauen zu viel arbeiten. Alles erreicht und nicht angekommen? München: dtv 1997.

Sollwedel, Inge: Neue Männer für neue Frauen. Reinbek: rororo 1984.

Die sozial-ökonomische Situation alleinstehender Frauen in Europa. In: Sonderhefte von Frauen Europas, 41/1992.

Statistisches Bundesamt: Nichteheliche Lebensgemeinschaften 1972 bis 1993. Wiesbaden.

–: Im Blickpunkt: Familien heute. Wiesbaden 1995.

Steinbrecher, Sigrid: Die Vaterfalle. Reinbek: rororo 1994.

Stern, Felix: Penthesileas Töchter. Was will der Feminismus? München: Universitas 1996.

Stieffamilien. Erfahrungsberichte aus Stieffamilien. Selbsthilfegruppen Stieffamilien, Bundesarbeitsgemeinschaft Bad Soden.

Stöcker, H. A.: Die UNO-Kinderkonvention und das deutsche Familienrecht. In: Zeitschrift für das gesamte Familienrecht, 1992.

Stoltenberg, Annemarie und Rainer Meier: Mama hat 'nen neuen Freund. München: Knaur 1995.

Straus, M. A.: Ehefrauen und Kinder – Opfer der Gewalt. In: Kinderschutz aktuell, 4/1979.

Tannen, Deborah: Du kannst mich einfach nicht verstehen. Warum Männer und Frauen aneinander vorbeireden. München: Bertelsmann 1991.

Torjesen, Karen Jo: Als Frauen noch Priesterinnen waren. Frankfurt: Zweitausendeins ^{3}1995.

Ullmann, Christian: Scheidungsfolgen im Völkergewohnheitsrecht. Schriftenreihe Familienrecht und Familienforschung, Bd. 2. München: Müller & Steinicke 1989.

Väter – es ist, als wüßten sie nichts von ihrer Kraft. Herausgegeben von Ursula Schulz. Waiblingen: Stendel 1998.

Vilar, Esther: Der dressierte Mann – Das polygame Geschlecht – Das Ende der Dressur. München: dtv 1995.

Visher, Emily B. und John Visher. Stiefeltern, Stiefkinder und ihre Familien. Weinheim: Beltz 1995.

Weidenbach, Julia: Wie Kinder die Scheidung der Eltern erleben. In: Psychologie heute, 10/1995.

Weiler, Gerda: Ich brauche die Göttin. Mond-Buch. 1995.

Wendl-Kempmann, Gertrud und Philipp Wendl: Partnerkrisen und Scheidung. München: Beck 1986.
Wieck, Wilfried: Männer lassen lieben. Die Sucht nach der Frau. Stuttgart: Kreuz 1987.
Wieck, Wilfried: Söhne wollen Väter. Wider die weibliche Umklammerung. Frankfurt/Main: Fischer 1995.
Wieseotte, Gerhard und Ursula Will: Vater für 30 Stunden. Mainz: Matthias-Grünewald-Verlag 1993.
Wiesner, Joachim: Vom Rechtsstaat zum Faustrecht-Staat. Eine empirische Studie zur sozialethischen und ordnungspolitischen Bedeutung des Scheidungs-, Scheidungsfolgen- und Sorgerechts. Münster: Regensberg 1985.
Willutzki, Siegfried: Lebenslange Unterhaltslast – ein unabwendbares Schicksal? In: Zentralblatt für Jugendrecht, 1984.
Wlodarek, Eva: Den richtigen Mann finden. Brigitte Ratgeber. München: Mosaik 1995.
Zillich, F.: Rechtsanwälte in streitigen Sorgerechtsverfahren – geldgierige, kontraproduktive Hemmschuhe? In: Zeitschrift für das gesamte Familienrecht, 1992.
Zimmer, Katharina: Wer sind unsere Kinder? München: Bertelsmann 1994.

2. Zeitungen und Zeitschriften

Beckenbach, Wiltraud: Die Alterssicherung für Frauen und die Selbstverpflichtung des Deutschen Bundestages. In: Rundschau der Deutschen Hausfrauengewerkschaft, Bonn, 1/1997.
Begley, Sharon und Michael Odenwald: Warum Frauen anders denken als Männer. In: Focus, 14/1995.
Benard, Cheryl und Edit Schlaffer: Wenn die Kinder Fremde werden. In: Stern, 14/1995. Leserbriefe dazu in ›Stern‹ 16/1995.
Bittrich, Dietmar: Würden Sie Ihren Mann noch einmal heiraten? In: Für Sie, 10/1990.
Brinck, Christiane: Wo ist Vati? In: Focus, 5/1995.
–: Warum Väter zahlen. In: Focus, 14/1995.
Brüning, Nicola: Vater Staat als Intimspion. In: Focus, 36/1994.
–: Mit Gewalt zum Traumpaar. In: Focus, 31/1995. Leserbriefe dazu in ›Focus‹ 33/1995.

–: Wiedersehen vor Gericht. In: Focus, 2/1996.
Bunte, Monika: Die Qualität des Feuers. In: Rundschau der Deutschen Hausfrauengewerkschaft, Bonn, 4/1997.
Cash für Kinder. In: Der Spiegel, 17/1998.
Conzen, Christina: Daddy Come Home. In: Brigitte Dossier, 24/1995.
Da bleibt keine Nase heil. Brutalität unter Jugendlichen ist nicht länger eine Domäne der Jungen. In: Der Spiegel, 11/1998.
Debus, Barbara: Frauenförderung wird gesetzlich kleingekocht. In: taz vom 2. 4. 1998.
Depressionsbarometer. In: Focus, 52/1995.
Desselberger, Axel: Am falschen Ende gespart. In: Focus, 5/1996.
Duhm-Heitzmann: Glücklich geschieden. In: Cosmopolitan, 8/1995.
Dumme Väter. In: Cosmopolitan, 3/1995.
Ebert, Gesa: Ist Familienarbeit anti-emanzipatorisch? Wider die geschlechtsspezifische Arbeitsbewertung. In: Rundschau der Deutschen Hausfrauengewerkschaft, Sonderdruck, Bonn, 2/1993.
–: Gedankensplitter von der Weltfrauenkonferenz in Peking. In: Rundschau der Deutschen Hausfrauengewerkschaft, Bonn, 4/1995.
Ernst, Christian: Amazonen lassen die Fäuste fliegen. In: MAZ vom 31. 3. 1998.
Fabel, Renate: Die Superweiber. In: Madame, 12/1997.
Familie in der Falle. In: Der Spiegel, 9/1995.
Ganz pervers. In: Der Spiegel, 12/1988.
Geld fürs Windelwechseln. In: Focus, 18/1998.
Gerbert, Frank: Wahnsinniger Druck. Die Männerforscherinnen Benard und Schlaffer beklagen die Abrichtung der Söhne zu Härte. In: Focus, 40/1994.
– und Marika Schärtl: Leben nach der Scheidung. In: Focus, 39/1995.
Götz, Christiane: Papa hat keine Zeit. In: Focus, 25/1994.
Hagen, Angelika: Scheidung: Nur das Geld zählt noch. In: Berliner Morgenpost, Berlin-Brandenburg, vom 30. 8. 1995.
Hallmayer, Petra: Frauen, aufgepaßt! Die geheimen Aggressionen der Männer. In: Cosmopolitan, 7/1994.
Held, Monika: Ich will mein Kind zurück. In: Brigitte Dossier, 2/1996.
Herbert, Hanne: Ihr perfektes Nummernkonto ... Null ist einer zu wenig. Aber wie viele Männer sollte eine Frau gehabt haben? In: Cosmopolitan, 2/1996.
Hildner, Svenja: Was Männer aus Liebe tun. In: Für Sie, 8/1990.
Hinzpeter, Werner: Bis daß der Tod euch scheidet. In: Stern, 14/1995.
Hochreiter, Irmgard und Ines Krüger: Verlassene Männer. Und nichts dazugelernt. In: Stern, 47/1994.

Hofbauer, Georg: Wie eine »Rabentochter« ihren zweiten Elternteil wiederfand und dahinterkam, daß sie von der Mutter ein Leben lang belogen wurde. Im Internet unter: http://www.ivnet.co@justizwaisen

Holzer, Kerstin: Neue Zerreißprobe – Justizministerin plant gemeinsames Sorgerecht als Regelfall. Die Frauenverbände laufen Sturm. In: Focus, 18/1995.

Ich mach was aus dir, Kleines. In: Der Spiegel, 11/1998.

Ist die Ehe nur Sozialfolklore? In: Wochenpost vom 12. 4. 1995.

Jedes 5. Opfer wird vom Partner getötet. In: WAZ, Bonn/Münster, 28. 12. 1985.

Kanter, Olaf: Der Aufstand der Mädchen. Anhörung in Bonn wurde Demonstration des Selbstbewußtseins. In: Die Welt vom 6. 3. 1995.

Kinder – die neuen Verlierer. Brigitte Dossier. In: Brigitte, 7/1998.

Kirk, Gerhard M.: Wenn geschiedene Väter erzählen. Leidvolle Erfahrungsberichte wie aus der Gruselkammer. In: Badische Zeitung, Freiburg, 10/1991.

Kirsberg, Lena: Zahlen soll er! Er hat Sie gekränkt ... Treffen Sie ihn an der empfindlichsten Stelle. In: Cosmopolitan, 11/1994.

Kneip, Ansbert: Das Rattenrennen nicht mitmachen. In: Der Spiegel, 10/1998.

Lehmer, Jutta: Weil sie 'n Mädchen ist. In: Rheinzeitung vom 30. 12. 1994.

Leserbriefe zu »Passen Männer und Frauen überhaupt zusammen?« (Der Spiegel, 9/1998). In: Der Spiegel, 11/1998.

Liebeskummer. Wie Männer darunter leiden. In: Für Sie, 20/1989.

Maltha, Silvio: Sollen faule Haushalts-Paschas bestraft werden? In: Bild und Funk, 5/1995.

Maltzahn, Brigitt v.: Das Recht des Kindes auf Vater und Mutter. In: Süddeutsche Zeitung, 293/1994.

Matyzent, Jörg H. S.: Leserbrief zu »Eine moderne Form der Leibeigenschaft«. In: Frankfurter Rundschau vom 5. 2. 1991.

Mayer, Kurt-Martin: Einfach ruhiggestellt. In: Focus, 23/1999, S. 142 f.

Meier, Vera, Andrea Finke und Petra Minz: Zum gesellschafts- und wertezersetzenden Charakter des Feminismus. In: Menschenkenntnis, Zürich, Heft 7–8/1991.

Meschede, Eva: Der neue Wahnsinn Frauen-WG. In: Cosmopolitan, 10/1993.

Metz, Ursula und Wiltraud Beckenbach: Was ist Arbeit und wann darf sie bezahlt werden? In: Rundschau der Deutschen Hausfrauengewerkschaft, Bonn, 2/1996.

Morgenbrod, Heidede: Ein Modell zur Finanzierung der häuslichen Erzie-

hungs- und Pflegearbeit. In: Rundschau der Deutschen Hausfrauengewerkschaft, Bonn, 1/1995.
Mortag, Christine und Til Schweiger: Durch das Kind weiß ich, was wirklich wichtig ist im Leben. In: Gala vom 25. 1. 1996.
Motschmann, Elisabeth: Hausfrauisierung. In: Die Welt vom 16. 4. 1994.
Müllenweber, Walter: Wir sind doch die Trottel der Nation. Wer Kinder hat, den trifft die Erhöhung der Mehrwertsteuer am härtesten. In: Stern, 15/1998.
Münch, Eva Marie v.: Neues Recht für Kinder. In: Die Zeit vom 5. 8. 1994.
Münch, R., K. Meier-Rust, N. Engel-Háklár und Th. Kreuder: Amerikas Kinder tragen die Kosten. In: Frankfurter Rundschau vom 10. 8. 1993.
Die neuen starken Frauen. Warum wir unsere Männer verlassen. In: Bunte, 46/1989.
Niegel, Sabine: Gutachten zum Erziehungsgehalt vorgelegt. In: Rundschau der Deutschen Hausfrauengewerkschaft, Bonn, 3/1996.
Niesel, Renate: Erleben und Bewältigung elterlicher Konflikte durch Kinder. In: Familiendynamik, 2/1995.
Nuber, Ursula: Das gemeinsame Sorgerecht – ein Modell für die Zukunft? In: Psychologie heute, 1/1996.
Ofuatey-Kodjoe, Ursula und Peter Koeppel: The Parental Alienation Syndrome (PAS). In: Der Amtsvormund, Sonderdruck, Heidelberg, 1/1998.
Olivier, Christiane: Plädoyer für Väter. In: PAPS. Zeitschrift für Väter, 1/1998.
Oschlies, Renate: Wenn Papa nicht zahlen will. In: Stern, 27/1995.
Partnerwahl: Warum gerade er? In: Brigitte Dossier, 10/1990.
Pitscheit, Claudia: Ehe ohne Risiko. In: Focus, 29/1994.
Poetschke, Jaqueline: Was Politiker von Müttern lernen können. In: Rundschau der Deutschen Hausfrauengewerkschaft, Bonn, 3/1997.
Posche, Ulrike und Christian Irrgang: Wer den Kohl hat, hat ihn lange. In: Stern, 10/1998.
Psycho-Drama Scheidung. Verletzungen fürs Leben. In: Der Spiegel, 2/1992.
Raabe, Hans-Jürgen: Scheidung. Die Kinder leiden ein Leben lang. In: Bunte, 12/1989.
Rau, Christoph: Sag mir, wo die Männer sind. Im Internet unter: http://www.elk-wue.de/glaube/mann.html
Reker, Stefan: Betteln fürs Baby. In: Focus, 37/1995.
Repplinger, Roger: An den Vätern ließ Frau Heiliger kein gutes Haar. Kritik an Referentin bei Podiumsdiskussion »Gemeinsame elterliche Sorge«. In: Stuttgarter Nachrichten vom 14. 11. 1994.

Riemer, Frauke: Wie viele Männer braucht eine Frau? In: Journal für die Frau, 19/1994.
Ritalin 1 ff: Drugging our children. In: The Rave, Vancouver. Im Internet unter: http://www.vancouverprovince.com
Ritter, Christa: Die Entdeckung der Langsamkeit. Über uns Frauen im Clinch mit uns selbst, den Männern, über Alice Schwarzer, über die unheimliche Stille und warum wir trotzdem gesiegt haben. In: taz, Ostern 1998.
Ruhl, Ralf: Vatertöchter. In: PAPS. Zeitschrift für Väter, 1/1998.
Sandberg, Vera: Der Märchenprinz hat ausgedient. In: Brigitte, 2/1998.
Sauerborn, Werner: Diskriminierte Väter – im Patriarchat. In: taz, 22/1989.
Schärtl, Marika: k. o. durch Scheidung. In: Focus, 40/1994. Leserbriefe dazu in ›Focus‹ 42/1994.
–: Der Einpeitscher im Rosenkrieg. In: Focus, 41/1994.
–: Im Würgegriff der Ex-Frau. In: Focus, 47/1994.
Schaper, Andrea: Tatort Familie. In: Stern, 48/1994.
–: Bis daß der Tod euch scheidet. In: Stern, 44/1995.
Schatz aus zweiter Hand. In: Journal für die Frau, 19/1993.
Schnatmann, Günther: Büttel der Richter. Wie Psychologen in Sorgerechtsprozessen häufig zu seltsamen Ergebnissen kommen. In: Focus, 20/1994.
Schnitt, Petra: Hausfrauen – geliebt, gelobt, geächtet. In: Stern, 45/1994.
Schober, Siegfried: Das zweite Glück. In: Stern, 21/1994. Leserbriefe dazu in ›Stern‹ 23/1994.
Schülein, Johann August: Zur Entwicklung der Elternrolle in modernen Gesellschaften. In: psychosozial, IV/1994.
Schulabschlüsse. Mädchen leisten mehr. In: Frankfurter Rundschau vom 2. 8. 1995.
Seeling, Charlotte und Herlinde Koelbl: Uns kriegt man nicht kirre. In: Stern, 3 6/1995.
Die Sehnsucht nach Familie. In: Brigitte Dossier, 18/1993.
Die sieben großen Ängste der Männer. In: Für Sie, 24/1994.
Thun, Thomas: Ich mach' ja nicht viel schmutzig. In: Stern, 36/1995.
Thurner-Fromm, Barbara: Familien-Nöte. In: Stuttgarter Zeitung vom 30. 3. 1995.
Väter – die neuen Sündenböcke. In: Focus, 10/1993. Leserbriefe dazu in ›Focus‹ 42/1993.
Die vaterlose Gesellschaft. In: Der Spiegel, 47/1997.
Viele Skinheads sind Söhne alleinerziehender Mütter. In: Hannoversche Allgemeine Zeitung vom 25. 3. 1987.
Vohwinkel, Susanne: Scheidung zu schnell? In: Cosmopolitan, 9/1994.
Warum immer mehr Frauen Schluß machen. In: Für Sie, 2/1990.

Weinberg, Caroline: Ist Ihr Traummann die richtige Nummer? In: Cosmopolitan, 3/1995.
Wenn Vater heimkommt, freut sich der Dackel. AP-Meldung 10/1994 aus einer Umfrage der Zeitschrift ›Eltern‹.
Wilde, Barbara: Die Lust an der Trennung. In: Quick, 2/1990.
–: Wieviel Vater braucht ein Kind? In: Quick, 13/1990.
Woman at work. My kids or my job. In: The Rave, Vancouver, 18. 4. 1998.
Zimmer, Katharina: Angst vor Gefühlen. In: Brigitte, 26/1993.
Zipser, Armin: Keine Angst mehr vor den Frauen. In: Quick, 47/1989.

3. Medien

Der Feminismus macht die Männer kaputt. RTL extra am 16. 3. 1998.
Typisch Mann, typisch Frau. WDR am 17. 12. 1997.

Abservierte Männer, Kinder ohne Väter – Opfer eines hunderttausendfachen Scheidungskrieges

Karin Jäckel

Der gebrauchte Mann

Abgeliebt und abgezockt – Väter nach der Trennung

dtv premium 15103

»Meine Anklage gilt nicht den Menschen, die ihre Ehe oder eheähnliche Beziehung auflösen. Ich prangere nur das Wie an.«

Jede dritte Ehe in Deutschland wird geschieden, und in knapp der Hälfte gibt es gemeinsame Kinder. In der Regel bleiben diese bei den Müttern, und die Männer werden zu Besuchspapas und Zahlvätern degradiert, die sich den ersehnten Kontakt zum eigenen Sprößling bitter erkämpfen müssen.

Wie diese in Scheidungsfällen ganz alltägliche Situation von den Betroffenen erlebt wird, dokumentiert Karin Jäckel in dieser Sammlung authentischer Lebensgeschichten, die den Blick vom Leid der Frauen an zerbrochenen Familien auf das der Männer und der gemeinsamen Kinder lenkt.

»Karin Jäckels schockierender Sozialreport macht darauf aufmerksam, daß hier sozialer Zündstoff entsteht, der uns alle angeht – nicht nur ein paar zornige Mütter, verletzte Väter und verzweifelte Kinder.«

Eva Herold-Münzer

Frauen, die Geschichte machten

Régine Pernoud
Königin der Troubadoure
Eleonore von Aquitanien
dtv 30042
Herrscherin in bewegter Zeit
Blanca von Kastilien, Königin von Frankreich
dtv 30359
Heloise und Abaelard
Ein Frauenschicksal im Mittelalter
dtv 30394
Christine de Pizan
Das Leben einer außergewöhnlichen Frau und Schriftstellerin im Mittelalter
dtv 30631

Jean Markale
Isabeau de Bavière
Biographie
dtv 30633

Gertrud Fussenegger
Maria Theresia
dtv 30419

Isabel de Madariaga
Katharina die Große
Das Leben der russischen Kaiserin · dtv 30562

André Maurois
Das Leben der George Sand
dtv 30456

Jutta Rebmann
Fanny Mendelssohn
Biographischer Roman
dtv 20081

Elizabeth Gaskell
Das Leben der Charlotte Brontë
dtv 20048

Eva Weissweiler
Clara Schumann
Eine Biographie
dtv 30334

Françoise Giroud
Das Leben der Jenny Marx
Biographie · dtv 30632